# 法庭审判话语的态度表达及其人际功能研究

施　光◎著

科学出版社

北　京

# 内 容 简 介

本书以系统功能语言学评价理论为指导，采用语料库研究方法，对法庭审判话语态度表达的数量、比例、分布、特征、功能、互动进行分析，旨在全面、深刻地揭示法庭审判话语态度系统的内在逻辑与本质特性。全书结构严谨，内容丰富，除开篇的绪论与最后的结语外，主体部分依次展开：首先是法庭审判话语研究的历史回顾与现状概览，详细梳理国内外相关研究的演进脉络；紧接着深入解析评价理论与态度系统，为后续分析奠定坚实的理论基础；随后，从情感、判断、鉴赏三个维度剖析法庭审判话语中的态度表达。此外，本书还创新性地探讨了微观态度、任务态度与宏观态度在法庭审判中的层次性与互动性。

本书为法官、公诉人、律师等司法实践者提供宝贵的视角与工具，有助于他们更加精准地把握法庭审判中的情感与态度倾向，从而优化话语策略，增强司法决策的公信力与合理性。同时，本书也是话语分析、法律语言学、法学及相关领域学者、研究生不可或缺的学术资源和参考文献。

图书在版编目（CIP）数据

法庭审判话语的态度表达及其人际功能研究 / 施光著. -- 北京：科学出版社, 2025.3. -- ISBN 978-7-03-081537-8

Ⅰ. D90-055

中国国家版本馆 CIP 数据核字第 2025VA9057 号

责任编辑：王 丹 陈晶晶 / 责任校对：王晓茜
责任印制：徐晓晨 / 封面设计：润一文化

科学出版社 出版
北京东黄城根北街 16 号
邮政编码：100717
http://www.sciencep.com
北京中石油彩色印刷有限责任公司印刷
科学出版社发行 各地新华书店经销
*
2025 年 3 月第 一 版 开本：720×1000 1/16
2025 年 3 月第一次印刷 印张：17
字数：303 000
定价：128.00 元
（如有印装质量问题，我社负责调换）

# 前　言

　　法庭活动是法律活动的焦点，法庭语言的研究也相应成为法律语言实用性研究的中心。国内外研究者从不同视角对法庭话语进行了研究。然而，现有研究对法庭话语的用词、句法、修辞、话语策略的关注较多，对法庭话语的评价系统，尤其是态度系统的研究相对较少。此外，现有研究主要对法庭不同诉讼主体进行个体研究，很少把法庭诉讼主体作为一个整体来研究。对不同法庭诉讼主体态度表达的全面、系统的对比分析还很少，本书将对此进行探索性尝试。

　　笔者从事法律语言学和功能语言学研究多年，近年来特别关注法庭审判话语和司法判决文书，积累了丰富的经验并发表了一系列研究成果，在该领域产生了积极的影响。笔者于 2014 年在科学出版社出版法律语言学专著《中国法庭审判话语的批评性分析》，之后又发表了一系列研究论文。近年来运用系统功能语言学的评价理论对法庭审判话语和司法判决文书进行了系统深入的研究，于 2016 年在《现代外语》第 1 期上发表了论文《法庭审判话语的态度系统研究》，于 2017 年在《外语与外语教学》第 6 期发表了论文《刑事判决书的态度系统研究》，于 2018 年在社会科学引文索引（SSCI）来源期刊《波兹南当代语言学研究》(*Poznan Studies in Contemporary Linguistics*) 第 1 期上发表了论文《中国法庭话语中的态度分析》（"An Analysis of Attitude in Chinese Courtroom Discourse"），于 2020 年在新兴资源引文索引（ESCI）来源期刊《中国符号学研究》（*Chinese Semiotic Studies*）第 2 期上发表论文《汉语刑事判决书的言语转述》（"Speech Reporting in Chinese Criminal Judgments"），于 2022 年在 SSCI 来源期刊《波兹南当代语言学研究》第 3 期上发表论文《中国刑事判决书中的介入》（"Engagement in Chinese Criminal Judgments"）。译著《唐代刑事诉讼惯例研究》（*A Study of Criminal Proceeding Conventions in Tang Dynasty*）于 2021 年由施普林格（Springer）出版社出版。本书《法庭审判话语的态度表达及其人际功能研究》是笔者主持的 2017 年国家社科基金项目的最终成果。

　　在本书的写作过程中，笔者得到了许多专家、师长和同事的鼓励与帮助，其中包括笔者的三位导师，他们分别是南京师范大学的辛斌教授、杭州师范大学的施旭教授和澳大利亚悉尼大学的詹姆斯·马丁（James Martin）教授，此外还有南京师范大学的张杰教授、张辉教授、王永祥教授、王文琴教授、李曙光教授和董晓波教授，华中师范大学的柯贤兵教授，江苏省法学会沈定成处长和南京林业大学王希副教授。笔者特别感谢科学出版社的支持和鼓励；常春娥女士和王丹女士在编辑出版本书的过程中付出了大量的心血，提出了很多好的建议，谨致谢意。本人指导的研究生张媛、陶迪、李倩倩参与语料、文献的收集和整理工作，在此向她们表示衷心的感谢。

限于水平，疏漏之处在所难免，真诚地希望专家学者予以指正。

施　光

2024 年 3 月于南京师范大学随园

# 目　　录

# 绪　　论

　　法庭审判是司法过程的焦点，法庭审判话语备受法律语言研究者关注。国外最早的法庭审判话语研究可以追溯到亚里士多德在《修辞学》（*Rhetoric*）中有关法庭话语用词特点的论述，然而作为法律语言学分支的法庭话语研究则开始于 20 世纪七八十年代，研究者最初主要关注法庭话语的生成和理解，偏重分析话语策略、话语风格、话语结构（O'Barr，1982；Levi & Walker，1990）。其后，研究者开始探讨法庭话语与权力之间的关系（Matoesian，1993；Conley & O'Barr，1998）。近年来，相关研究更加深入、细致，主要涉及男女权力不平等问题（Aldridge & Luchjenbroers，2007；Cooper，2007；Titus，2010）、律师话语（Lowndes，2007；Eades，2008；Rosulek，2009，2015）、证人话语（Ainsworth，2010）和法庭翻译（Nicholson，2009）等。

　　国内这方面的研究起步较晚，但发展迅速。廖美珍（2003a）从语用和话语分析的视角对法庭问答及其互动进行研究，开国内法庭话语实证研究之先河。其后，法庭话语研究渐为国内学者所关注，代表著述不断问世，主要涉及法庭问答互动（廖美珍，2012；罗桂花和廖美珍，2012）、法庭话语信息（杜金榜，2009，2010，2012）、法官话语（杜金榜，2008）、律师话语（袁传有和廖泽霞，2010；袁传有和胡锦芬，2011）、公诉人话语（袁传有和胡锦芬，2012）等。

　　综上，国内外研究者从不同视角对法庭话语进行了研究。然而，现有研究对法庭话语的用词、句法、修辞、话语策略的关注较多，对法庭话语的评价系统，尤其是态度系统的研究相对较少。此外，现有研究主要对法庭不同诉讼主体进行个体研究，很少把法庭诉讼主体作为一个整体来研究。对不同法庭诉讼主体态度表达的全面、系统的对比分析还很少，本书将对此进行探索性尝试。

　　评价系统考查人际功能和意义，即说话人的地位、态度、动机及对事物的评价（Halliday，1985，1994；Halliday & Matthiessen，2004）。在法庭审判中，控辩双方在法官的指挥下，提出诉讼主张，协商争议焦点，发表各自观点；法官则在充分听取控辩双方意见的基础上，以事实为根据、以法律为准绳进行判决。为了实现意图，法庭审判各诉讼主体运用各种语言手段对己方或他方的言行，以及相关的事物、事件、现象等做出评价。因此，评价系统是法庭审判话语实现人际功能的重要手段。而在各种评价资源中，态度表达具有核心地位，因为法庭审判在很大程度上就是法庭审判各诉讼主体对相关人、事、物表明态度、做出评判的活动。本书以评价理论和态度系统为基础，建构法庭审判话语态度系统分析框架，并运用该框架对不同法庭审判诉讼主体（法官、公诉人、律师、原告、被告、证人）的态度表达及其人际意义进行全面、系统的研究。

　　本书除了开头的绪论和最后的结语以外，共分七章。绪论部分主要介绍研究背景和本书的章节安排。第1章"法庭审判话语研究综述"首先对法庭审判话语的相关概念进行界定，然后对国内外关于法庭审判话语的研究进行述评。第2章"评价理论和态度系统"首先对系统功能语言学评价理论及其态度系统进行介绍，然后对国内外态度系统的相关研究进行述评。第3章"法庭审判话语中的态度"首先对语料情况和转写规范进行介绍，然后对在不同类型的法庭审判中，不同诉讼主体的不同态度表达的数量、比例、分布进行整体描述。本书从第4章开始，对法庭审判话语中的情感、判断、鉴赏等态度表达及其人际功能进行分析。具体而言，第4章"法庭审判话语中的情感"对不同类型（刑事、民事、行政）法庭审判中的不同诉讼主体（法官、公诉人、律师、原告、被告、证人）的情感类态度表达及其人际功能进行系统分析。第5章"法庭审判话语中的判断"对不同类型（刑事、民事、行政）法庭审判中的不同诉讼主体（法官、公诉人、律师、原告、被告、证人）的判断类态度表达及其人际功能进行系统分析。第6章"法庭审判话语中的鉴赏"对不同类型（刑事、民事、行政）法庭审判中的不同诉讼主体（法官、公诉人、律师、原告、被告、证人）的鉴赏类态度表达及其人际功能进行分析。第7章"微观态度、任务态度、宏观态度"首先呈现三类态度的数量，然后分析三类态度之间的互动关系，最后对法庭辩论、最后陈述、法庭调解、判决结果等阶段的态度表达进行具体分析。结语部分对本书的主要发现进行总结。

# 第1章　法庭审判话语研究综述

审判是指人民法院依法定程序对来源于人民检察院的公诉案件或者自诉人自诉的案件进行审理并判决的一项活动。法庭审判话语是庭审参与人之间遵循特定的诉讼程序和规则，以建构庭审参与人的角色及其人际关系而进行的互动和对话（李诗芳，2007：5）。国外对法庭审判话语的研究较为深入，主要涉及男女权力不平等问题、律师话语、证人话语和法庭翻译等。

## 1.1　国　外　研　究

### 1.1.1　男女权力不平等

我们先来看男女权力不平等问题。有研究者对大量强奸案的审判案例，尤其是对在美国轰动一时的"William Kennedy Smith"（威廉·肯尼迪·史密斯）案审判的录音转写语料的分析研究表明，解决受害女子在审判中再次受害问题的答案不应从法庭审判的结构上去找，而应在权力使用的互动语言微观细节中找（Conley & O'Barr，1998）。阿尔德里奇和卢克因布鲁尔思（Aldridge & Luchjenbroers，2007）探讨了法庭审判话语中的语言操控问题。该文以英国法律体系中性侵证人（成年强奸受害者和虐待儿童受害者）的语言经历为重点，探讨了向证人提出的问题中的词汇选择如何引发人们对其证词的特殊理解。律师所提的问题将（负面）信息插入证人的证词中，表明证人应该受到指责，或在撒谎，或者可能只是误解了情况，从而削弱证人陈述的可信度。奥巴尔（O'Barr，1982）对证人、被告的权力进行了研究，发现证人在法庭上很少或几乎没有什么权力。卢克因布鲁尔思（Luchjenbroers，1997）分析了澳大利亚墨尔本最高法院对一起谋杀案为期6天审判的录音转写语料，发现在法庭上，证人给陪审团提供的信息非常少。20世纪70年代杜克大学承担的语言与法律项目曾广泛地研究了证人的语言，发现许多证人说话具有一种"无力"（powerless）

的风格，表现为大量使用遁词和不确定的语言（如 I think、sort of 等）、犹豫词（如 uh、well）、疑问语调（回答问题时用升调）、强化语（very、surely等）。研究表明，使用这种风格的人多为女性和社会经济地位低下者，受过良好教育的人则用"有力"（powerful）的方式讲话。提图斯（Titus，2010）采用会话分析的方法，探讨了青少年性犯罪者的司法分类与法律目标实际实现之间的关系。该文以一场在成人刑事法庭对青少年性犯罪者的庭审录音转写文字为语料，分析了判决是如何通过法庭话语进行社会建构的。在庭审期间，性侵害者和恋童癖犯罪者的身份认定从常识层面引入法庭讨论，并被赋予法律意义。这些犯罪者被以"怪物"的形象重新构建认知，并成为法官判决时考量的依据之一。

### 1.1.2　律师话语

下面我们来看律师话语的研究。赫弗（Heffer，2005）以数百篇法庭审判录音转写文本为语料，对英语陪审团审判中律师和法官的语言进行详细分析，并构建了一个法律专业-非法律专业沟通的模型。除了对"法律专业-非法律专业话语"进行描述和解释以外，该书还为非专业陪审团的保留提供了语言学依据，以此反对日益增长的专业化呼声。朗兹（Lowndes，2007）探究了法庭审判中律师话语的理解与误解，发现律师话语的特点是语言习惯性地以自我为中心或自私自利，"知识"的传播往往受到隐藏而非揭示真相的语言工具的影响。伪附加疑问句和情态不仅可以用来识别证据中的矛盾，还可以用来制造证据中的矛盾，从而产生误解。这使得对案件事实的确定异常困难。伊兹（Eades，2008）运用批判社会语言学理论来研究法庭话语的社会后果。研究重点是对三名澳大利亚土著男孩的盘问，他们是六名警察被指控绑架案的检方证人。该研究揭示了法庭证据规则所允许的语言机制如何使新殖民主义对土著人民的控制合法化。在从盘问中提出的主张，以及法官对这些主张的采纳中，这三名男孩的身份并不是作为被警察虐待的受害者，而是根据差异、越轨和违法行为来构建的。这项身份认同工作解决了一些基本问题，即作为一名土著青年意味着什么，如何应对这一身份所带来的束缚，以及土著人可以主张的权利，同时也使警察对他们行动自由的控制合法化。罗苏莱克（Rosulek，2009）对律师在刑事审判的结案陈词中使用的指称词进行了批评性分析。通过对十份结案陈词的系统性话语分析，发现控辩双方的不同目标导致了他们以截然不同的方式描述相同的被告、被害人和证人。律师在辩护中运用的两个核心理论分别是个性化和功能化。如被告虽然被辩方个性化，但被控方功能化，这实际上抹去了他们作为受审者以外的独特身份。总之，通过使用这些微妙的语言工具，控辩双方的律师塑造出相同指称对象的不同身份，从而为其诉讼目的服务。

## 1.1.3　证人话语

下面我们来看证人话语的研究。索兰（Solan，1998）考察了在美国法庭中语言学家作为专家证人在法律纠纷中就法律、法规、合同、录音记录和其他重要法律文本的解释作证的现象，并得出如下结论：语言学家在庭审中扮演着类似于"导游"的重要角色。这表明，如果语言学家的证词能受到适当限制，法官就不必担心语言学家会篡夺法官和陪审团作为最终解释者的传统角色。汤普森（Thompson，2002）质疑杜克大学研究提出的证人在法庭上使用的"无力"语言会对陪审员对其可信度的评估产生不利影响的主张，并进一步建议，为了让法律语言学家成为司法从业人员和参与者的"顾问"，必须更严格地定义语言学家对其"客户"所负有的"注意义务"。安斯沃思（Ainsworth，2010）从律师的视角探讨了语言学专家证人出庭作证的伦理、技术和实践考量。受雇于律师的语言学专家证人有时会发现他们作为证人的经历令人困惑和沮丧。在某种程度上，这可能是当事人主义司法制度的必然结果，但也可能反映出语言学家对规范法律实践的道德规则所规定的义务的误解。这些规则可能会让律师对语言学家的专业知识和分析产生怀疑。

## 1.1.4　法庭翻译

下面我们来看法庭翻译的研究。《法律翻译》（*Translating Law*）（Cao，2007）是一本指导人们研究法律翻译理论和技巧的力作。该书从语言学、翻译学和法学三个维度，对法律语言的词汇、语用、文体、文化等诸多特征，译者必备的知识技能，翻译过程中应当注意的事项等做了全面深入的阐释，并且从语言和文化对比的角度，对法律翻译理论进行了一定的诠释。尼科尔森（Nicholson，2009）对一个关于刑事诉讼中某些程序性权利的欧盟理事会框架决定的提案（Proposal for a Council Framework Decision，PCFD）进行了研究。PCFD 的一个重点是为不讲所在法院/法律系统语言的个人提供语言服务（口译和笔译）。尼科尔森追溯了 PCFD 从 2004 年引入到 2007 年消亡的过程，相关议题包括《欧洲人权公约》《里斯本条约》以及语言服务领域的其他进展，最后展望了未来可能的立法。奥尔森等（Olsen et al.，2009）探讨了法律翻译中出现的语言和法律问题。该书各章由相关领域的杰出学者、教师和从业人员组成的国际团队撰写，探讨了诸如法律文化之间更深层次差异的翻译困难，欧盟等特定跨文化环境下提供的翻译解决方案对法律体系的影响，处理两种具体语言之间的具体翻译问题的务实建议等重要议题。

# 1.2　国内研究

国内对法庭审判话语的研究起步较晚，但发展迅速，代表学者有廖美珍（2002a，2002b，2003a，2003b，2004a，2004b，2004c，2005，2006a，2006b，2012）、杜金榜（2008，2009，2010，2012）、杜金榜和罗红秀（2013）等。

施光（Shi，2012）研究了中国法庭审判话语的情态系统，发现：法庭审判中主要出现了情态动词、人际语法隐喻、情态附加成分和人称代词等四种情态表达式，这与立法语言，尤其是宪法中出现的情态表达式的类型有所不同。总体上看，法官所使用的情态表达式有助于实现明确权利、义务，对诉讼参加人做出规约、许可、授权、禁止等功能。相比之下，各诉讼参加人使用的情态表达式虽然在某些情况下能够彰显其态度和信心，但总体上对他们所陈述内容的可信度、意思表达的准确性等具有消极的影响。

施光（Shi，2014）研究了中国法庭审判话语的互文性，发现：①在"具体确切的消息来源""含蓄不露的消息来源""似真非真的消息来源"这三种交代消息来源的主要方式中，只有前两者被法庭审判各主体所采用，第三种并未出现在语料中。②在四种主要的转述形式（"直接转述""间接转述""自由间接转述""言语行为的叙述性转述"）中，"自由间接转述"在语料中没有出现。③对体裁互文性的分析表明，法庭审判话语，尤其是"举证"这一子体裁，不仅是不同体裁的混合，而且也是不同风格的交融，这一方面是由于司法改革的影响，另一方面也是当代社会公共语篇"会话式非正式化"的一个例证。

张丽萍（Zhang，2006）从社会符号学视角入手，综合韩礼德学派的话语分析模式与哈贝马斯的主体间性，针对律师的法庭辩论语言进行语言学体系构建与理论解释；在理性思辨的基础上，依托实地采录的法庭辩论语料库，有效利用中西话语分析的研究成果，从宏观到微观深入分析了律师在辩论中如何发表评价性意见，揭示了在貌似客观的律师话语中所隐含的主观性态度及表现形式，最终论证了律师理性辩论模式的适切性。该研究只关注律师话语，并未涉及法庭其他主要诉讼主体（法官、公诉人、原告、被告等）。本书研究涉及法庭所有主要诉讼主体。

# 第 2 章　评价理论和态度系统

马丁（Martin）等创立了评价理论，使系统功能语言学得到了新的发展。在马丁等看来，评价系统包括态度、介入、级差三个子系统。本章首先简要介绍评价理论的缘起和发展，然后对其国内外相关研究进行回顾，在此基础上对态度系统的国内外研究进行述评。

## 2.1　评价理论概述

### 2.1.1　评价理论的缘起和发展

韩礼德（Halliday，1994）把语言的功能分为概念功能、人际功能和语篇功能。概念功能主要由及物性系统实现，人际功能主要由语气系统实现，语篇功能主要由主位系统实现。评价系统考查人际功能和意义，即说话人的地位、态度、动机及对事物的评价。

评价系统是系统功能语言学的继续和发展，马丁等（Martin & White，2008）从话语语义学视角把评价资源范畴化为"评价系统"，创立了评价理论，使得关于评价资源的研究更加规范和系统化。在马丁等（Martin & White，2008）看来，评价系统包括态度、介入、级差三个子系统。态度系统强调评价资源，主要包括情感、判断和鉴赏三个方面；级差系统主要起调整评估强度及其原型性的作用；介入系统寻找评价资源并根据相关意见定位评价。态度系统通过词汇实现，如快乐、诚实和创新等。级差系统主要通过名义群体结构来实现，如非常仔细的分析、某种设定等。介入系统一般通过直言不讳地陈述意见来表现，通过情态、归因、让步和否定向其他声音开放（Martin & White，2008）。

胡德和马丁（Hood & Martin，2005）从话语语义学的角度出发，探究态度系统和级差系统的概念，并且对这两个系统如何运用于学术话语进行研究，发现学术写作中倾向于使用间接评价。通过介绍一般性的评价体系，概述级差系统是不明确使用评价词汇的评价资源。不仅如此，马丁和扎帕维尼亚（Martin & Zappavigna，2016）从功能语言学的角度，将文本分析与人种学研究方法密切结合，加强了对恢复性司法方案的研究。

协商系统主要用于协商知识和行动，而评价系统则主要用于情感表达（Martin，2019）。对话的研究不能仅仅局限于句法和词法，对话也应被当作窥视情感表达的窗口。马丁（Martin，2019）进一步探讨协商系统和评价系统的异同，以及二者的相互作用：从词法的角度来看，协商系统主要涉及语法，而评价系统则通过词汇来实现。

## 2.1.2　评价理论的相关研究

在国外，评价系统的研究主要分为两类，除了对评价系统及其子系统进行修正和完善之外，还包括运用评价理论进行实证分析。评价理论主要用于对新闻报道、教科书、政治话语等语料进行分析。

新闻报道是了解世界的一个重要窗口，关于新闻报道等社交媒体话语的研究更是层出不穷。布瑞兹（Breeze，2016）运用评价系统中的介入资源对报纸进行分析。阿查里雅和奥特伊萨（Achugar & Oteíza，2009）、史密斯和阿登多夫（Smith & Adendorff，2013，2014a）等关注新闻报道的态度资源。阿查里雅和奥特伊萨（Achugar & Oteíza，2009）侧重对美国西南部边境的报纸进行态度分析，而史密斯和阿登多夫（Smith & Adendorff，2014b）关注南非的数家报纸，安德森（Andersson，2022）对社交媒体中有关新冠疫情的评论话语进行了研究。马基和扎帕维尼亚（Makki & Zappavigna，2022）则分析了社交媒体上的推文。

阿查里雅和奥特伊萨在评价理论的指导下，分析了美国西南部边境媒体报纸中的评价资源，探究了美国西南部边境的单一语言主义和双语言主义的意识形态，揭示了关于语言、语言使用者和语言学习的矛盾信念（Achugar & Oteíza，2009：375）。研究发现，评价资源和语言使用者相联系，单语意识形态与个人责任有关，而多语或是双语意识形态则与社会责任有关。分析报纸文章中的评价资源为我们开启了一扇窗，使我们有机会探究媒体在话语社区中如何运用语言资源，以及在价值观塑造中所扮演的角色。

史密斯和阿登多夫（Smith & Adendorff，2014b）通过分析南非写给《每日太阳报》和《泰晤士报》的 40 封信的评价资源，尤其是介入系统的研究，试图重新构建介入系统的框架。以往的介入系统中各个子系统内部的区别不够明确，彼此之间存在交织重叠的部分。每个子系统内的介入策略并没有平等的"权力"

来调整读者，所以作者的选择是至关重要的。史密斯和阿登多夫（Smith & Adendorff，2013）分析了南非三家不同报纸对于同一事件的不同报道所隐含的意义，其中态度系统得以集中展示，级差系统和介入系统起到了很好的辅助作用。研究发现三家不同报纸的态度系统使用相当，情感、鉴赏和判断资源使用差距不大，都倾向于负面的态度评价。印刷媒体是其他南非共同体成员的象征，他们用政治正确的表达掩盖真实的评价。在一个民主和言论自由至上的国家，媒体应该表达真实的想法，但是研究发现媒体报道者通过隐蔽的评价和技术，将他们的观点投射到读者的头脑中。除此之外，史密斯和阿登多夫（Smith & Adendorff，2014a）使用评价理论框架来调查《每日太阳报》中由读者撰写、编辑、挑选的有关社区创建状况的十篇信件，并对信件进行评价资源分析。读者来信包含评价资源，尤其是态度资源。读者的价值观、信仰和兴趣得以揭示，使读者之间形成纽带，从而产生态度和情感上的共鸣。这些价值观和信念来源于读者的积极评价和极少的消极评价。上述研究把评价资源用于信件的分析，把评价理论框架拓展到分析信件话语，把不同的报纸放在一起比较，分析每种报纸的评价资源，倡导读者保持理性的态度看待新闻报道。

自从新冠疫情暴发以来，全球各地都难逃疫情肆虐。各大社交媒体更是对新冠疫情进行持续不断的讨论。2020 年春季，瑞典国家公共电视广播公司的官方 Facebook 页面上就政府应对新冠疫情进行了激烈的讨论。安德森（Andersson，2022）针对其中的不礼貌语言的使用，将不礼貌原则和评价理论相结合进行功能性分析。针对瑞典政府做出的疫情防控安排，主要有支持者和反对者两类人群，他们在激烈的讨论中持不同的态度。反对者倾向于表达更加主观化和情感化的态度，而支持者的态度通常受到瑞典的制度规范和文化标准的影响，从而产生了更多判断性态度。该研究表明：将（不）礼貌的概念与评价理论的态度子系统相关联的想法是可行的。该研究还表明将（不）礼貌原则和评价理论的其他子系统相结合的研究也具有可行性。

马基和扎帕维尼亚（Makki & Zappavigna，2022）研究特朗普关于伊朗的推文的交流归属感和外群关系的策略，采用评价理论框架，来分析这些策略是如何用于促进意识形态和态度的表达的。其中最典型的策略是将伊朗与负面的评价联系起来。研究发现特朗普试图与他的受众建立联系，但不一定直接与他们接触。

除了媒体报纸之外，教科书中亦存在许多评价资源。奥特伊萨（Oteíza，2009）把评价理论用于智利教科书的研究，尤其注重介入系统中的多声系统的研究，考察了智利教科书中使用的一些语言资源的多声和单声功能。评价理论、历史话语声音研究、操纵和说服的区别研究，三者的结合，有利于对教科书中语言资源的分析。教科书的作者把自己的声音置于教科书中，以在意识形态上与读者产生内部或外部的共鸣。

奥特伊萨和皮努尔（Oteíza & Pinuer，2010）把评价理论用于分析智利侵犯人权的官方报告中历史记忆的重建研究。主要从评价系统的态度子系统出发，从社会许可、社会尊严、情感、鉴赏以及介入系统出发，研究有关时间标志的词语。时间这个维度在评价子系统的应用中得到重视。

阿里（Al-Ali，2018）以由阿拉伯评论家撰写的 50 本书的书评为语料，对其中的评价资源进行分析。阿拉伯评论家倾向于避免对他人的作品进行负面评价，因为在一半的书评中都不存在批评，但是在一般情况下批判性评价是学术书评的重要组成部分。阿拉伯学术书评更倾向于对书籍进行总结而不是评价。一种可能的解释是，与英国评论家相比，阿拉伯评论家可能尚未建立起既定的书评图式。阿里（Al-Ali，2018）倡导阿拉伯在教育方面向英国看齐，在教育体系中增加有关写作的各个方面的正式教学，以及与体裁写作相关的手册的出版。除此之外，对学校和学生也提出了有关写作教学和练习方面的建议。

评价理论不仅在媒体和文学中广受重视，也广泛应用于机构话语的研究，包括政权加强（Vertommen，2013）、基金评级（Marshall et al.，2009）、民众日常用语调查（Oteíza，2007）、医学诊断（Adendorff et al.，2009）以及音乐声音评定（Caldwell，2014）等。

政治话语也同样包含丰富的评价资源。埃利和阿登多夫（Eley & Adendorff，2011）研究了后种族隔离背景对克莱姆·桑特（Clem Sunter）变革型领导话语中评价资源选择的影响。该研究以评价理论为框架，尤其关注情感和判断。其对判断资源选择的分析表明，桑特的话语表现为较强的坚韧性，这是一种典型的变革型领导话语。而对情感资源选择的分析显示出桑特不符合变革型领导话语风格的高频率的不安。维托曼（Vertommen，2013）把评价理论用于话语中自我形象构建的研究，发现政府和反对党在调解政治小组辩论中处理荷兰第一人称复数代词 we/wij 的不同含义的方式上存在细微的差异，其表现为微妙的代词、及物性的运用和评价资源的选择，及其如何促进自我/他人的形象构建。

马歇尔等（Marshall et al.，2009）以南非申报国家研究基金会评级的研究人员的评级报告为语料，进行评价分析，发现评级报告中的评价资源集中分布于态度资源，尤其以判断和鉴赏最为丰富。通过对评级报告的评价性语言进行分析，呈现评审员在评级时使用的评价资源种类，及其如何影响国家研究基金会的评级，进而说明评审员的语言选择如何影响评审小组根据评级报告分配等级的判断。评审员所使用的评价语言和最后的等级分配存在一定的相关性，这在一定程度上表明评价资源对评级项目的可靠性和准确性产生影响。

奥特伊萨（Oteíza，2007）运用评价理论分析美国英语和西班牙语双语使用者的日常口语和书面语的特点，发现在正式场合中，双语使用者对西班牙语的使用包含丰富的态度资源，对西班牙语的积极情感占主要部分，但不涉及鉴赏。部分被试对西班牙语的口语使用和书面语表达表现出强烈的不安全感等负面情感，这和使用者的母语能力有关。语言具有象征意义，对双语使用者的语言中的评价资源，尤其是态度资源进行分析，可以揭示双语使用者的语言能力和价值观倾向。

评价资源亦可以和医学研究相结合。阿登多夫等（Adendorff et al.，2009）分析了南非东开普省科萨语使用者在艾滋病诊断过程中使用的评价性语言资源，尤其是态度系统中的情感资源。研究发现，语言使用者在诊断时往往倾向于使用含蓄的情感表达，并且表现出消极的安全感。这揭示了人们面对像艾滋病这种重大疾病时的态度和情感表达。这类研究有利于分析患者心理，对语言学和医学研究都具有重要意义。

除文字外，声音也是表达人际意义的重要媒介。考德威尔（Caldwell，2014）将语言评价系统应用于声音的研究。具体而言，该研究旨在描述和比较人际关系中说唱和歌唱表演声音的特性，提供一套系统性的、原则性的方法来识别声音中的人际意义。上述研究根据评价系统的各个方面，以及说唱和歌唱各自的声音特征，使用语法框架对情感、判断和鉴赏等态度子系统进行分类，从旋律、时间和音质的声音系统类比到态度、介入和级差的评价系统。把评价理论用于音乐研究，拓宽了该理论的应用范围。

## 2.1.3　评价理论与其他理论的结合

评价理论可与礼貌原则（Scherer et al.，2001）、价值归属（García，2019）、符号系统（Wong，2022）、修辞（Trnavac & Taboada，2012）等理论结合，用于具体分析。评价理论认为，个人对事件的判断是塑造情感的基准（Scherer et al.，2001）。基于此，评价理论提倡一种认知中介的情感观点。莫伽达姆（Moghaddam，2019）研究波斯语使用者对赞美语的反应是否会随着他们对语境的评价的改变而改变。根据波斯语使用者对事件的首次和二次评价，分析他们对赞美语的反应。首次和二次评价之间的关系大多是矛盾的，而不是一致的。因为首次赞美大多被视为一种礼貌策略、一种社交润滑剂；而二次赞美则通常被认为是有目的的，或策略性的。

加西亚（García，2019）把价值归属问题和评价理论相结合，认为价值归属除了是一种话语语义对象外，还可以被描述为一种语用对象，即一种言外之力，并提出一种由言外之力定义的言语行为的分类。把价值归属视为一种言外之力，定义了一种特定的言语行为，即评价言语行为。

语言是一个意义系统，但语言以外的其他符号系统也是意义的源泉。黄（Wong，2022）运用评价理论分析中国香港地区海报中的多模态资源，探讨多模态话语的评价分析和立法话语的建构。海报中的模态主要包括文字和图像。评价理论框架被用于研究图像，虽然这种研究还处于初级阶段，仍有很大的空间。态度系统和级差系统通过文本建立一个面向个人、群体、动作或对象的特定姿态，然后在整个文本中从语言和视觉上保持该姿态。

特尔纳瓦茨和塔博阿达把修辞话语中的真实性/非真实性标记和评价资源相结合。通过对文本中真实性和非真实性标记的识别，把真实性标记与模态、评价和修辞相联系，形成概念网。通过非真实性标记和修辞的联系，研究条件句和让步句中非真实性标记和评价的关系。通过对语料的定量定性分析，从理论和实证两个方面探究非真实性标记和评价资源的相互作用。条件句会限制积极或消极评价的范围，让步句则倾向于推翻评价。非真实性标记和修辞的结合对评价中的介入系统起作用，但并不影响态度系统（Trnavac & Taboada，2012：309）。

## 2.2  评价理论在国内的发展

进入 21 世纪以来，评价理论在国内引起了广泛的关注。学者们的研究主要分为两大类：第一类集中于对评价理论及其子系统进行评介；第二类是有关评价理论的实证性运用。对评价理论的评介包括理论综述、优劣势总结、完善及修正三类；实证性运用包括把评价理论运用于不同的领域，如英语教学、话语分析、翻译、与其他理论相结合的应用等。

### 2.2.1  评价理论的评介

张德禄（1998）、王振华（2001）、王振华和马玉蕾（2007）、李战子（2001，

2004a）、张德禄（2019）、刘世铸（2010）、徐玉臣（2013）、张德禄和刘世铸（2006）、刘兴兵（2014）等对评价理论进行了介绍和评价，指出了其优势和劣势，并提出了建议和意见。

张德禄（1998）对话语基调与语义和形式进行了研究，对韩礼德、格雷戈里（Gregory）和马丁对话语基调的定义进行了比较和评论，消除了话语基调、词汇、语义、音系的模糊性，对推进语境、语义和形式之间的研究具有重要意义，为后续评价理论进入国内并引起激烈讨论奠定了基础。

王振华（2001）把马丁的系统功能语言学评价理论介绍到国内，说明评价过程主要通过评价词汇的研究来实现，总结评价系统的理论框架和运作过程。自此，评价系统研究在国内得到蓬勃发展。

李战子（2001）拓展了功能语法中人际意义的框架。韩礼德把语气、情态和调值作为人际意义划分的主要手段。在调整后的框架中，语法词汇的语义和语用功能的描写包括认知性、评价性和互动性，这比原来的框架更为平衡。她提出把人际意义分为微观和宏观两个方面。其中微观方面由读者和作者间的关系组成，由认知性的、评价性的和互动性的表达实现；而宏观方面由作者话语中所蕴含的多重声音构成，由评价性的表达来实现。并且宏观的人际意义更应该引起关注。李战子（2004a）总结了评价理论在话语分析中的应用，包括商业包装话语、历史话语和自传话语。她运用评价理论对学习类自传进行分析后，认为认知语境在态度分析中应得到重视。

通过比较韩礼德的系统功能语言学和马丁的评价理论发现，韩礼德的系统功能语言学呈现出全面和多层次的特点，受到形式范畴化的影响，尤其是在社会符号范畴化和意义范畴化方面；而马丁的评价理论是社会符号性的，对社会符号系统有比较全面的描述，在形式范畴化以及相关的意义范畴化方面还存在不足。张德禄和刘世铸（2006）提出应完善评价理论相关的形式范畴化和模式化。张德禄（2019）研究了评价理论介入子系统中的语法模式，强调在原有的介入系统框架中增加声音系统。

刘世铸（2010）综述了评价理论在国内的研究状况，发现我国学者致力于评价的本质、评价系统的建构和分类的理论研究，以及评价理论在语篇分析、翻译研究和英语教学等方面的应用研究。他提出国内研究缺少对评价理论的质疑和修正，并且应补充评价标准。评价系统需加强精密化和系统化研究，制定相应的评价标准，增加评价语法的手段，增强以语料库为手段的评价研究。

徐玉臣（2013）在综述评价的来源和我国学者对评价理论的研究的基础上，

提出对评价理论研究的建议：提升评价系统及其子系统的精密度，增加对评价理论研究的哲学思考，拓展评价理论的语义学研究，并且把评价理论的研究置于文化语境之中。

刘兴兵（2014）对 1998 年到 2014 年国内有关评价理论研究的文献进行了统计和回顾，把这些文献分为对理论的评介、综述、完善或修正、其他理论的创新、哲学角度的探讨和应用六类；又把应用细分为翻译、英语教学、话语分析理论、话语分析实践、汉语评价系统、修辞现象、社会实际问题七种来分析，指出评价理论的不足，以及未来研究的主要方向。

王振华和马玉蕾（2007）认为评价理论具有无限的魅力，但是对该理论还存在许多困惑和不解。评价理论极具创新意识、一致性、概括性、解释力和通俗性，这些是评价理论的优势所在，使得中外学者对评价系统的研究方兴未艾。同时，评价理论也存在一定的局限性。没有百分之百完美的理论，评价理论也需要在不断补充和完善中发展和进步。

## 2.2.2　评价理论的应用研究

在国内，评价理论不断发展，评价系统的内容不断完善，理论维度不断拓宽。评价系统还被用于分析不同类型的语篇（包括但不限于新闻语篇、科技语篇、多模态语篇、文学语篇和法律语篇）。

李战子（2005）认为作为语法范畴的语气、态度和作为词汇范畴的评价具有紧密的联系，是一个"连续统"。她通过对英语命题的研究，提出把握"连续统"对于语用学的研究具有重要意义的观点。李战子（2022）通过对国际传播话语中的评价资源的分析，试图建立跨文化评价意义发生学。在她看来，人文学者要对跨文化价值观话语保持敏锐的态度和兼容并包的胸襟。

李战子和胡明霞（2016）认为以往对评价资源的分析没有涉及评价资源与主旨评价的关联性，所以在语义重力的基础上提出了评价重力，用来区分不同语境关联度的评价资源，使评价资源在区分和量化上得到理论支撑。评价重力包括观点、概述、具体化、概要叙述和个人叙述五个层次。这五个层次语义重力由小到大。语义重力越小，评价内容越聚焦主旨，评价重力也就越小；反之，语义重力越大，则评价内容相对语篇主旨来说越边缘，评价重力也就越大，即受到语境的束缚越多。两位研究者通过分析外交部前发言人的一篇演讲稿中的评价资源和语义重力，得出主旨评价重力小，适用性强，更利于突出主旨评价的结论。

王振华和吴启竞（2020）认为人际意义不仅体现在词汇和语法即小句层面上，而且也体现在大语篇层面上。在进行大语篇的分析时，把元话语资源和评价系统相结合对于人际意义的研究不失为一种更为全面的方式。元话语资源作为一个意义系统，和评价系统一样都与大语篇的人际意义有关联，但是二者的侧重点不同。元话语资源对于凸显话语角色具有重要意义，但对话语评价体现的意义较小；而评价系统则能够更好地进行丰富、系统、全面的评价，但是不能体现话语输出的角色，二者具有一定的互补性。

孙铭悦和张德禄（2018）以系统功能语言学评价系统理论为基础，采用评价修辞学方法，选择语境层和意义层之间的中间变量——评价策略作为研究对象，建立起评价策略研究框架。该框架包括三个层面（语境层、意义层和词汇语法层）、两个维度（宏观维度和微观维度）、一个中间变量（评价策略），为评价策略资源提供了系统的理论思路和分析工具。该研究以英语社论语篇为语料，从体裁、话语基调、宏观立场和微观评价、体现方式这四个方面探讨评价策略的适用性。

王伟（2014）认为以往有关评价系统的研究忽略了对评价意义的接受方和接受过程的分析，所以他专注于评价资源系统的接受研究：探索评价和接受的关系；对接受理论的哲学基础以及在美学、传播学等领域的应用进行总结；通过对新闻语篇的评价资源进行接受视域下的解读，对评价意义的接受进行了探索性分析。该研究对评价理论的研究内容和思路的发展具有重要意义。

根据韩礼德的元功能理论，语言具有三大元功能，即概念功能、人际功能和语篇功能，三者相互统一、互为补充。而评价理论关注的是人际功能的表征和实现，对语篇功能极少涉及。孙铭悦和张德禄（2015）从语篇功能的角度出发，分析评价理论的组篇功能。组篇功能是组篇机制如何组织评价意义的一个功能。两位学者构建评价组篇机制分析框架，该框架包括三个层面（语境层、意义层和词汇语法层）、两个维度（微观维度和宏观维度）和一个中介层面（修辞策略层）。该文以两个语篇作为语料，探究评价组篇机制分析框架在语篇分析中的适用性。

刘世铸（2007）认为评价系统是评价主体、客体、价值评判和评价标准等要素互相作用的有机体系。他总结了评价理论的语言学特征，分析了评价的属性和特征。评价从不同的角度分析具有不同的属性，具有情感性、主观性、价值负载性、级差性和主体间性五个特征。他从语言学的角度把原来的评价系统的三个子系统拓展为四个，增加了评价标准这一要素，标准是指意识形态、价值观体系等。

评价理论在和其他理论的结合应用中迸发出巨大的生机与活力，使得评价系统的应用呈现欣欣向荣之势。

文化模式能够凸显人际意义，文化模式和评价系统的分析具有重要意义，并且对促进英语教学具有重要作用。系统功能语法中的概念意义和语篇意义对应的是内容图式和形式图式；而人际意义，尤其是评价意义，则由文化模式凸显。文化模式中的评价意义对文化认知具有重要意义。在英语教学中可以通过了解学生的文化模式，同时兼顾文化模式中的评价意义，以此使学生获得深层次的文化认知。张德禄（2018）把论辩和评价用于英语课堂教学，制定完备的教学程序，把评价当作提高学生思辨能力的手段。李战子（2004b）利用评价理论分析学生的文化模式，张德禄（2018）则主张把论辩和评价资源运用于课堂教学。

刘世铸和韩金龙（2004）认为马丁等的评价理论只局限于对书面语的研究，没有涉及对口语的研究。所以他们对新闻语篇的态度系统进行研究，提出新闻语篇的态度系统包括介入、态度、标准、分级，增加了一个标准子系统，并且把介入系统又进一步分为参与、组织和观察。他们的研究发现使态度系统的研究拓展到了新闻语篇，为新闻语篇阅读提供了新的方式和途径，对新闻语篇的研究具有重要意义。

在"一带一路"的大背景下，中国企业的对外话语也是促进经济发展、国际合作的一个重要方面。华莹（Hua，2020）运用评价理论，以态度资源和介入资源为主，分析中国企业在海外社交网站上的微博话语策略，发现：在态度诉求方面，中国企业最青睐判断资源，而情感资源较少；在介入模式方面，对话参与模式激增。研究表明，中国企业强烈呼吁弘扬民族精神，并倡导构建低权力距离的企业文化。

剡璇和徐玉臣（2011）分析科技语篇中评价系统的子系统——鉴赏系统，聚焦于鉴赏系统中有关科技话语的"品质"和"价值"的评价，从科技语篇的引言、研究方法、结果和讨论、结论等四个方面，对科技语篇中鉴赏各子系统的评价资源的分布和表现方式进行研究，得出科技语篇鉴赏性评价的特点，证实了评价系统对于科技语篇的适用性。

除关注语言模态的评价研究外，王振华和瞿桃（2020）、吴婷（Wu，2020）在多模态论证与评价理论的框架下，对一种新媒体话语进行多模态分析，构建一个人类共享未来的社区，发现视觉符号能够独立完成论证话语中的推理和评价。王振华和瞿桃（2020）总结了国内近二十年来有关多模态语篇的评价研究，发现多模态评价研究主要包括三方面的内容：框架建构、实例分析和研究述评。他们通过把研究路径分为系统功能语言学和认知语言学，得出系统功能语言学的研究路径主要以语言路径为主、非语言路径只占少数的结论。通过探讨多模态语篇评价研究中存在的有关理论、语境、研究方法和对象的问题，呼吁建立多模态语篇的评价理论框架。

王振华（2004a）以加拿大作家黑利（Hailey）的小说《大饭店》中的小句为语料，通过"物质过程"及其成分的评价价值的框架，研究小说中"事件"对人物形象形成的作用。文章从小句过程成分的语义特征和功能，及其与环境和语境的关系入手，对小说中的评价资源进行研究，并以此来反观人物形象形成的过程。这一研究对于文学文本的评价资源分析具有重要意义。

王振华和张庆彬（2013）从评价系统视角出发，建立中外校训语料库，研究中外校训评价意义的异同和评价资源的分布特征，发现中外校训在评价资源分布上呈现出一定的差异：中外校训均不使用情感表达，多使用判断和鉴赏表达；中国校训多使用社会许可类态度表达，体现了对中国儒家文化的传承。由于中外校训内容都是对大学理念、大学含义、大学职能、大学精神的凝练，因此也有一定的共性。

彭宣维（Peng, 2017）从系统功能语言学中的三大元功能（概念功能、人际功能和语篇功能）出发，从经验、评价和主题符号化的角度，研究简体汉字的笔画系统。这里的人际功能特别指评价类别，更准确地说是对态度的欣赏，如构成，即平衡和复杂性。

袁传有（2008）运用评价理论介入系统研究警察讯问话语，阐释警察在讯问不同类型的犯罪嫌疑人时所采用的介入模式及其体现的人际意义，即立场、态度和观点。警察在进行不同杀人案件的讯问时，采取不同的介入方式，以实现讯问目的。

## 2.3　态度系统及其相关研究

作为评价系统的三个子系统（态度系统、介入系统和级差系统）之一，态度系统受到学者的高度关注。态度系统是评价系统的核心系统，是语言使用者对描述对象的态度，是认知和心理对人或事的反应通过语言得以表征的意义资源（于梅欣，2018）。

态度系统分为情感、判断和鉴赏三个子系统（Martin & White，2008）。情感系统涵盖了情绪、伦理和美学三个语域，且与积极或消极情绪相关联，如快乐或悲伤、自信或焦虑、感兴趣或无聊等情绪支配着情感系统。情感系统包括倾向/不倾向、高兴/不高兴、安全/不安全、满意/不满意等。而判断系统涉及对人的性格或行为的态度，对行为表示钦佩或批评、赞扬或谴责的态度，包括社会许可和社会尊严两类。社会许可分为诚信和妥当两类，对人的个性和行为进行判断，判断一个人是否坦诚，行为是否妥当。社会尊严则从常规、能力和韧性等三个角度对人的个性及行为作出判断：判断一个人是否有才干，是否坚强，行为是否符合常规。鉴赏系统包括对符号学和自然现象的评估，根据它们在给定环境中的价值程度决定，包括反应、价值和构成三个子范畴（Martin & White，2008）。

国内对态度系统的研究主要是将该系统用于对具体话语进行分析，分析各态度子系统的数量和分布，并且结合相应的语境挖掘话语背后的意义与启发。其中对新闻语篇、文学语篇、翻译运用和法律语篇的研究较为丰富。

## 2.3.1　新闻语篇

新闻语篇中存在新闻报道者或媒体机构的态度意义，对新闻报道的态度表达进行分析颇具意义。陈明瑶（2007）、王振华（2004b，2010）、葛琴（2015）、陈春华和马龙凯（2022）等都对新闻报道的态度系统进行了研究。新闻报道的态度分析主要包括单一种类报道分析、英汉新闻对比分析、某一语言现象分析和新闻翻译分析等四类研究。

陈明瑶（2007）通过对新闻语篇态度资源的分析，发现新闻报道者倾向于使用判断和鉴赏这两种态度，对情感的使用极少，这与新闻报道的客观性特点有关。新闻翻译过程中会出现忠于（不增不减）原文评价意义、与原文态度相符、与原文态度不符的情况。作者呼吁译者应忠实于原文的态度系统和评价意义。

王振华（2004b）对发生在中国的同一事件的中英文"硬新闻"报道的态度系统进行了分析，识别并且计算出英汉两种报道中的判断、情感和鉴赏三类态度表达的数量，指出"硬新闻"报道中判断、情感和鉴赏的分布和特点：在英汉报道中，判断的数量均高于情感和鉴赏。

新闻报道对某一事件的争议也是常常产生的。而在激烈的争议中态度资源十分突出，因此态度系统是分析争议的有效工具。争议往往出现在针对某一议题或事件出现正面和反面态度时，并且正面和反面态度贯穿于态度系统的各个子系统中（王振华，2010）。

葛琴（2015）对汉英新闻语篇中的态度子系统进行了横向和纵向的对比分析，发现汉英新闻语篇的态度资源存在如下异同：相同点是汉英新闻都以判断为主要的态度表达方式，其次是鉴赏，情感则极少出现；在汉英语篇对比分析中，英文报道中的判断和情感表达的数量比例高于中文报道，而中文报道中鉴赏表达的数量比例高于英文报道。

陈春华和马龙凯（2022）建立了美国有线电视新闻网（CNN）有关疫情报道的语料库，并在此基础上，对相关新闻的态度系统进行了分析，发现美国有线电视新闻网疫情报道在态度表达上呈现出判断多于鉴赏、鉴赏多于情感的特点。判断中规范、坚韧、能力类态度大量出现，而社会许可类判断几乎没有；鉴赏系统中以价值类鉴赏数量最多；情感系统中安全类情感占据大多数。新闻语篇的态度折射出主流媒体对疫情的反应、对政府的态度，以及媒体的角色。重大疫情新闻报道的态度分析对于引起公众和政府对疫情的应急和反思具有重要意义。

### 2.3.2　文学作品

文学作品是表达客观世界和主观认识的一个重要方式。陈瑜敏（Chen，2017）对同一书籍不同版本中的态度资源进行了对比研究，杨汝福（2006）分析了喜剧小品的态度系统，蓝小燕（2011）研究了书评语言的态度表达。

陈瑜敏（Chen，2017）对文学作品的原版手稿和各出版版本进行了比较分析。该研究以《爱丽丝梦游仙境》的手稿、出版原版和八个当代改编版本为语料，分析了多模态文学作品的态度变化，发现：原版和改编版本的情感、判断和鉴赏表达得到了不同的处理，显示出一定的差异，这表明在适应当代读者的需求方面存在差异。与原版相比，改编版本中的判断表达在原本占比就很小的情况下，进一步减少，从而进一步弱化了对当代读者显性的道德教育。原版中通过高级文本得以显示的隐性态度表达，在改编的版本中多为低级文本的鉴赏表达所取代。为了便于年轻读者理解，故事有时会被简化，在较低层次的改编中修改或删除某些情节，从而改变了原版态度表达的语义区域。

杨汝福（2006）以春节联欢晚会上大众喜闻乐见的一个喜剧小品为语料，分析了其中的态度资源。小品中的态度系统的评价意义主要体现在判断资源上，并且比例远远超过态度系统的另外两个子系统：情感和鉴赏。小品中的判断和鉴赏表达增强了幽默特质和喜剧效果，对主题的表现和升华也有一定作用。小品语言的态度系统分析，为创作更多百姓喜闻乐见的作品提供了思路和指导。杨汝福和曲春玲（2014）把态度系统用于分析小说语篇的评价意义。两位学者研究了小说中包含态度的词汇中蕴含的主人公境遇、情感和思想的变化过程，揭示了小说主题意义的语篇构建。

书评用鉴赏性的语言表达了对书本的态度，主要在开头和结尾出现，极具说服功能和礼貌协商作用，突出书评语言的客观性和评价性。对书评语言态度系统的分析拓展了评价理论的研究思路和视角。蓝小燕（2011）除关注学术书评态度表达的分布和功能以外，还进一步分析了显性或隐含态度和正面或负面态度关联性的控制。在学术书评作品中判断资源为正面、隐含的表达；情感资源为正面、明确的表达；鉴赏资源中正面、明确的表达居多，负面的表达数量少且没有明显的显性或隐性倾向。

### 2.3.3　翻译

陈梅和文军（2013）在分析利维（Levy）的英译白居易诗歌的态度系统的过程中发现，译者倾向于增加判断和鉴赏资源，而减少情感资源，但总体上并没有大幅改变原文的态度资源。在正面/反面评价和显性/隐性表达方面，译文和原文在各个子系统中都存在一定的差异。把态度系统用于英汉翻译的研究，对于译文赏析和改进都有积极意义。

### 2.3.4　科技语篇

徐玉臣（2009）意识到以往有关态度系统的研究忽略了科技语篇，尤其是科技语篇中作者的评价，即作者个人的态度、判断等。所以他选取科技语篇为语料，研究其中的态度系统，专注于态度系统中的判断子系统，揭示科技语篇的语义系统与语法-词汇系统的关联。研究发现：科技语篇中社会尊严类判断极少，社会许可类判断占绝大多数。该研究拓展了社会许可中的真实性，将适宜性划分为适切性和必要性，这对态度系统的理论拓展和完善有重要意义。

### 2.3.5　音乐歌词

以重金属歌曲的歌词为语料，对其进行态度资源的相关分析显示：重金属歌曲的歌词在情感资源上表现为不安全、孤独、悲伤和欲望；在判断资源上表现为无畏、自由，以及对不愉快甚至令人厌恶的事物的表现；在鉴赏资源上则倾向于对死亡的表现。

### 2.3.6　多模态语篇

声音特征、表情、手势等多模态符号也具有评价意义。冯德正和亓玉杰（2014）意识到以往的评价理论研究只局限于普通语篇，忽略了对多模态语篇的研究，所以他们把认知评价理论和系统功能符号学相结合，探究多模态语篇的态度表达。态度意义的分类基于诱发条件的分类与描述，诱发条件分为事件（是否合意）、行为（是否可取）与事物（是否喜欢）三类，通过记录和描写态度诱发条件的多模态表征，建立基于诱发条件的态度意义系统。事件的结果对应情感，主体的行为对应判断和情感，而事物的特征对应鉴赏和情感。通过对多模态语篇进行实例分析，验证多模态系统的适用性，进一步证明跨学科的多模态态度系统对多模态研究与评价研究都具有重要意义。

### 2.3.7　法律语言

尽管评价系统在话语分析中的应用已很多，但是有关法律语言的研究还相对较少。相关研究主要包括审判话语、调解话语和判决书话语的态度系统分析。车振冬（2011）和施光（2016，2017）关注庭审话语和判决书话语的态度系统构建和分析，蒋婷（2016）、王振华和张庆彬（Wang & Zhang，2014）关注仲裁员调解话语的态度资源研究。

刑事庭审语篇包含开庭、法庭调查、辩论、最后陈述、评议与宣判五个阶段。其中，法庭调查和辩论中有若干子系统。法庭审判中不同类型的各方参与者都存在大量的态度资源输出，态度资源在整个语篇中起着重要的作用，庭审活动的各方使用态度资源为自己代表的利益主体表达人际意义（车振冬，2011）。态度资源在法庭审判中的表达内容、目的、类型、方式都得到了详尽的分析。施光（2016）关注法庭审判话语的态度系统并构建了庭审话语的态度系统框架，为态度系统研究提供新的研究思路和视角。通过对庭审话语中各子系统以及各方参与者的数量和分布的分析，发现法庭审判话语中态度数量最多为判断，鉴赏次之，情感最少。该文在判断子系统中增加了合法性判断，并且把鉴赏进一步细分为判断引发型鉴赏和非判断引发型鉴赏，而非判断引发型鉴赏则包括评价理论原鉴赏系统中的反应、构成和价值。

判决书作为公民身边最容易获得的法律教材，体现了法治的精髓，也是非法学专业的普通民众了解法律的最直观的手段（吕娜，2019）。判决书中存在丰富的态度资源，判决书的态度系统分析对于促进司法判决公正具有重要意义（姚人琳，2016；施光，2017；吕娜，2019；马佩佩，2021）。

戴欣（Dai，2020）把评价理论用于对法官量刑意见的研究，其选择六份量刑备注作为语料，研究法官如何构建其对罪犯及其行为的判断，深入了解法官量刑实践的经验现实。

王振华和张庆彬（Wang & Zhang，2014）从评价理论的角度分析在中国法庭环境下如何调解纠纷。以一场民事纠纷案件为例，利用评价理论分析诉讼双方形成和化解纠纷，以及法官调解纠纷的过程。作为人，我们在日常生活中扮演社会角色，我们在互动过程中不断创造和协商我们的人际关系（Johnstone，2002）。矛盾双方的人际关系破裂从而产生纠纷，法官在此发挥着修补和维持双方当事人的人际关系的作用。在王振华和张庆彬（Wang & Zhang，2014）看来，语言实际上是一把"双刃剑"，因为双方都用语言来最大化自己的利益，并使损失最小化。而法官可以使用两把"边缘"的剑，运用制度化的权力以及语言力量，从而有效控制局面，并规范双方当事人的部分主张，从而调解纠纷。

在仲裁调解的过程中，仲裁员和当事人之间的态度表达是关乎仲裁结果的关键（蒋婷，2016）。仲裁话语的态度表达在词汇和语篇两个层面呈现出动态变换、不平衡、依赖当时语境的特点。判断和鉴赏资源的大量使用促进仲裁和调节的进行，少量的情感资源起到了拉近调解员和当事人关系的作用。除词汇语法层面的判断、情感和鉴赏表达外，仲裁调解在语篇层面上表现为主导型、渗透型和加强型的态度韵律。将态度系统用于仲裁话语的研究，可为减少争端、促成调解提供借鉴和指导。

有关法庭审判话语的态度系统的研究已经有了长足的进展；然而，现有研究较多关注刑事审判的态度系统，民事和行政审判话语的态度系统还没有得到充分的重视，尚有很大的研究空间。此外，评价系统中的另外两个子系统（介入系统和极差系统）亦可用于法庭审判话语的分析。

# 第 3 章　法庭审判话语中的态度

本章对不同类型（刑事、民事、行政）的法庭审判中的不同诉讼主体（法官、公诉人、原告、被告等）的不同态度表达（情感、判断、鉴赏）的数量、比例、分布进行整体描述。

## 3.1　语料及转写

本章语料选自最高人民法院主办的"中国庭审公开网"（http://tingshen. court.gov.cn）。笔者将 300 场法庭审判的录音或录像转写为文字材料，建立了一个约 460 万字的法庭审判话语语料库。300 场法庭审判包括最高人民法院、省高级人民法院、市中级人民法院、基层人民法院的审判各 75 场；刑事、民事、行政审判各 100 场。尽量做到所选法庭审判在类型上具有代表性。

笔者在将法庭审判录音或录像转写成书面语料时所采用的规范如下（参照廖美珍，2003a：46；施光，2014：46-47）。

（1）如果句子或词语一说出口就被取消，用一条删除线表示，如：

　　　　上（男）："这个钱"，在写过借条后一个礼拜开始我就要了。

（2）[…]：省略当前分析不需要的成分。

（3）<unint>：无法分辨的内容。

（4）<　　>：研究者提供的信息，如评注等。

（5）*n*s：长于一秒的停顿，如"3s"表示三秒钟的停顿，如：

　　　　上（男）：知道。开庭他去的……2s……开庭他去的。

（6）——：声音的延长，如：

　　　　被上（男）：我想问一下那个——杜××，你这个钱，你借的 153 000
　　　　　　　　　　元钱，你这个钱，家庭用的，用在家庭生活的什么地方？

（7）‖　　　‖：两个说话人话语重合的部分，如：

被（女）：我跟你讲，我在六合法院还是讲的这个话，我没有拿这笔
钱。还知道，我再跟你讲，我没有拿这笔钱。你没有资格
问我。我没有拿，你要我讲什么呢？
‖对不对，你没有资格问我。‖

审（男）：‖这个问题可以问‖，鉴于杜××已在两级法庭陈述了，
她至今仍然坚持她没有向刘××借过钱。

（8）⊥：话语的修正，如：

被（女）：事实就在这个地方，而且他当时跟我在一个单位的时候，
他还⊥，你家老婆没有工作，⊥你夫人没有工作，就你一
个人工作，他小孩和我小孩是同年的。

（9）（——）：说话速度快而导致的含糊不清。

（10）▲：被打断的话语，▼打断其他话语的话语，如：

审（男）：好，你的意思很明确▲

原（男）：　　　　　　　　▼就是▲

审（男）：　　　　　　　　　　　▼就是说▲

原（男）：　　　　　　　　　　　▼这个钱肯定用在家庭方面了。

（11）……：强调，如：

审（男）：<u>法庭告诉你</u>，你认为你不欠他这个钱，那必然导致法院原
来的判决是错误的。

（12）*：笑声和其他副语言信号之前加*符号。

（13）审判长用"审"标示，其他法官用"法 n"分别标示；原告用"原"
标示，被告用"被"标示；原告律师用"原代"标示，被告律师用
"被代"标示，如有多位律师，用"原（被）代 n"分别标示；证人
用"证"标示，如有多位证人，用"证 n"分别标示；公诉人用"公"
标示，人民陪审员用"陪"标示，检察员用"检"标示；上诉案件
中，上诉人用"上"标示，上诉人代理人（律师）用"上代"标示，
被上诉人用"被上"标示，被上诉人代理人（律师）用"被上代"
标示；自诉案件中的自诉人用"自"标示，自诉人的律师用"自代"
标示；第三人用"三"标示，第三人代理人用"三代"标示；再审
案件中，再审申请人用"再"标示，再审申请人代理人（律师）用
"再代"标示，再审被申请人用"再被"标示，再审被申请人代理人
（律师）用"再被代"标示；性别在括号内标示，如"审（女）"。

# 3.2　态度表达的数量、比例、分布

表 3-1 显示了判断、鉴赏和情感这三类态度表达在 300 场法庭审判中出现的数量及比例。

**表 3-1　判断、鉴赏和情感在 300 场法庭审判中的数量及比例**

| 态度类型 | 肯/否定 | | 总计 |
|---|---|---|---|
| | + | − | |
| 判断 | 17 711 次（40%） | 26 747 次（60%） | 44 458 次（63%） |
| 情感 | 5 993 次（44%） | 7 632 次（56%） | 13 625 次（19%） |
| 鉴赏 | 4 407 次（35%） | 8 343 次（65%） | 12 750 次（18%） |
| 总计 | 28 111 次（40%） | 42 722 次（60%） | 70 833 次（100%） |

注："＋"表示肯定，"−"表示否定。下同。

从表 3-1 我们可以看出，300 场法庭审判中共出现态度表达 70 833 次。其中，判断最多，共 44 458 次，占总数的 63%；其次是情感，共 13 625 次，占总数的19%；鉴赏最少，共 12 750 次，占总数的 18%。大多数态度表达（42 722 次）具有否定意义，占总数的 60%；而具有肯定意义的共 28 111 次，占总数的 40%。这表明法庭审判的态度表达总体上是否定的，这与施光（2016）的发现基本一致。

下面我们来看不同类型的审判（刑事、民事、行政）中态度表达的情况。表 3-2 显示了刑事、民事、行政审判各自的总字数以及态度表达的数量及比例。

**表 3-2　刑事、民事、行政审判的总字数及态度表达的数量及比例**

| 审判类型 字数（百分比） | 态度类型 | | | | | | | | 总计 |
|---|---|---|---|---|---|---|---|---|---|
| | 判断 | | 鉴赏 | | 情感 | | 小计 | | |
| | + | − | + | − | + | − | + | − | |
| 刑事 1 533 252 字（34%） | 8 742 次（42%） | 11 939 次（58%） | 1 746 次（40%） | 2 610 次（60%） | 1 562 次（39%） | 2 444 次（61%） | 12 050 次（41%） | 16 993 次（59%） | 29 043 次（41%） |
| 民事 1 429 957 字（31%） | 3 793 次（35%） | 7 044 次（65%） | 1 275 次（24%） | 4 038 次（76%） | 2 804 次（55%） | 2 295 次（45%） | 7 872 次（37%） | 13 377 次（63%） | 21 249 次（30%） |
| 行政 1 594 556 字（35%） | 5 176 次（40%） | 7 764 次（60%） | 1 386 次（45%） | 1 695 次（55%） | 1 627 次（36%） | 2 893 次（64%） | 8 189 次（40%） | 12 352 次（60%） | 20 541 次（29%） |
| 总计 4 557 765 字（100%） | 17 711 次（40%） | 26 747 次（60%） | 4 407 次（35%） | 8 343 次（65%） | 5 993 次（44%） | 7 632 次（56%） | 28 111 次（40%） | 42 722 次（60%） | 70 833 次（100%） |

表 3-2 表明，300 场法庭审判的书面转写语料共有 4 557 765 字。其中，100
场刑事审判共 1 533 252 字，占总字数的 34%；100 场民事审判共 1 429 957 字，
占总字数的 31%；100 场行政审判共 1 594 556 字，占总字数的 35%。100 场刑
事审判的态度表达总数为 29 043 次，占总数的 41%，远多于 100 场民事审判（共
21 249 次，占总数的 30%）和 100 场行政审判（20 541 次，占总数的 29%）。
刑事审判的诉讼主体表达态度的频率最高，表明相较于民事和行政审判，刑事
审判具有更高的态度负荷（另见施光，2016：56）。在 100 场刑事审判的 29 043
次态度表达中，16 993 次（59%）具有否定意义，12 050 次（41%）具有肯定
意义；在 100 场民事审判的 21 249 次态度表达中，13 377 次（63%）具有否定
意义，7872 次（37%）具有肯定意义；在 100 场行政审判的 20 541 次态度表达
中，12 352 次（60%）具有否定意义，8189 次（40%）具有肯定意义。三类审
判中，民事审判中所表达的态度否定程度最高（63%），其次是行政审判（60%），
最后是刑事审判（59%），但三者并不存在显著差异。值得注意的是，虽然 300
场法庭审判中的态度表达总体上是否定的（60%），但是在 100 场民事审判中，
肯定情感（2804 次，占总数的 55%）多于否定情感（2295 次，占总数的 45%）。

下面我们来看不同类型的法庭审判中不同诉讼主体态度表达的情况。表 3-3
显示了 100 场刑事审判中的被告人、公诉人和法官的态度表达的数量及比例。

**表 3-3　100 场刑事审判中被告人、公诉人和法官的态度表达的数量及比例**

| 诉讼主体 | 态度类型 | | | | | | | | 总计 |
| | 判断 | | 鉴赏 | | 情感 | | 小计 | | |
| | + | − | + | − | + | − | + | − | |
| 被告人 | 4 228 次（39%）* | 6 686 次（61%） | 797 次（40%） | 1 192 次（60%） | 524 次（49%） | 546 次（51%） | 5 549 次（40%） | 8 424 次（60%） | 13 973 次（48%） |
| 公诉人 | 2 409 次（47%） | 2 713 次（53%） | 496 次（38%） | 797 次（62%） | 754 次（44%） | 963 次（56%） | 3 659 次（45%） | 4 473 次（55%） | 8 132 次（28%） |
| 法官 | 2 105 次（45%） | 2 540 次（55%） | 453 次（42%） | 621 次（58%） | 284 次（23%） | 935 次（77%） | 2 842 次（41%） | 4 096 次（59%） | 6 938 次（24%） |
| 总计 | 8 742 次（42%） | 11 939 次（58%） | 1 746 次（40%） | 2 610 次（60%） | 1 562 次（39%） | 2 444 次（61%） | 12 050 次（41%） | 16 993 次（59%） | 29 043 次（100%） |

注：被告人指被告人一方的所有诉讼参与人；公诉人指公诉人一方的所有诉讼参与人。下同。
* 这里 39%的意思是：被告人所表达的肯定判断占其所表达的判断总数的 39%；相应地，被告人所表达
的否定判断占其所表达的判断总数的 61%，两者相加共 100%。余同。

表 3-3 表明，在 100 场刑事审判中，被告人表达态度的次数最多（共 13 973
次，占总数的 48%），公诉人其次（共 8132 次，占总数的 28%），法官最少

（共 6938 次，占总数的 24%）。在刑事审判中，作为被起诉的一方，被告人不仅要讲述他/她自己的故事（Bennett & Feldman，1981：9；另见 Eades，2010：34），而且还要回答法官和公诉人的提问。在该过程中，被告人需要表明态度，因为他要么被迫这样做，要么是为了实现本人的诉讼意图，这可能是被告人表达态度次数最多的原因。在态度的肯/否定程度方面，被告人态度表达的否定性最强（60%的态度表达具有否定意义），其次是法官（59%的态度表达具有否定意义），最后是公诉人（55%的态度表达具有否定意义）。在被告人的三类否定态度表达中，判断比例最高（共 6686 次，占总数的 61%），其次是鉴赏（共 1192 次，占总数的 60%），最后是情感（共 546 次，占总数的 51%）。在公诉人的三类否定态度表达中，鉴赏比例最高（共 797 次，占总数的 62%），其次是情感（共 963 次，占总数的 56%），最后是判断（共 2713 次，占总数的 53%）。在法官的三类否定态度表达中，情感比例最高（共 935 次，占总数的 77%），其次是鉴赏（共 621 次，占总数的 58%），最后是判断（共 2540 次，占总数的 55%）。总体上，在 100 场刑事审判中，否定情感表达的比例最高（占总数的 61%），其次是鉴赏（占总数的 60%），否定比例最低的是判断（占总数的 58%）。

表 3-4 显示了 100 场刑事审判中被告人、公诉人和法官的态度、用词和话轮的数量及比例。

**表 3-4　100 场刑事审判中被告人、公诉人和法官的态度、用词和话轮的数量及比例**

| 诉讼主体 | 态度 | 用词 | 话轮 |
| --- | --- | --- | --- |
| 被告人 | 13 974 次（48%） | 659 298 字（43%） | 4 596 次（45%） |
| 公诉人 | 8 132 次（28%） | 444 645 字（29%） | 2 859 次（28%） |
| 法官 | 6 937 次（24%） | 429 309 字（28%） | 2 758 次（27%） |
| 总计 | 29 043 次（100%） | 1 533 252 字（100%） | 10 213 次（100%） |

表 3-4 表明，在 100 场刑事审判中，被告人的用词最多（共 659 298 字，占总字数的 43%），公诉人其次（共 444 645 字，占总字数的 29%），法官最少（共 429 309 字，占总字数的 28%）。被告人控制的话轮也是最多的（共 4596 次，占总数的 45%），公诉人其次（共 2859 次，占总数的 28%），法官最少（共 2758 次，占总数的 27%）。与用词和话轮相比，被告人在态度表达的频数和比例上更高（共 13 974 次，占总数的 48%），公诉人其次（共 8132 次，占总数的 28%），法官最少（共 6937 次，占总数的 24%）。

下面我们来看民事审判的情况。表 3-5 显示了 100 场民事审判中原告、被告和法官所使用的各类态度表达的数量及比例。

表 3-5　100 场民事审判中原告、被告和法官的态度表达的数量及比例

| 诉讼主体 | 态度类型 | | | | | | | | 总计 |
| --- | --- | --- | --- | --- | --- | --- | --- | --- | --- |
| | 判断 | | 鉴赏 | | 情感 | | 小计 | | |
| | + | − | + | − | + | − | + | − | |
| 被告 | 1 644 次（41%） | 2 348 次（59%） | 501 次（28%） | 1 304 次（72%） | 1 227 次（62%） | 765 次（38%） | 3 372 次（43%） | 4 417 次（57%） | 7 789 次（37%） |
| 原告 | 1 138 次（31%） | 2 592 次（69%） | 455 次（23%） | 1 494 次（77%） | 876 次（46%） | 1 020 次（54%） | 2 469 次（33%） | 5 106 次（67%） | 7 575 次（36%） |
| 法官 | 1 011 次（32%） | 2 104 次（68%） | 319 次（20%） | 1 240 次（80%） | 701 次（58%） | 510 次（42%） | 2 031 次（35%） | 3 854 次（65%） | 5 885 次（28%） |
| 总计 | 3 793 次（35%） | 7 044 次（65%） | 1 275 次（24%） | 4 038 次（76%） | 2 804 次（55%） | 2 295 次（45%） | 7 872 次（37%） | 13 377 次（63%） | 21 249 次（100%） |

注：这里的原告包括原告/上诉人及其律师（代理人）等；被告包括被告/被上诉人及其律师（代理人）等；法官包括法官和人民陪审员等。下同。

表 3-5 表明，在 100 场民事审判中，被告的态度表达最多（共 7789 次，占总数的 37%），其次是原告（共 7575 次，占总数的 36%），最后是法官（共 5885 次，占总数的 28%）。在民事审判中，原告是发起诉讼的一方，目的是证明被告侵犯了其合法权益，因此其应该获得赔偿。在审判过程中，原告需要不断表明态度以实现上述意图，所以其态度表达较多（高于法官，略少于被告）。在态度的肯/否定程度方面，原告的否定态度表达比例最高（67%），其次是法官（65%），被告的否定态度表达比例最低（57%）。原因可能是：被告是被动进入诉讼的一方，要证明其未侵犯原告的权益或侵害程度不如原告说的那么大，从而免受或者减轻处罚、赔偿，因此其否定态度表达的比例比原告低。在原告的三类否定态度表达中，鉴赏比例最高（共 1494 次，占总数的 77%），其次是判断（共 2592 次，占总数的 69%），最后是情感（共 1020 次，占总数的 54%）。在被告的三类否定态度表达中，鉴赏比例最高（共 1304 次，占总数的 72%），其次是判断（共 2348 次，占总数的 59%）。与前两类态度相反，被告的大多数情感表达具有肯定意义（共 1227 次，占总数的 62%）。在法官的三类否定态度表达中，鉴赏比例最高（共 1240 次，占总数的 80%），其次是判断（共 2104 次，占总数的 68%）。与被告相似，法官表达了较多的肯定情感（共 701 次，占总数的 58%）。总体上，在 100 场民事审判中，否定鉴赏

表达的比例最高（共 4038 次，占总数的 76%），其次是否定判断（共 7044 次，占总数的 65%），大多数情感表达具有肯定意义（共 2804 次，占总数的 55%）。

表 3-6 显示了 100 场民事审判中原告、被告和法官的态度、用词和话轮的数量及比例。

**表 3-6　100 场民事审判中原告、被告和法官的态度、用词和话轮的数量及比例**

| 诉讼主体 | 态度 | 用词 | 话轮 |
|---|---|---|---|
| 原告 | 7 649 次（36%） | 475 293 字（39%） | 5 357 次（29%） |
| 被告 | 7 437 次（35%） | 414 358 字（34%） | 4 065 次（22%） |
| 法官 | 6163 次（29%） | 329 049 字（27%） | 9 053 次（49%） |
| 总计 | 21 249 次（100%） | 1 218 700 字（100%） | 18 475 次（100%） |

表 3-6 表明，原告用词最多（共 475 293 字，占总数的 39%），其次是被告（共 414 358 字，占总数的 34%），最后是法官（共 329 049 字，占总数的 27%），这与他们的态度表达数量所占比例相似（分别为 36%、35% 和 29%）。在话轮方面，法官控制的话轮最多（共 9053 次，占总数的 49%），其次是原告（共 5357 次，占总数的 29%），最后是被告（共 4065 次，占总数的 22%）。以上数据表明：法官虽然总体上控制话语权［他们控制大约一半的话轮，且大多数法庭问答互动由他们发起并主导（见廖美珍，2003a：140）］，但是在态度表达方面却少于原告和被告。

最后，我们来看行政审判的情况。表 3-7 显示了 100 场行政审判中原告、被告和法官所使用的各类态度表达的数量及比例。

**表 3-7　100 场行政审判中原告、被告和法官的态度表达的数量及比例**

| 诉讼主体 | 判断 + | 判断 − | 鉴赏 + | 鉴赏 − | 情感 + | 情感 − | 小计 + | 小计 − | 总计 |
|---|---|---|---|---|---|---|---|---|---|
| 原告 | 1 867 次（37%） | 3 180 次（63%） | 517 次（43%） | 685 次（57%） | 660 次（37%） | 1 102 次（63%） | 3 044 次（38%） | 4 967 次（62%） | 8 011 次（39%） |
| 被告 | 1 836 次（43%） | 2 434 次（57%） | 468 次（46%） | 549 次（54%） | 474 次（32%） | 1 018 次（68%） | 2 778 次（41%） | 4 001 次（59%） | 6 779 次（33%） |
| 法官 | 1 473 次（41%） | 2 150 次（59%） | 401 次（47%） | 461 次（53%） | 493 次（39%） | 773 次（61%） | 2 367 次（41%） | 3 384 次（59%） | 5 751 次（28%） |
| 总计 | 5 176 次（40%） | 7 764 次（60%） | 1 386 次（45%） | 1 695 次（55%） | 1 627 次（36%） | 2 893 次（64%） | 8 189 次（40%） | 12 352 次（60%） | 20 541 次（100%） |

　　表 3-7 表明，在 100 场行政审判中，原告的态度表达最多（共 8011 次，占总数的 39%），其次是被告（共 6779 次，占总数的 33%），最后是法官（共 5751 次，占总数的 28%）。与民事审判相似，在行政审判中，原告是发起诉讼的一方，目的是证明被告的具体行政行为①侵犯了其合法权益，因此应该被撤销或变更。在审判过程中，原告需要不断表明态度以实现上述意图，所以其态度表达相对较多。在态度的肯/否定程度方面，原告的否定态度表达比例最高（62%），被告和法官的否定态度表达比例相同，都是 59%。在原告的三类否定态度表达中，判断和情感比例最高（分别为 3180 次和 1102 次，占总数的 63%），其次是鉴赏（共 685 次，占总数的 57%）。在被告的三类否定态度表达中，情感比例最高（共 1018 次，占总数的 68%），其次是判断（共 2434 次，占总数的 57%），最后是鉴赏（共 549 次，占总数的 54%）。在法官的三类否定态度表达中，情感比例最高（共 773 次，占总数的 61%），其次是判断（共 2150 次，占总数的 59%），最后是鉴赏（共 461 次，占总数的 53%）。总体上，在 100 场行政审判中，否定情感表达的比例最高（共 2893 次，占总数的 64%），其次是判断（共 7764 次，占总数的 60%），否定比例最低的是鉴赏（共 1695 次，占总数的 55%）。

　　表 3-8 显示了 100 场行政审判中原告、被告和法官的态度、用词和话轮的数量及比例。

表 3-8　100 场行政审判中原告、被告和法官的态度、用词和话轮的数量及比例

| 诉讼主体 | 态度 | 用词 | 话轮 |
| --- | --- | --- | --- |
| 原告 | 8 011 次（39%） | 653 768 字（41%） | 6 630 次（31%） |
| 被告 | 6 779 次（33%） | 510 257 字（32%） | 4 705 次（22%） |
| 法官 | 5 751 次（28%） | 430 531 字（27%） | 10 052 次（47%） |
| 总计 | 20 541 次（100%） | 1 594 556 字（100%） | 21 387 次（100%） |

　　表 3-8 表明，在 100 场行政审判中，原告用词最多（共 653 768 字，占总数的 41%），其次是被告（共 510 257 字，占总数的 32%），最后是法官（共

---

　　① 具体行政行为是指国家行政机关和行政机关工作人员、法律法规授权的组织、行政机关委托的组织或者个人在行政管理活动中行使行政职权，针对特定的公民、法人或者其他组织，就特定的具体事项，作出的有关该公民、法人或者其他组织权利义务的单方行为。简而言之，即指行政机关行使行政权力，对特定的公民、法人和其他组织作出的有关其权利义务的单方行为。具体行政行为的表现形式包括：行政命令、行政征收、行政许可、行政确认、行政监督检查、行政处罚、行政强制、行政给付、行政奖励、行政裁决、行政合同、行政赔偿等。见《行政诉讼法》。

430 531 字,占总数的 27%),这与他们的态度表达所占比例相似(分别为 39%、33% 和 28%)。在话轮方面,法官控制的话轮最多(共 10 052 次,占总数的 47%),其次是原告(共 6630 次,占总数的 31%),最后是被告(共 4705 次,占总数的 22%)。与民事审判相似,法官虽然总体上控制话语权(控制话轮占总数 47%),但是在态度表达方面少于原告和被告。

下面,我们来看法庭各诉讼主体作为评价对象(appraisal targets)所受评价的情况,先来看刑事审判。

表 3-9 表明,在 100 场刑事审判中,被告人所受态度评价(共 24 687 次,占总数的 85%)远远高于其他诉讼主体,其次是受害人(共 2323 次,占总数的 8%),再次是公诉人(共 1452 次,占总数的 5%),法官所受态度评价最少(只有 581 次,占总数的 2%),这表明刑事审判的态度评价主要围绕被告人展开。在态度的肯/否定程度方面,100 场刑事审判的态度评价整体上是否定的(共 17 151 次,占总数的 59%),尤其是被告人(共 15 059 次,占总数的 61%)和受害人(共 1418 次,占总数的 61%)。值得注意的是,100 场刑事审判中对公诉人和法官的评价整体上是肯定的,其中对公诉人的肯定评价共 842 次,占总数的 58%,对法官的肯定评价则为 517 次,占比高达 89%。这表明刑事审判中对非机构诉讼主体(被告人、受害人等)的态度评价整体上为否定,而对机构诉讼主体(法官、公诉人等)的态度评价整体上为肯定。这与施光(2008,2014)的发现相似。

表 3-9　100 场刑事审判中各诉讼主体所受态度评价的数量及比例

| 评价对象 | 态度类型 | | | | | | | | 总计 |
|---|---|---|---|---|---|---|---|---|---|
| | 判断 | | 鉴赏 | | 情感 | | 小计 | | |
| | + | − | + | − | + | − | + | − | |
| 被告人 | 7 788 次 (41%) | 11 055 次 (59%) | 910 次 (33%) | 1 860 次 (67%) | 930 次 (30%) | 2 144 次 (70%) | 9 628 次 (39%) | 15 059 次 (61%) | 24 687 次 (85%) |
| 受害人 | 453 次 (39%) | 709 次 (61%) | 227 次 (35%) | 422 次 (65%) | 225 次 (44%) | 287 次 (56%) | 905 次 (39%) | 1 418 次 (61%) | 2 323 次 (8%) |
| 公诉人 | 241 次 (61%) | 153 次 (39%) | 481 次 (61%) | 305 次 (39%) | 120 次 (44%) | 152 次 (56%) | 842 次 (58%) | 610 次 (42%) | 1 452 次 (5%) |
| 法官 | 260 次 (92%) | 22 次 (8%) | 128 次 (85%) | 23 次 (15%) | 129 次 (87%) | 19 次 (13%) | 517 次 (89%) | 64 次 (11%) | 581 次 (2%) |
| 总计 | 8 742 次 (42%) | 11 939 次 (58%) | 1 746 次 (40%) | 2 610 次 (60%) | 1 404 次 (35%) | 2 602 次 (67%) | 11 892 次 (41%) | 17 151 次 (59%) | 29 043 次 (100%) |

民事审判的情况如何？表3-10显示了100场民事审判中法庭各诉讼主体作为评价对象所受态度评价的情况。

**表 3-10　100 场民事审判中各诉讼主体所受态度评价的数量及比例**

| 评价对象 | 态度类型 | | | | | | | | 总计 |
|---|---|---|---|---|---|---|---|---|---|
| | 判断 | | 鉴赏 | | 情感 | | 小计 | | |
| | + | − | + | − | + | − | + | − | |
| 原告 | 2 079 次（37%） | 3 556 次（63%） | 497 次（18%） | 2 265 次（82%） | 1 512 次（57%） | 1 140 次（43%） | 4 088 次（37%） | 6 961 次（63%） | 11 049 次（52%） |
| 被告 | 422 次（14%） | 2 612 次（86%） | 238 次（16%） | 1 250 次（84%） | 471 次（33%） | 957 次（67%） | 1 131 次（19%） | 4 819 次（81%） | 5 950 次（28%） |
| 法官 | 838 次（60%） | 568 次（40%） | 486 次（70%） | 207 次（30%） | 663 次（100%） | 0 次 | 1 987 次（72%） | 775 次（28%） | 2 762 次（13%） |
| 其他人 | 454 次（60%） | 308 次（40%） | 54 次（15%） | 316 次（85%） | 158 次（44%） | 198 次（56%） | 666 次（45%） | 822 次（55%） | 1 488 次（7%） |
| 总计 | 3 793 次（35%） | 7 044 次（65%） | 1 275 次（24%） | 4 038 次（76%） | 2 804 次（55%） | 2 295 次（45%） | 7 872 次（37%） | 13 377 次（63%） | 21 249 次（100%） |

注：这里的原告包括原告/上诉人及其律师（代理人）等；被告包括被告/被上诉人及其律师（代理人）等；法官包括法官和人民陪审员等；其他人指除上述原告、被告、法官之外的任何人。下同。

表3-10表明，在100场民事审判中，原告所受态度评价（共11 049次，占总数的52%）远远高于其他诉讼主体，其次是被告（共5950次，占总数的28%），再次是法官（共2762次，占总数的13%），其他人所受态度评价最少（只有1488次，占总数的7%），这表明民事审判的态度评价主要围绕原告、被告展开。在态度的肯/否定程度方面，100场民事审判的态度评价整体上是否定的，共13 377次，占总数的63%，高于刑事审判的59%，尤其是被告（共4819次，占总数的81%，远高于刑事审判的61%）和原告（共6961次，占总数的63%）。此外，对其他人的态度评价也是否定的（共822次，占总数的55%）。值得注意的是，100场民事审判中对法官的评价整体上是肯定的（共1987次，占比高达72%）。这表明，与刑事审判相似，民事审判对非机构诉讼主体（原告、被告、其他人等）的态度评价整体上为否定，而对机构诉讼主体（法官）的态度评价整体上为肯定。

最后我们来看行政审判。表3-11显示了100场行政审判中法庭各诉讼主体作为评价对象所受态度评价的情况。

**表 3-11　100 场行政审判中各诉讼主体所受态度评价的数量及比例**

| 评价对象 | 态度类型 | | | | | | | | 总计 |
|---|---|---|---|---|---|---|---|---|---|
| | 判断 | | 鉴赏 | | 情感 | | 小计 | | |
| | + | − | + | − | + | − | + | − | |
| 原告 | 2 423 次 (39%) | 3 789 次 (61%) | 672 次 (45%) | 807 次 (55%) | 1 344 次 (62%) | 825 次 (38%) | 4 439 次 (45%) | 5 421 次 (55%) | 9 860 次 (47%) |
| 被告 | 1 459 次 (33%) | 2 982 次 (67%) | 364 次 (37%) | 621 次 (63%) | 188 次 (13%) | 1 258 次 (87%) | 2011 次 (29%) | 4 861 次 (71%) | 6 872 次 (33%) |
| 法官 | 992 次 (59%) | 690 次 (41%) | 292 次 (73%) | 108 次 (27%) | 152 次 (26%) | 435 次 (74%) | 1 436 次 (54%) | 1 233 次 (46%) | 2 669 次 (13%) |
| 其他人 | 302 次 (50%) | 303 次 (50%) | 58 次 (27%) | 159 次 (73%) | 244 次 (40%) | 372 次 (60%) | 604 次 (42%) | 834 次 (58%) | 1 438 次 (7%) |
| 总计 | 5 176 次 (40%) | 7 764 次 (60%) | 1 386 次 (45%) | 1 695 次 (55%) | 1 928 次 (40%) | 2 890 次 (60%) | 8 490 次 (40%) | 12 439 次 (60%) | 20 839 次 (100%) |

表 3-11 表明，在 100 场行政审判中，原告所受态度评价（共 9860 次，占总数的 47%）远远高于其他诉讼主体，其次是被告（共 6872 次，占总数的 33%），再次是法官（共 2669 次，占总数的 13%），其他人所受态度评价最少（只有 1438 次，占总数的 7%）。这表明与民事审判相似，行政审判的态度评价主要围绕原告、被告展开。在态度的肯/否定程度方面，100 场行政审判的态度评价整体上是否定的，共 12 439 次，占总数的 60%（高于刑事审判的 59%，但低于民事审判的 63%），尤其是被告（共 4861 次，占总数的 71%，高于刑事审判的 61%，但低于民事审判的 81%）和原告（共 5421 次，占总数的 55%）。此外，对其他人的态度评价也是否定的（共 834 次，占总数的 58%）。与民事审判相似，100 场行政审判中对法官的评价整体上是肯定的，共 1436 次，占比为 54%。这表明与刑事、民事审判相似，行政审判对非机构诉讼主体（原告、被告、其他人等）的态度评价整体上为否定，而对机构诉讼主体（法官）的态度评价整体上为肯定。

综上，判断是法庭诉讼主体表达态度的主要方式，其次是情感，最后是鉴赏。大多数态度表达具有否定意义，表明对人或事物持否定态度是法庭审判各主体的基本语言表达倾向。在刑事审判中，被告人表达态度的频率最高，否定性也最高，法官表达态度的频率最低。在民事审判中，被告表达态度的频率最高，原告的否定性最高，法官表达态度的频率最低。在行政审判中，原告表达态度的频率最高，且否定性也最高，法官表达态度的频率最低，其否定性与被告相同。

从评价对象的角度看，在刑事审判中，被告人所受评价频率最高，被告人和受害人所受评价的否定性均为最高，而公诉人和法官受到的评价远远少于前两者，且大多都是肯定的。在民事审判中，原告所受评价频率最高，其次是被告，法官和其他人所受态度评价则远少于前两者。被告所受否定态度评价比例最高。在行政审判中，原告所受评价频率最高，其次是被告，法官和其他人所受态度评价则远少于前两者。被告所受否定态度评价比例最高。

# 第4章　法庭审判话语中的情感

情感是说话人对其情感状态的表达，其价值在于"它可能是说话人对某一现象采取的姿态的最明显的表现。说话人用这些语言资源来表达事件或现象在情感上对他们的影响，并从情感的角度评价该现象"（胡壮麟等，2005：321）。情感包括倾向、高兴、安全、满意等四类，每一类又都可以细分为肯定（＋）和否定（−）两小类（Martin & White，2008：48-49）。我们先来看倾向。

## 4.1　倾　　向

倾向指说话人针对非现实刺激的意图，可以分为惧怕和愿望两种（Martin & White，2008：48）。常用的表示惧怕的词有发抖、害怕、退缩等；常用的表示愿望的词有建议、恳请、请求、命令、渴望等。我们先来看刑事审判中的惧怕。如：

例 4-1　检（男）：那你干吗要删掉这个被害人手机中跟你联系的这些内容？为什么删陈××手机里面跟你联系的这些内容？

上（男）：过后也**害怕**【情感：惧怕】，就是受到法律的制裁，**害怕**【情感：惧怕】受到法律的制裁。过后整个人就知道已经是错的了，她应该过了几天还没有消息的话。

例 4-1 选自一场故意杀人案刑事二审庭审的法庭调查阶段。该例中，检察官正在就案件的相关事实讯问上诉人（一审被告人）。上诉人回答"过后也害怕，就是受到法律的制裁，害怕受到法律的制裁"。其中，"害怕"是表示惧怕的情感表达。上诉人通过两个"害怕"的使用，表明其因惧怕受到法律的制裁，而实施了具体的行为（删掉被害人手机中跟他联系的内容）。

例 4-2　检（男）：如果不对严重危害社会稳定、侵害人民群众人身和财产权利的犯罪严厉打击，**哪有外地客商敢再来海南投资兴业？【情感：惧怕】老百姓哪有幸福感和安全感？**

【情感：惧怕】罗××、谢××目无法纪，在居民小区内用极其残忍的手段将来到海南投资经商的广东普宁籍被害人林×杀害。谋财害命，严重威胁了外来经商者的生命和财产安全，严重破坏了海南的社会秩序，严重损害了海南的营商环境，给自贸区港建设带来了极大的负面影响。如不严惩，就无法为自贸区港建设提供和谐稳定的社会环境，营造国际一流的法治营商环境就是一句空话。

例 4-2 选自一场抢劫案刑事二审庭审的法庭辩论阶段。该例中检察官正在针对两上诉人（一审被告人）的犯罪行为及社会危害发表辩论意见。"哪有外地客商敢再来海南投资兴业？"和"老百姓哪有幸福感和安全感？"采用问句的形式表明了外地客商和老百姓对两上诉人犯罪行为的惧怕：外地客商不敢再来海南投资兴业，老百姓没有幸福感和安全感。通过上述两个表惧怕的情感表达，检察官表明两上诉人的犯罪行为极其恶劣，"严重危害社会稳定、侵害人民群众人身和财产权利"。

例 4-3　审（男）：　你在侦查阶段和一审阶段是像你刚才陈述的案发事实那样供述的吗？

　　　　　上（男）：　不是。

　　　　　审（男）：　为什么在侦查阶段和一审阶段没有如实供述呢？

　　　　　上（男）：　因为**害怕**【情感：惧怕】。

　　　　　审（男）：　那么你这些不同的供述，哪份供述是属实的呢？

　　　　　上（男）：　这回供述属实。

例 4-3 选自一场故意杀人案刑事二审庭审的法庭调查阶段。该例中，审判长正在就案件的相关事实讯问上诉人（一审被告人）。同例 4-1 相似，该例中的"害怕"是惧怕的情感表达。上诉人通过使用"害怕"，表明其因惧怕，所以在侦查阶段和一审阶段没有如实供述其犯罪行为，这在一定程度上是为其之前不如实供述犯罪行为寻找借口。

下面，我们来看刑事审判中的愿望表达。如：

例 4-4　检（男）：　昨天，全国人大常委会出台了《关于全面禁止非法野生动物交易、革除滥食野生动物陋习、切实保障人民群众生命健康安全的决定》。这进一步彰显了党和国家打击非法买卖野生动物和保障人民群众生命健康安

全的坚定决心。**希望【情感：＋倾向】**上诉人方××
能真诚悔过，深刻反思。在回归社会时，做野生动物
的真诚守护者，做人与自然和谐相处的逐梦人。

例 4-4 选自一场非法狩猎案刑事二审庭审的法庭调查阶段。该例中检察官
正在发表出庭意见，并对上诉人方××进行法庭教育。"希望"这一表愿望的
情感表达，一方面表明了检察官对上诉人方××的希望，即"真诚悔过，深刻
反思"；另一方面也是对上诉人方××的教育："在回归社会时，做野生动物
的真诚守护者，做人与自然和谐相处的逐梦人。"

例 4-5　检（男）：侦查机关出具的情况说明一份，同时请法庭传出具该
　　　　　　　　　说明的勘查人员××、××，其二人能够对本案现场
　　　　　　　　　情况进行说明。**请法庭准许【情感：＋倾向】**。

　　　　　审（男）：法庭准许。传唤勘查人员××、××到庭。

例 4-5 选自一场故意杀人案刑事二审庭审的法庭调查阶段。该例中，"请
法庭准许"是一个肯定的情感表达，检察官通过"请法庭准许"，表达了要求
法庭传唤出具相关说明的勘查人员到庭的愿望。审判长则通过"法庭准许"积
极回应了检察官的愿望。

例 4-6　上代（男）：综上所述，本案不属于特别恶劣、犯罪结果特别严
　　　　　　　　　　重的刑事犯罪，张××也不属于主观恶性极深、人
　　　　　　　　　　身危险性极大分子，因此原审判决张××死刑属于
　　　　　　　　　　量刑过重，因此**请求【情感：＋倾向】**二审法院予
　　　　　　　　　　以改判。

例 4-6 选自一场故意杀人案刑事二审庭审的法庭辩论阶段。上诉人辩护律
师正在发表辩护意见。"请求"是一个正面的情感表达，上诉人辩护人通过该
词的使用，表明了希望二审法院对一审判决予以改判的愿望。

以上三例为刑事审判中的正面愿望表达，下面我们来看负面愿望表达。

例 4-7　上代（男）：现在辩护人对钟××犯故意杀人罪，发表如下辩护
　　　　　　　　　　意见……根据本案的在案证据，可知上诉人钟××
　　　　　　　　　　在案发之前并没有杀人的预谋，他与被害人为情侣
　　　　　　　　　　关系，感情深厚，也没有证据可以证实上诉人有杀
　　　　　　　　　　害被害人的意图。案发当日，钟××欲将被害人送
　　　　　　　　　　往琼海市人民医院治疗，因被害人**不愿【情感：－
　　　　　　　　　　倾向】**下车，两人遂到案发地去清洗伤口，后因双

方发生争执，动手时导致被害人落水身亡。

例 4-7 选自一场故意杀人案刑事二审庭审的法庭辩论阶段。该例中，上诉人辩护人正在发表辩护意见。上诉人辩护人通过使用"不愿"这一表示否定倾向的情感表达，一方面陈述了该案被害人在被害前的情感状况（不愿下车去琼海市人民医院治疗）；另一方面，也表明了上诉人（一审被告人）没有杀害被害人的预谋：上诉人要送被害人去琼海市人民医院治疗，被害人不愿下车，上诉人才带被害人到案发地去清洗伤口，后因双方发生争执，动手时导致被害人落水身亡，被害人的死亡具有偶然性。"不愿"这一情感表达有助于上诉人辩护人实现其辩护意图。

例 4-8 　上代（男）：从事后的表现来看，被害人的死亡结果是**违背**上诉人的**意志**【情感：−倾向】的；从案发当时来看，上诉人第一时间就想用手抓住被害人，但没抓住，于是立马跳入河中去营救，且多次营救，上诉人在突发事件时第一反应是救人，体现了其主观上并不希望或放任被害人死亡，而是因为大意没有关注到被害人，也没有预想到潜在的风险。

例 4-8 选自一场故意杀人案刑事二审庭审的法庭辩论阶段。该例中，上诉人辩护人正在发表辩护意见。上诉人辩护人通过使用"违背……意志"这一负面情感表达来表明：上诉人是不希望出现被害人死亡这一结果的。这之后对上诉人案发时的相关行为的描述也进一步表明上诉人主观上不希望或放任被害人死亡。上诉人辩护人使用上述情感表达的目的是证明上诉人罪轻，一审判决过重。

例 4-9 　检（男）：依据《中华人民共和国刑法》第三百四十一条的规定，上诉人方××非法猎捕国家重点保护的濒危野生动物舟山眼镜蛇，破坏了野生动物资源，并将所猎捕的濒危野生动物卖给当地饭庄，造成了无法挽回的损失。应处五年以下有期徒刑或拘役，并处罚金。上诉人方××一审阶段当庭认罪，**但没有当庭确认自愿签署具结书**【情感：−倾向】。依据两高三部①《关于适用认罪认罚从宽制度的指导意见》的规定，不应适用

---

① 两高三部指最高人民法院、最高人民检察院、公安部、国家安全部和司法部。

认罪认罚从宽制度。一审法院已经充分地综合考虑了上诉人的犯罪行为以及坦白立功等依法从轻或减轻的量刑情节。判决上诉人犯非法猎捕濒危野生动物罪，判处有期徒刑八个月，并处罚金人民币 5000 元，量刑适当。上诉人认为量刑偏重的上诉理由不成立。

例 4-9 选自一场非法狩猎案刑事二审庭审的法庭辩论阶段。该例中，检察官正在针对上诉人（一审被告人）的犯罪行为的社会危害、量刑情节和法律适用发表出庭意见。检察官通过"但没有当庭确认自愿签署具结书"这一负面情感表达来表明，上诉人不愿当庭签署具结书，虽然他在一审阶段当庭认罪，但是"不应适用认罪认罚从宽制度"。检察官使用上述情感表达的目的是证明上诉人罪重，一审判决"量刑适当"。

以上我们分析了刑事审判中的倾向情感表达，下面我们来看民事审判中的倾向情感表达。首先来看惧怕。

例 4-10　原代（男）：280 万，这个原告确实到不动产登记中心去核实了，房屋登记的合同里面显示确实是 280 万，并不是原告在诉讼书里面写的 285 万，因为原告起诉的时候并不知道房屋具体的价格是多少。但是这套房屋与同时间、同类型的房屋相比，出售价格在 370 万元左右。而且涉案房屋是学区房，明显低于市场价格。而代理人在开庭之前，也给这个购买方打电话联系，购买方对于实际购买的房款也没有明确给出，在这个沟通的过程中，他也显得**非常紧张【情感：惧怕】**，所以代理人怀疑这里面有一些违法行为……

例 4-10 选自一场法定继承纠纷民事二审庭审的法庭调查阶段。该例中，原告代理人正在对被告出售房屋的价格进行质疑，通过"非常紧张"这一表示惧怕的情感表达的使用，原告代理人想表明购房人在和被告沟通过程中的情感状态，即惧怕（"他也显得非常紧张"），从而达到表明被告所声称的房屋出售价格存在问题，对其质疑的目的。

例 4-11　再代 1（女）：没有，但我说的是一个事实的问题。

　　　　　审（男）：　　事实，我明白，对吧，因为你这个事实，我们从证据的角度来讲，这叫三信对吧？我们认定事实，跟本案的争议有一定的关联性，对吧？你这个事实再

多，但跟你解除合同的法律后果和支持的请求没有
任何关系。

再代 1（女）：　其实有一定的关系，正因为这个钱，是因为我们拆
迁款已经交付。

审（男）：　　　你们请求呢，要请求补偿。对方说现在也不用解除
合同了，可以变更了是吧？你就**担心法律要判变更
的话，要再出一遍拆迁成本**【情感：惧怕】，是吧？

再代 1（女）：　因为我们拆迁成本已经出过了。

　　例 4-11 选自一场合同纠纷民事再审庭审的法庭调查/辩论阶段①。该例中，
审判长正在就诉讼向再审申请人代理人进行询问。其中"担心法律要判变更的
话，要再出一遍拆迁成本"这一表示惧怕的情感表达的使用，用于指出再审申
请人要求解除合同而不是变更合同的原因，即如果是变更合同，再审申请人要
再出一遍拆迁成本，而其已经出过拆迁成本了。

　　下面我们来看民事审判中的愿望情感表达。

例 4-12　上代（男）：　第七份证据是一个承诺书，这个承诺书，是我们去
问的上诉人的父母，因为上诉人没有工作，所以就
询问了一下上诉人的父母，她的父母就表示他们的
外孙女一直由女儿在抚养，而且他们也向法庭做了
一个承诺：从此之后如果女儿女婿离婚，在外孙女
判给女儿的情况下，他们**愿意**【情感：＋愿望】专
门来照料这个外孙女，不需要任何报酬地帮他们的
女儿来照料。我们了解到的肖××现在的抚养情况
就是，被上诉人一直都在外面工作，根本没有办法
陪伴他的女儿，这个女儿好像是在老家，跟着爷爷
奶奶，根本没有跟他在一起，他好像是**在管理和照
看上差一些**【情感：－满意】。

　　例 4-12 选自一场离婚纠纷民事审判二审庭审的法庭调查阶段。上诉人（女
方）代理人正在出示相关证据，目的是表明上诉人父母承诺在外孙女判给女儿
的情况下，他们愿意不需要任何报酬地帮他们的女儿来照料外孙女。其中"愿
意"这一正面情感表达帮助上诉人代理人表明了意愿。值得注意的是，在此之

---

① 该庭审根据案件具体情况，并征得当事人同意，法庭调查和辩论阶段合并进行。

后，上诉人代理人在陈述被上诉人（男方）抚养女儿的情况时，通过"在管理和照看上差一些"这一负面情感表达，表明了对被上诉人的不满。对上诉人采用正面情感表达，对被上诉人采用负面情感表达，两相对比，表明了上诉人代理人对两者截然不同的态度（关于满意类情感表达后文将详细分析）。

例 4-13　审（女）：　好，你们做最后陈述。上诉人，你先做最后陈述。

　　　　　　　上（男）：　好，审判长、审判员。针对本案，我认为导致本案形成的原因在被上诉方。他收费没有公示，我们住进小区一段时间问他要这个东西他没给，所以产生了纠纷。经过两审的庭审，我们相信本案的事实已经搞清楚了，适用法律以及有关政策性的规定，我们都提交给合议庭了。希望法院依法明断。

　　　　　　　审（女）：　来，被上诉人。

　　　　　被上代（男）：**恳请**【情感：＋愿望】法院依法维持原判。

　　　　　　　审（女）：　维持原判，是吧？根据法律规定，双方当事人可以请求法院进行调解，上诉人是否请求法院进行调解？

　　　　　　　上（男）：　**不请求**【情感：－愿望】调解。

例 4-13 选自一场物业管理争端民事二审庭审的最后陈述阶段。该例中，审判长让上诉人和被上诉人依次做最后陈述。被上诉人代理人通过"恳请"这一正面情感表达，表明了"依法维持原判"的态度，上诉人则通过"不请求（调解）"这一负面情感表达，表明了不请求法院进行调解的态度。该例中，被上诉人代理人和上诉人分别通过正面和负面情感表达表明了各自的态度。再看一例：

例 4-14　审（男）：　……你还有什么补充简单说一下。

　　　　　　再代 1（女）：我们还是坚持我们的主张。因为我们在现实过程当中变更这个合同确实存在很大的障碍，否则的话我们也不会要求解除。变更的最大的一个障碍就是，地上物的拆迁成本到底由谁来出？这一定是一个矛盾，因为我们已经交过了。如果是按当时这个差价的话，我们一定不会再交这个成本。但是时隔 7 年之后，你再去拆迁的话，地上物的成本是很高的。这再让我们企业来承担这个事，第一，我们也承担不起；第二，这不应该由我们来承担。变更这个合同是双方的一个矛盾点，解决不了，所以我们**要求**【情感：＋愿望】解除，这也是一个事实。

审（男）：　　　　长春资源局还有没有最后补充？

再被代 1（男）：没有。

审（男）：　　　　那么当事人最后陈述。主要就是归纳一下诉讼意见，就是案件的处理，向法庭提出最后的请求。最后陈述，应当简明扼要，言简意赅。泰恒公司说一下最后陈述。

再代 1（女）：　**恳请**【情感：＋愿望】法庭支持我们的请求，解除合同，然后**要求**【情感：＋愿望】被申请人返还土地出让金、承担利息以及赔偿契税款项。

审（男）：　　　　长春资源局最后陈述。

再被代 1（男）：坚持刚才的答辩意见。

　　例 4-14 选自一场合同纠纷民事再审庭审的最后陈述阶段。该例中，审判长先让再审申请人代理人补充辩论意见。再审申请人代理人表明再审申请人要坚持自己的主张（"我们还是坚持我们的主张"），要求解除合同。再审申请人代理人通过"要求"这一愿望情感表达，明确表明了再审申请人的态度。在最后陈述中，再审申请人代理人分别通过"恳请"和"要求"这两个愿望情感表达，表明再审申请人"解除合同"的请求，以及"被申请人返还土地出让金、承担利息以及赔偿契税款项"等要求。该例中再审申请人代理人，通过愿望情感表达的三次重复使用，实现了明确表明其诉讼请求的目的。

　　最后，我们来看行政审判中的倾向情感表达。首先我们来看表惧怕的情感表达，例如：

　　例 4-15　再被代 1（女）：再有一点就是，我们考虑一个商标是不是具有显著性，认定它是不是有显著性的时候，还要考虑到它的使用或者它的授权，**会不会造成阻碍竞争这样的一个后果**【情感：惧怕】。如果本案的这种申请商标获准注册了，那别人能不能在类似的第三类的商品上也使用一种轮廓类似的容器？我们知道这种大肚长薄、圆形的一个瓶子，其实是一个非常基础的瓶形。那么它的美感呢？可能就体现在它的这种弧度的设计上。还有就是比方说九头身和七头身是不一样的，但是一般消费者怎么能从这中间发现这么细微的差别呢？而且他是从审美意义上来考量这个东西，而不是从商标识别意义上来考量。我们知道很多企业都是先申请外观设计，一旦外观设计的有效期届满，然后再寻求商标上的保护，其实是想获得对设计的永久性保护。我们觉得所有的智力成果，甚至像著作权、发明专利这样的，它都是有保护期限的。本案的这种类似艺术品设计的一个香水瓶，已经给了它外观十年的保护期，我们觉得从智力成果创作的角度来看，它的保护已经耗尽了。

例 4-15 选自一场商标申请驳回行政再审庭审的法庭调查阶段。该例中再审被申请人代理人正在针对再审申请人所申请商标是否通过使用获得了显著性这一争议焦点陈述意见。"会不会造成阻碍竞争这样的一个后果"表明了再审被申请人代理人对再审申请人所申请商标的使用（授权），会"造成阻碍竞争这样的一个后果"的惧怕。意即如果授权该商标的使用，则会造成阻碍同类商品竞争的后果（因此才不予授权该商标的使用）。

下面，我们来看行政审判中的愿望类情感表达。如：

例 4-16　被 1（男）：这个是这样的，刚才我取了一个东西，其他的我不清楚，因为他跟王×之间内部的问题，我不清楚。外墙贴砖贴瓦这个质量问题是存在的。刘×，这个质量问题是存在的。至于说这个质量问题是不是你的问题，可能不是由你说了算的，我也不好说，但是我把图片全部发给你看一下。他请求的这个支付，该支付的我们支付，到时候再一起协商一下时间节点。

　　　　　审（女）：　你的意思是外墙贴砖贴瓦确实存在质量问题，但是拖欠的款项你们**愿意**【情感：＋愿望】支付，只是双方就付款时间进行一下协商是吗？

　　　　　被 1（男）：　对对对。

例 4-16 选自一场建设工程分包合同纠纷行政一审审判的法庭辩论阶段。该例中，被告人 1 发表了自己的辩论意见之后，审判长与被告人 1 确认他所表达的意思，"愿意"这一正面情感表达的使用，一方面是要表明被告人 1 愿意支付拖欠原告的款项，另一方面也是要让被告人 1 对此予以确认，被告人 1 用"对对对"对此进行了确认。

　　例 4-17　审（女）：　　　鉴于双方当事人对本案的各自观点已经阐述清楚，
　　　　　　　　　　　　　　　法庭辩论结束，现在进入最后陈述阶段。请双方简
　　　　　　　　　　　　　　　要归纳对本案的主要观点，请在五分钟之内发表意
　　　　　　　　　　　　　　　见。先请再审申请人陈述。

　　　　　　再代 1（女）：　　再审申请人认为，识别商品来源是一个标志，它是
　　　　　　　　　　　　　　　成为商标所应当具备的最基本的特征和功能，也是
　　　　　　　　　　　　　　　商标存在的价值和意义。只要一个标识能够使相关
　　　　　　　　　　　　　　　公众联想到所附商品或服务源自一个企业而不是
　　　　　　　　　　　　　　　其他企业，也就是能够起到识别商品来源的作用，
　　　　　　　　　　　　　　　这个标识就能够被认定为是商标，并且应当受到
　　　　　　　　　　　　　　　《中华人民共和国商标法》的保护。这种措施也是
　　　　　　　　　　　　　　　维护该标识的创意设计者、商业贡献者以及广大消
　　　　　　　　　　　　　　　费者的合法权益，鼓励创新，促进市场公平有序地
　　　　　　　　　　　　　　　发展。申请商标受到《商标法》保护后，不但不会
　　　　　　　　　　　　　　　对香水市场造成垄断，反倒会更好地对消费者的权
　　　　　　　　　　　　　　　益予以保障，避免消费者被仿冒或山寨的产品所误
　　　　　　　　　　　　　　　导；帮助香水市场上的诚实信用、诚实守信的其他
　　　　　　　　　　　　　　　市场竞争者净化市场；鼓励其通过自主创新开拓发
　　　　　　　　　　　　　　　展自己的品牌；为国内外投资者提供更加良性、健
　　　　　　　　　　　　　　　康的市场发展环境。最后，我们**请求**【情感：＋愿
　　　　　　　　　　　　　　　望】最高人民法院支持再审申请人的再审请求，核
　　　　　　　　　　　　　　　准本案申请商标的领土延伸保护，完毕。

　　例 4-17 选自一场商标申请驳回行政再审庭审的法庭调查阶段。该例中再审申请人代理人正在进行最后陈述。"请求"这一表愿望的情感表达，帮助再审申请人代理人表明再审申请人的诉讼请求，即核准其所申请商标在中国的领土延伸保护。

　　下面我们来看行政审判中的否定愿望情感表达。

　　例 4-18　审（女）：　本案被告宇迈公司，经本院传票传唤，无正当理由，

拒不到庭参加诉讼，视为其放弃发表辩护意见以及最后陈述权利。根据法律规定，法院组织案件审理应当组织双方调解，但由于今天宇迈公司没有到庭，而且本案被告 4——中国核工业第二二建设有限公司诉讼代理人权限为一般权限，没有权利进行调解，所以本案不再组织双方进行调解。但是，在庭后，将会根据被告 1 跟被告 2 所提出的调解意见和陈述意见，争取组织双方进行一次调解，希望双方秉着诚信以及协商处理本案纠纷的原则，参与本庭的调解，可以吗？原告方，可以吗？就是庭后我们还是想组织双方就这个相关的诉请事项进行一次调解，你愿意吗？

原（男）：　**不愿意**【情感：−愿望】。

审（女）：　不愿意调解，是这个意思吗？

原（男）：　是。

例 4-18 选自一场建设工程分包合同纠纷行政一审庭审的最终陈述意见阶段。该例中，审判长问原告是否愿意进行庭后调解，原告回答"不愿意"。这里的"不愿意"是否定情感表达，表明原告不愿意进行调解的态度。

## 4.2　高　　兴

高兴涉及与心事有关的情感，如悲伤、厌恶、热爱等，其正面情感包括快乐、喜爱两类，负面情感包括悲伤、厌恶两类。常用表示快乐的词有欢笑、欣喜、愉快、开心等；表示喜爱的词有握手、拥抱、崇拜、爱慕等；表示悲伤的词有抽泣、哭、沮丧、难过等；表示厌恶的词有辱骂、斥责、讨厌等（Martin & White，2008：49）。下面进行具体分析，首先我们来看刑事审判中的高兴情感表达。因为语料中的刑事审判中没有发现快乐情感表达，所以这里只分析喜爱、悲伤和厌恶三类，首先来看喜爱类情感表达，如：

例 4-19 审（男）：　如果你现在想不清楚，可以让辩护人先说，等一下你再补充，好吧？辩护人，发表辩护意见。

辩（男）：　好，谢谢审判长。现在辩护人对钟××犯故意杀人罪，发表如下辩护意见。第一，一审判决认定钟××构成故意杀人罪，定性错误，辩护人认为应当以过失致人死亡罪，对钟××进行判处。理由如下，第一，不具有杀人的目的和主观意图，根据本案的在案证据，可知上诉人钟××在案发之前并没有杀人的预谋，他与被害人为**情侣关系**【情感：＋喜爱】，**感情深厚**【情感：＋喜爱】，也没有证据可以证实上诉人有杀害被害人的意图……

例 4-19 选自一场故意杀人案刑事二审庭审的法庭辩论阶段。该例中，审判长让上诉人辩护人发表辩护意见。上诉人辩护人在辩护意见中指出上诉人与被害人为情侣关系，感情深厚。其中"情侣关系""感情深厚"等正面情感表达，表明了上诉人与被害人的关系及对其的态度，目的是表明上诉人没有杀害被害人的意图，是过失导致被害人死亡。被害人的死亡是突发、意外的。上诉人辩护人的最终目的是证明上诉人罪轻，应受轻判。

下面，我们来看刑事审判中的悲伤类情感表达，如：

例 4-20　审（女）：　下面询问各方对张××量刑的意见。袁××，你是张××母亲……你对张××的量刑有什么建议和希望？

上代（女）：　因为张××一时冲动，**给被害人家属带来了痛苦和伤害**【情感：悲伤】，我作为母亲，没有教育好孩子，是我的责任。在张××服刑期间，我们夫妻二人去关心和帮助被害人，借此通过法院再次**向被害人家属表示深深歉意**【情感：悲伤】。

例 4-20 选自一场故意杀人案刑事二审庭审的法庭调查阶段。该例中，审判长询问各方对上诉人（一审被告人）张××量刑的意见，上诉人代理人（张××的母亲）指出，因为张××一时冲动，给被害人家属带来了痛苦和伤害，其中"痛苦和伤害"是对张××行为的负面情感态度。当然，上诉人代理人是上诉人的母亲，她在陈述中也强调了张××杀人是因"一时冲动"，上诉人代理人夫妇（张××父母）关心和帮助被害人，并"向被害人家属表示深深歉意"，这些情感态度表达的目的是表明上诉人罪轻，应受轻判。

悲伤类情感表达是刑事审判中出现频率最高的情感表达，再看两例：

例 4-21　公（男）：　审判长、审判员，根据《中华人民共和国刑事诉讼法》第一百八十九条、第一百九十八和第二百零九条的规定，我们受辽宁省大连市中级人民检察院的指派，代表本院，以国家公诉人的身份出席法庭，提起公诉，并依法对审判实行法律监督。现对本案的证据和案件情况，发表如下意见……第二点，通过法庭调查，本案基本事实已经展现在我们面前，现有证据可以认定：本案的被告人王××持刀捅刺侯××一刀，致侯××死亡。那么对这个事实的定性是故意伤害致人死亡还是故意杀人，我们公诉机关认为，结合案发之前被告人王××和被害人侯××的关系，有王××和涉案其他证人证言都能证实二人关系较好。当天的话是被告人王××与被害人侯××酒后发生争吵，然后**发生了本案的悲剧**【情感：悲伤】。公诉机关结合事情的起因和被告人捅刺被害人的部位，最终认为本案被告人捅刺被害人身体的这种行为应为故意伤害他人身体，而不是想剥夺他人生命。因此公诉机关认定本案被告人王××的行为为故意伤害罪。

例 4-21 选自一场故意杀人案刑事一审庭审的法庭辩论阶段。该例中，公诉人正在针对被告人的犯罪事实、法律适用和定罪量刑发表公诉意见。"发生了本案的悲剧"这一悲伤的情感表达，一方面帮助公诉人表明被告人犯故意伤害罪（致人死亡）的犯罪事实，另一方面也表达了公诉人对"被害人侯××死亡，被告人王××犯罪并将受到法律制裁"这一"悲剧"持有强烈否定的情感态度。

例 4-22　罪（男）：　尊敬的审判长、尊敬的审判员、尊敬的人民陪审员、尊敬的书记员、尊敬的检察员、尊敬的警官，我身为一名罪犯，我非常感谢法院、检察院、监狱给我这次呈报假释①的机会，我心中非常感恩。自从犯罪以来，我**心中一直在忏悔**【情感：悲伤】，**很愧疚**【情感：悲伤】，**很自责**【情感：悲伤】。因为我的

---

① 《中华人民共和国刑法》中的假释，是指被判处有期徒刑或无期徒刑的犯罪分子，在执行一定刑期后，确有悔改表现，不致再危害社会，附条件地将其提前释放的一项刑罚制度。

犯罪行为**给被害人及其家属带来了难以弥补的巨大伤害和痛苦**【情感：悲伤】，给社会带来了危害，对此，**我深深地忏悔**【情感：悲伤】。同时，我的行为**辜负了组织多年对我的培养**【情感：悲伤】，**辜负了各级领导、同事对我的信任**【情感：悲伤】，**违背了自己的初心**【情感：悲伤】，**给自己家人带来了巨大的痛苦**【情感：悲伤】。所以入监以来，我始终做到认罪悔罪，服从法院的判决。改造九年来，我始终遵守监规，确保自己无违规扣分，接受教育改造，积极参加学习，积极参加劳动，努力完成劳动任务，争取良好的劳动改造成绩，**用自己的实际行动去不断地赎罪**【情感：悲伤】。

例 4-22 选自一场对故意伤害罪犯提请假释的刑事庭审的最后陈述阶段。在该例中，"心中一直在忏悔，很愧疚，很自责""给被害人及其家属带来了难以弥补的巨大伤害和痛苦""深深地忏悔""辜负了组织多年对我的培养""辜负了各级领导、同事对我的信任""违背了自己的初心""给自己家人带来了巨大的痛苦""用自己的实际行动去不断地赎罪"等否定性情感表达，一方面帮助罪犯吴××表明其所犯罪行给各方带来的伤害和痛苦，另一方面也帮助其表明认罪、悔罪、赎罪的态度和决心。

下面，我们来看民事审判中的高兴类情感表达，本书研究语料中的 100 场民事审判中未出现喜爱、悲伤、厌恶等情感表达，因此这里只分析快乐情感表达，如：

例 4-23　审（女）：　　那你怎么知道大家都同意呢？

　　　　　被上代（男）：我是从公司财务报表上看出的。

　　　　　审（女）：　　公司财务报表上？

　　　　　被上代（男）：对。

　　　　　审（女）：　　你从公司财务报表上看出大家都**乐意**【情感：快乐】交钱了？

　　　　　被上代（男）：对。

　　　　　审（女）：　　钱让你收去了，所以大家都**乐意**【情感：快乐】了？那你怎么觉得大家都**乐意**【情感：快乐】了呢？

　　　　　被上代（男）：因为财务报表显示大家都按时交费。×××。另外

> 业主委员会成立以后对我们的收费标准是认可的，并且鼓励我们对不交费的业主采取一定措施，这份证据交给法院。

例 4-23 选自一场物业管理争端民事二审庭审的法庭调查阶段。该例中，审判长就被上诉人（物业公司）的收费情况向被上诉人代理人提问。"乐意"一词本身表达的是一种积极情感。然而，该例中的三个"乐意"都出现在问句中，这表明审判长不肯定，甚至质疑这一积极情感。虽然该词的字面意义是肯定的，但是它在该例中出现在三个问句中，实际上表明了法官的否定情感，或至少质疑该词具有的肯定情感。

下面我们来看行政审判中的高兴类情感表达，如：

例 4-24　审（女）：上诉人在事实方面还有补充吗？

　　　　　上（男）：　事实方面还有一个补充，可能法官**不爱听**【情感：厌恶】，以司法条款判决书▲

　　　　　审（女）　　　　　　　　　　　　▼什么叫司法条款，这个是事实方面的补充，辩论的意见可以在辩论的时候讲，你要讲什么？

　　　　　上（男）：　我要讲什么呢？公正地给我下判决书。

　　　　　审（女）：　这个是属于事实补充，你刚才已经补充了两回了，对吧？事实上面还有没有要补充的事实？

　　　　　上（男）：　没有了，就是土地所有证，没有别的。

例 4-24 选自一场不动产登记行政二审审判的法庭调查阶段。该例中，审判长问上诉人在事实方面还有没有补充。上诉人说事实方面还有补充，但"可能法官不爱听"。这里的"不爱"是负面情感表达，表明审判长可能对其将要补充的事实持负面态度。

## 4.3　安　　全

安全涉及我们与环境相关的内心平静或焦虑等情感，当然也包括与他人分享这种情感。其正面情感包括信心、信任两类；负面情感包括不安、意外两类。常用表示信心的词有声明、断言、自信、确保等；表示信任的词有授权、保证、托付、放心等；表示不安的词有焦躁、抽搐、颤抖、忧虑等；表示意外的词有大吃一惊、大声喊叫、昏厥、震惊等（Martin & White，2008：50）。我们先来看刑事审判中的安全情感表达，例如：

例 4-25 检（男）： 第一个问题，张××走的时候，当时警察是否已经到现场？

证（男）： 警察在现场呢。我拉张××走的时候，有一个叫刘××的副所长阻挠我，说你不能把张××拉走，我说你**放心**【情感：＋安全】吧，我拉过去看看去，检查身体。我说人要跑了或者丢了，你拿我是问。我拉他检查身体。当时，张××身体状况不是太好。

例 4-25 选自一场故意杀人案刑事二审审判的法庭调查阶段。该例中，检察官正在就案发时被告人的具体行为向证人发问，证人进行回答。"放心"这一正面情感表达的使用，一方面是为了得到警察的信任，另一方面也表明证人对其与被告人在案发时的行为的正面态度。让警察（刘××副所长）放心，也就表明被告人在案发时并没有逃走，而是去医院检查身体，最后投案自首了。再看一例：

例 4-26 公（男）： 关于本案的被告人王××在作案以后是否具有特殊时效的这个问题，是否受特殊期限限制的问题，那么公诉人统一地、完整地发表我们观点。本案王××作案以后潜逃，依据公安机关提供的现有证据，可以证明案发当天也就是 1993 年的 7 月 24 日，公安机关已经对王××进行立案侦查。根据《中华人民共和国刑法》第八十八条规定，本案不受追诉期限的限制，理由如下：本案因侦查机关未妥善保管原始证据材料，现案件卷宗中仅有一份刑事案件破案报告单系 1993 年制作，其他证据均于 2019 年 5 月以后制作。公安机关现在无法提供 1993 年案发当时收集掌握的证据材料，包含本案的立案材料；但经补查，现场目击证人陈××能证明，案发当天大连警察找到自己了解案情，并对自己**进行人文关怀**【情感：＋安全】。

例 4-26 选自一场故意杀人案刑事一审庭审的法庭辩论阶段。该例中，公诉人正在就该案的具体案情发表公诉意见。"进行人文关怀"这一正面情感表达的使用，表明案发当天警方（大连警察）找到目击证人陈××了解案情，并对其"进行人文关怀"。因为目击证人陈××在该案中也被被告人王××用刀划伤，所以警方对其"进行人文关怀"，在心理上给其带来安全感。

以上两例中的安全情感表达都是肯定的，下面我们来看刑事审判中的否定性安全情感表达。如：

例4-27　审（女）：　现在由检察员发表出庭意见，全面展示内容。

　　　　　检（男）：　根据《中华人民共和国刑事诉讼法》第二百三十五条的规定，我们受海南省人民检察院指派代表本院出席法庭，现对本案的事实、证据、程序以及一审法院的判决发表出庭意见……被害人被打落水之后，钟××明知道不大会水的被害人，在水流湍急、四下无人的坝区，正面临着**现实紧迫的死亡危险**【情感：−安全】，在他能够救助、应当救助的情况下，为了逃避责任追究，拒不救助，或者是向他人求助，最终导致被害人溺水身亡，可以认定他放任被害人的死亡……

例4-27选自一场故意杀人案刑事二审庭审的法庭辩论阶段。该例中，检察官（公诉人）正在针对案发过程以及被告的具体行为发表出庭意见，指出被害人"在水流湍急、四下无人的坝区，正面临着现实紧迫的死亡危险"，其中"死亡危险"使用的是负面情感表达；紧接着对上诉人（被告人）行为的描述"在他能够救助、应当救助的情况下，为了逃避责任追究，拒不救助，或者是向他人求助"，表明检察官对上诉人在案发时的行为的负面态度。再看一例：

例4-28　公（男）：　本案中，上诉人方××非法猎捕国家重点保护的濒危野生动物，然后进行非法售卖，最终导致这些野生动物沦为餐桌上的野味，**为公共卫生健康安全埋下了隐患**【情感：−安全】。当前，全国各地特别是湖北武汉正遭受着新冠疫情的侵袭。这次新冠疫情是新中国成立以来在我国发生的传播速度最快、感染范围最广、防控难度最大的一次重大突发公共卫生事件。疫情的出现严重影响了我们正常的生产生活，也极大地损害了我们广大人民群众的身体健康，更为乱捕滥食野生动物的现象再次敲响了警钟。有的人错误地认为，食用野生动物可以滋补养生，甚至认为是身份的象征、财富的体现，而忽视野生动物杀戮买卖会**危害我们自身的健康安全**【情感：－安全】。拒绝野生动物非法交易，摒弃滥食野生动物陋习，我们要从观念上改变：明白在破坏生态资源的同时，也**会带来公共卫生安全的巨大隐患**【情感：－安全】。我们要坚决从自我做起。人与自然是生命共同体，人类必须敬畏自然、尊重自然、顺应自然、保护自然。

例 4-28 选自一场非法狩猎案刑事二审庭审的法庭辩论阶段。该例中，检察官（公诉人）正在针对上诉人（被告人）非法猎捕、售卖国家重点保护濒危野生动物的行为发表出庭意见。

检察官使用"为公共卫生健康安全埋下了隐患""危害我们自身的健康安全""带来公共卫生安全的巨大隐患"等否定性情感表达，表明被告人的非法狩猎犯罪行为给公共卫生健康安全带来了隐患，给我们自身的健康安全带来了危害。

下面，我们来看民事审判中的安全类情感表达，例如：

例 4-29　审（女）：好，你们做最后陈述。上诉人，你先做最后陈述。

上（男）：好，审判长、审判员。针对本案，我认为导致本案形成的原因在被上诉方。他收费没有公示，我们住进小区一段时间问他要这个东西他没给，最终产生了纠纷。经过两审的庭审，我们**相信**【情感：＋安全】本案的事实已经搞清楚了，适用法律以及有关政策性的规定，我们都提交给合议庭了。**希望**【情感：＋倾向】法院依法明断。

例 4-29 选自一场物业管理争端民事二审庭审的最后陈述阶段。该例中上诉人正在做最后陈述，指出"我们相信本案的事实已经搞清楚了"，其中"相信"这一正面情感表达表明上诉人对法院已经查明案件事实的"信心"，在这之后，上诉人又表明"希望法院依法明断"，其中"希望"这一正面情感表达显示了上诉人希望法院依法作出判决的愿望和态度。再看一例：

例 4-30　上代（男）：第六份证据是上诉人姚××在 2017 年生育女儿肖××的一个住院病历，我们今天要求人民法院把女儿判给上诉人来抚养就是因为这个证据。因为这个证据载明了当时姚××在生育女儿的时候是大出血、昏厥这样的一个情况。鉴于上诉人生育女儿肖××时的大出血并且昏厥的情况，医生说姚××的身体状况已经不适宜生育第二胎，否则会有很多难以料想的结果，所以上诉人**为了人身安全**【情感：＋安全】和身体健康相当于已经没有生育能力了。

例 4-30 选自一场离婚纠纷民事二审庭审的法庭调查阶段。该例中上诉人代理人正在举证。"为了人身安全"这一情感表达表明上诉人姚××在生育女儿的时候大出血、昏厥，为了保障她的人身安全和身体健康，她不能再生育小孩（"已经没有生育能力了"）。上诉人代理人举证的目的是要求人民法院把女儿改判由上诉人姚××来抚养。

以上两例是民事审判中的肯定性安全情感表达，下面我们来看民事审判中的否定性安全情感表达。如：

例 4-31　再被代 2（男）：　　这个事是这样的，我们来之前也了解到，因为我们是后面到这个地方去工作的，也包括这个区政府的一些领导，也不是当时的这些，当时并不是在这工作，我们也了解了一下。**当时这块地出让非常着急**【情感：–安全】，催着国土局尽快办手续，按毛地出让方式办【情感：–安全】，越快越好，有这么一个过程。

审（男）：　　　　　　赶在这个国家政策出台之前？

再被代 2（男）：　　我问了区里原来工作的同志，他说这个企业在**催这块地尽快挂**【情感：–安全】，**希望这块地尽快以毛地出让的方式挂出来**【情感：–安全】。所以才出现了毛地出让这个形式。现在我确实是没有什么证据，但是据我了解，确实有这么个事儿。

例 4-31 选自一场合同纠纷民事再审庭审的法庭调查阶段。该例中再审被申请人代理人正在就合同纠纷所涉及的具体事实回答审判长的提问。在与审判长的问答互动中，再审被申请人代理人多次使用具有否定意义的安全类情感表达（"当时这块地出让非常着急""催这块地尽快挂""希望这块地尽快以毛地出让的方式挂出来"）来表明"以毛地出让的方式来出让涉案土地"是在再审申请人多次催促的情况下完成的，而该种土地出让方式，是后来双方产生合同纠纷的主要原因。再审被申请人代理人通过上述情感表达，表明再审申请人应对合同纠纷的产生负主要责任。再看一例：

例 4-32　审（女）：　你做最后陈述。

　　　　　　　　上（女）：　　我的意思就是，我现在所有的证据都证明，现在所有的东西都在我手上，我不知道该**相信谁**【情感：–安全】，我的房子买了以后，我不知道应该怎样，我**相信国家、相信**法律【情感：＋安全】。如果法律都不给我支持，我都不知道我该向谁去求助。我付了钱房子拿不到，我不知道该**相信谁**【情感：–安全】。

例 4-32 选自一场房屋买卖纠纷民事二审庭审的最后陈述阶段。该例中上诉人正在做最后陈述，上诉人先后使用了四次"相信"这一正面情感表达来表明自己的态度。上诉人两次用"我不知道该相信谁"发问，表明其内心的不安和对一审判决的质疑。与此同时，上诉人用"我相信国家、相信法律"这一正面情感表达，表明了对国家和法律的信心，也表明了希望二审法院依法撤销一审判决并进行改判的意愿。

下面我们来看行政审判中的安全类情感表达，请看例 4-33：

例 4-33　再被代 1（女）：　另外关于第二点，关于对方代理人提到的第7505828 号这个立体标志。首先如果大家到外网上去查，会发现它的商标类型也是普通。所以这是佐证了我刚才说的这种商标类型其实都是这样标的。再一点就是对于这个商标获准注册，我确实也**感到很奇怪**【情感：–安全】。我不晓得当时商标局有没有审查使用证据这种东西。但是不管怎么说，对于商标的这种注册审查，或者说我们现在在审理的驳回复审案件，它其实具有很强的个案性，那么我个人对于这个商标的注册**感到很奇怪**【情感：–安全】，然后我也持保留意见。

例 4-33 选自一场商标申请驳回行政再审庭审的法庭调查阶段。该例中再审被申请人代理人正在对再审申请人代理人关于"其所申请商标是否具备显著性"的意见进行回应。再审申请人代理人指出，2011 年，再审申请人的一个与

本案商标相关的商标已经获得中国商标局的核准注册。对此再审被申请
人先后用两个"感到很奇怪"予以回应，表明其对该商标获准注册的否定情感
态度：感到意外（不安）、无法理解、不予认同（"持保留意见"）。

例 4-33 是行政审判中的否定性安全情感表达，本书研究语料中的 100 场行
政审判中未发现肯定性安全情感表达，在此不予分析。下面我们来看满意类情
感表达。

# 4.4　满　　意

满意涉及与我们作为参与者和旁观者所从事的活动相关的成就感和挫败
感。其正面情感包括兴趣、愉悦两类，负面情感则包括无聊、不悦两类。常用
表示兴趣的词有专注、勤奋、全神贯注等；表示愉悦的词有赞许、敬仰、奖励、
满意等；表示无聊的词有坐立不安、打哈欠、枯燥的等；表示不悦的词有（憎）
恨、责骂、严厉批评、受够了等（Martin & White 2008：51）。我们先来看刑
事审判中的满意类情感表达，例如：

例 4-34　辩（男）：根据证人证言及上诉人的供述，双方相处得一直**很
　　　　　　　　　　和谐融洽**【情感：＋满意】，**没有矛盾、积怨**，【情
　　　　　　　　　　感：＋满意】**并不存在深仇大恨**【情感：＋满意】，
　　　　　　　　　　基于这种情人关系，上诉人当时不可能预料到自己的
　　　　　　　　　　行为可能引发致使被害人死亡的后果；更不可能期望
　　　　　　　　　　这种死亡结果的发生。反而死亡结果对他来说是出乎
　　　　　　　　　　意料的。

例 4-34 选自一场故意杀人案刑事二审庭审的法庭辩论阶段。该例中，上诉
人辩护人正在发表辩护意见。他指出上诉人与被害人"双方相处得一直很和谐
融洽，没有矛盾、积怨，并不存在深仇大恨"，其中的正面情感表达"很和谐
融洽""没有矛盾、积怨""并不存在深仇大恨"表明了上诉人辩护人对上诉
人与被害人之间关系的正面态度，其目的是证明上诉人主观上并不具备杀害被
害人的动机，也不可能想要剥夺被害人的生命，因此其罪轻，应该得到减刑。

例 4-34 为刑事审判中肯定性满意情感表达的例子，下面我们来看刑事审判
中的否定性满意情感表达，如：

例 4-35　审（女）：下面请检察员发表出庭意见。

检（男）： ……张××身为××农场第九支队副队长，有着较为固定的收入，自己家里还有插秧机设备，内心所想不是如何发家致富，担负起新一代农村人的职责使命，而是沉迷于不良嗜好，继而**因输成恨**【情感：–满意】，撞车杀人，张××一次次放纵，与一次次改正自己的机会擦肩而过……

例 4-35 选自一场故意杀人案刑事二审审判的法庭调查阶段。该例中检察官正在发表出庭意见，指出上诉人（一审被告人）"沉迷于不良嗜好（赌博），继而因输成恨，撞车杀人"，其中的负面情感表达"因输成恨"一方面说明了"撞车杀人"的原因，另一方面表明了检察官对上诉人的负面态度。再看一例：

例 4-36 罪（男）： **我是一个不孝儿子**【情感：–满意】，我的父母是有党龄 50 年以上的退伍军人跟人民教师，从小一直教育我要与人为善，为人正直诚实，做一个正直的人，但是我的犯罪行为，伤害了我的父母。这几年来，我父母一直在痛苦中。我听我的家人讲，特别是我妈妈现在躺在床上，盼望我早点回来。如果我能假释回去，至少能给父母尽最后的孝道。**我是一个失败的父亲**【情感：–满意】，我入监狱的时候，我女儿才 12 岁，小学没毕业，现在已经 21 岁了，我错过了她人生最重要的成长阶段，就是错过了中考、高考。今年下半年我的女儿准备考研究生，我也希望能获得这次假释，能回到家里，能给她一个希望。**我是一个惭愧的丈夫**【情感：–满意】。我犯罪以来，我家里所有的重担都由我妻子一个人承担，她为我承受了巨大的屈辱和痛苦。同时，在这期间，她先后失去了父亲，还有她唯一的兄弟，他是一名公安干警，因公殉职。在殉职的时候，他说**最遗憾的就是没有见到我回家的那一天**【情感：–满意】。到现在为止已经去世两年了，骨灰盒还放在家里，我希望能早点回家，让那骨灰入土为安。所以综上所述，假如能给我这次机会，能给我全家，给我本人的人生，给我全家的命运带来巨大的变化，我恳求合议庭能以恻隐之心，在法律的范围之内，能给我这次假释的机会，**我将不胜感激【情感：+满意】**。如果我能获得假释，**我出去以后更加心怀感恩【情感：+满意】**，更加心存敬畏，严格遵守法律法规和社区矫正规定。绝对做到不违法，争做一个合格的守法公民。谢谢，这是我的最后陈述。

例4-36选自一场对故意伤害罪犯提请假释的刑事庭审的最后陈述阶段。该例中，罪犯吴××一方面通过"我是一个不孝儿子""我是一个失败的父亲""我是一个惭愧的丈夫""最遗憾的就是没有见到我回家的那一天"等否定性情感表达表明了对自身罪行所带来后果的不满，另一方面通过"我将不胜感激""我出去以后更加心怀感恩"等肯定性情感表达表明对监狱提请、检察院同意，以及法院批准假释的感激和认可。

下面，我们来看民事审判中的满意类情感表达，例如：

例4-37　上代（男）：我们补充的第十三份证据就是两张购物凭证，第一张照片是被上诉人在夫妻关系存续期间为其他女性购买床上用品这样的一个事实，第二张就是被上诉人在婚姻关系存续期间为其他人购买**具有感情象征的【情感：喜爱】**金银首饰，这两张照片能反映上诉人和被上诉人婚姻感情破裂的根本原因除了被上诉人存在家暴行为以外，还有和其他女性的另类关系。没有证据证实他和其他女性发生了关系，但最起码可以认定他和其他女性有说不清、道不明的暧昧关系，这是夫妻**感情破裂【情感：不悦】**的重要原因。这个就是我们要向法庭举证的十三份证据，上诉人的举证就到这里。

例4-37选自一场离婚纠纷民事二审庭审的法庭调查阶段。该例中上诉人代理人正在举证，他出示了两张购物凭证，想要证明被上诉人在婚姻关系存续期间和其他女性的另类关系。上诉人代理人指出被上诉人和其他女性有说不清、道不明的暧昧关系，是他与上诉人夫妻感情破裂的重要原因。其中"夫妻感情破裂"这一负面情感表达，表明了上诉人对被上诉人不满的态度。值得注意的是，上诉人代理人在出示作为证据的第二张照片时，指出该照片是被上诉人在婚姻关系存续期间为其他人购买具有感情象征的金银首饰的证据。这里的"具有感情象征的"这一正面情感表达，是对被上诉人与其他女性关系的肯定性评价，表明了被上诉人对其他女性的喜爱。在这种语境下，被上诉人与其他女性有感情（爱情）这一点是对被上诉人不利的：被上诉人要对夫妻感情破裂负主要责任。对于诉讼而言，被上诉人就要给上诉人更多的补偿款。再看一例：

例 4-38　审（女）：行，没有什么新的辩论意见吧？▲

　　　　　被上（男）：　　　　　　　　　　　　　▼×××▲

　　　　　上（女）：　　　　　　　　　　　　　　　　　▼他们已经把时间搞岔了。当时广艺街的房子买的时候是 2000 年，你们 2001 年住进来的，你们的房子 2002 年卖的，怎么可能后卖房子先交钱呢？人家跟你什么关系啊，那么好啊，先把钱给你，然后过两年再问你要房子？

　　　　　审（女）：发言要经过法庭的允许，已经第二次随便发言了，**不要激动**【情感：不悦】，会给你机会讲话。我反复在问有没有新的答辩意见。如果没有新的答辩意见，只是围绕着已经说过的话就不要再说了。法庭辩论结束。下面进行最后的陈述。刘×，你做最后的陈述。

例 4-38 选自一场房屋买卖纠纷民事二审庭审的法庭辩论阶段。该例中，审判长正在问被上诉人有没有新的辩论意见，这时上诉人打断被上诉人，并陈述自己的辩论意见。审判长对其打断行为表达了不满，指出"发言要经过法庭的允许，已经第二次随便发言了，不要激动，会给你机会讲话"。其中"不要激动"这一负面情感表达表明了审判长对上诉人打断言语行为的不满。再看一例：

例 4-39　审（男）：上诉人陈述上诉请求、事实和理由。

　　　　　上代（男）：上诉理由：第一，一审判决肖××由被上诉人抚养，不利于肖××的成长，我们的理由有三点。肖××自出生以来，一直是由上诉人独自抚养；被上诉人自一审结束以后与肖××接触的时间很少，因此我们认为女儿肖××不适宜由被上诉人来履行抚养义务；肖××在一审判决时，年仅 4 岁，正是需要母亲照料的年龄。第二，被上诉人的相应证据可以反映他的大男子主义思想比较严重，一直以来对上诉人和她的女儿都是**不闻不问**【情感：–满意】，**没有表现出关爱**【情感：–满意】，相应的证据证明被上诉人经营多家公司，没有时间来照顾女儿，因此我们认为女儿不适合由他抚养。

　　例 4-39 选自一场离婚纠纷民事二审庭审的法庭调查阶段。该例中审判长让上诉人陈述上诉请求、事实和理由。上诉人代理人陈述上诉理由，指出被上诉人大男子主义思想比较严重，一直以来对上诉人和她的女儿都是不闻不问，没有表现出关爱。其中"不闻不问"和"没有表现出关爱"都是负面情感表达，表明了对被上诉人不满的态度。再看一例：

　　例 4-40　审（女）：好，法庭调查结束，下面进行法庭辩论。在法庭辩论
　　　　　　　　　　　阶段，当事人与诉讼代理人可以对法庭调查的事实、
　　　　　　　　　　　证据、争议的焦点和适用法律陈述意见、展开辩论。
　　　　　　　　　　　不得出现侮辱性的言辞。首先由刘×发表辩论意见。

　　　　　上代（男）：……第三，刘×购买广艺街房屋时严格按照相关法律
　　　　　　　　　　　法规操作，在买卖之前严格、完整地验了张××1 的
　　　　　　　　　　　户口、土地证、房产证。确认张××1 是唯一的房屋
　　　　　　　　　　　产权人，才签订了房屋买卖合同，并且到房产管理局
　　　　　　　　　　　办理变更手续，从手续的顺利变更到如今房产管理局
　　　　　　　　　　　并没有撤销其产权证，可从侧面看出她这个买卖的合
　　　　　　　　　　　法性。应该讲，刘×完全按照国家法律规定购买房屋。
　　　　　　　　　　　同时 45 万在当时是一个合理的价格，而且实际支付
　　　　　　　　　　　了 40 万，我们在前面已经向法庭提交了付款证明。
　　　　　　　　　　　**遗憾的是**【情感：–满意】法院在判决的时候都没有
　　　　　　　　　　　考虑这些因素，使得刘×成为一个无辜的受害者，一
　　　　　　　　　　　个严格遵守法律、按照法律规定办事的受害者。

　　例 4-40 选自一场房屋买卖纠纷民事二审庭审的法庭辩论阶段。该例中，审判长让上诉人发表辩论意见。上诉人代理人指出上诉人刘×完全按照国家法律规定购买房屋，但却拿不到房子，实际支付的 40 万元购房款也没有拿回，而"遗憾的是法院在判决的时候都没有考虑这些因素"。其中"遗憾的是"这一负面情感表达，表明了上诉人代理人对一审判决的不满。

　　下面，我们来看行政审判中的满意类情感表达，例如：

　　例 4-41　审（女）：那他的意思包括三个方面。第一，对于欠的工程款没
　　　　　　　　　　　有异议，根据合同约定是按比例向刘×支付工程款。
　　　　　　　　　　　（被告走向法官说话）是这样子哦，你出去三分钟马上
　　　　　　　　　　　回来哦。……（停顿）……（对书记员说）"剩余工
　　　　　　　　　　　程款还没有到双方约定的付款期限"，这句话添加在

"按比例向原告支付工程款"的后面。（旁听人员走
向原告）旁听人员**请你坐好**【情感：–满意】。（对书
记员说）"剩余的工程款还未到双方约定的付款期
限……若被告 3 将工程款支付给我们"。

　　例 4-41 选自一场建设工程分包合同纠纷行政二审庭审的法庭调查阶段。该
例中，审判长在就剩余的工程款付款情况进行调查。这时一位旁听人员走向原
告，审判长对该旁听人员说"旁听人员请你坐好"，在此语境下，"旁听人员
请你坐好"是否定性情感表达，表明了审判长对该旁听人员行为的不满。该例
为行政审判中法官、原告、被告以外的诉讼主体（其他人，该例中为旁听人员）
所受态度评价的为数不多的例子之一。再看一例：

　　例 4-42　审（女）：　三位被告还有补充的没有？

　　　　　　　被 1（男）：　没有。

　　　　　　　审（女）：　王×有补充的没有？

　　　　　　　被 2（男）：　没有没有。

　　　　　　　审（女）：　中国核工业第二二建设有限公司这边有补充的没
　　　　　　　　　　　　　有？**不要再走动了**【情感：–满意】，这是法庭，
　　　　　　　　　　　　　**不是菜市场**【情感：–满意】，**请你们遵守一下法庭
　　　　　　　　　　　　　秩序，好吗**【情感：–满意】？如果再这个样子，我
　　　　　　　　　　　　　会责令法警对你们采取制裁措施。由于本案被告宇
　　　　　　　　　　　　　迈公司，经本院传票传唤，无正当理由，拒不到庭
　　　　　　　　　　　　　参加诉讼，视为其放弃陈述事实的权利。现在法庭
　　　　　　　　　　　　　调查结束，开始进行法庭辩论。请原告、被告发表
　　　　　　　　　　　　　自己的辩论意见。首先，由原告方发表意见。原告
　　　　　　　　　　　　　方你的意见是什么？辩论意见。

　　例 4-42 选自一场建设工程分包合同纠纷行政一审庭审的法庭辩论阶段。该
例中，审判长在宣布法庭调查结束、开始进行法庭辩论之前，为了让庭审顺利
进行，对法庭秩序进行了维护。审判长说"不要再走动了，这是法庭，不是菜
市场，请你们遵守一下法庭秩序，好吗？如果再这个样子，我会责令法警对你
们采取制裁措施"。其中"不要再走动了""这是法庭，不是菜市场""请你
们遵守一下法庭秩序"等负面情感表达，表明法官对相关诉讼主体影响法庭秩
序的行为的不满（庭审视频显示，当时有三位诉讼主体在走动，这严重影响了
法庭秩序）。审判长随后说的"如果再这个样子，我会责令法警对你们采取制

裁措施"也表明了上述行为（在法庭里随意走动）对法庭秩序影响的严重性。在庭审中，法官肩负控制审判秩序的职责，因此在庭审过程中，如果出现相关诉讼主体影响法庭秩序的情况，法官会采取各种言语和非言语措施维护法庭秩序。

本章我们对刑事、民事、行政审判中的各种情感类态度表达（倾向、高兴、安全、满意）及其人际功能和意义进行了分析，下一章我们将分析法庭审判话语中的判断类态度表达。

# 第5章　法庭审判话语中的判断

判断涉及说话人对他人个性或行为所持有的态度,分为社会许可和社会尊严两类。社会许可从诚信和妥当两个角度对人的个性及行为作出判断:判断一个人是否坦诚,行为是否妥当。社会尊严则从常态、能力和韧性等三个角度对人的个性及行为作出判断:判断一个人的行为是否符合常规,是否有才干,是否坚强(Martin & White,2008:52)。

笔者在对语料进行分析时,发现:法庭审判各诉讼主体频繁对本人或他人行为的合法性进行判断,如:

例 5-1　审(男):　　刚才检察员、辩护人、本法庭对上诉人进行了发问、讯问,针对上诉人的上诉理由,围绕庭审重点,辩护人、检察员出示了相关证据,由证人和勘验人员出庭作证,控辩双方发表了质证意见,合议庭评议时予以考虑,**依法确认**【判断:＋合法】。刑事诉讼部分法庭调查到此结束。

例 5-2　审(男):　　本院认为被告人张××驾驶机动车故意**非法剥夺他人生命**【判断:－合法】,致一人死亡,一人轻伤,其行为已构成**故意杀人罪**【判断:－合法】。

例 5-3　审(男):　　经核对,今天双方到庭的当事人及诉讼参与人**符合法律规定**【判断:＋合法】,可以参加本案诉讼活动。重庆市第四中级人民法院根据《中华人民共和国民事诉讼法》第一百七十六条的规定,对本院(2022)渝 03 民中 43 号上诉人姚××与被上诉人肖×离婚纠纷一案进行庭审讯问。这是上诉人姚××不服重庆市秀山县人民法院(2022)渝民初 220 号民事判决,向本院提起诉讼的二审案件。

例 5-4　上(男):　　……第三,审判程序有**不合法**【判断:－合法】之处。原审答辩中,上诉人曾经提出过反诉,原审对该问题没有做出处理，仅就部分争议进行了判决。在前因没有查明的情况下就草率判决，所以上诉人认为**程序不合法【**判断：−合法**】**……

例 5-5　审（女）：　总承包单位，在你们所签订的这个协议里面，你们将装修装饰项目分包给宇迈公司，发包人是否同意了？

　　　被 4 代（男）：这个不需要他同意，我们只要**合法分包【**判断：＋合法**】**就行了，**依法分包【**判断：＋合法**】**。

例 5-6　审（男）：　上诉人陈诉上诉请求？

　　　　上（男）：　……第四，一审法院是按照 2017 年之前的《中华人民共和国行政诉讼法》审判，**是错误的【**判断：−合法**】**，因 2017 年之前的《行政诉讼法》是作废的行政诉讼法，一审法院**滥用司法条款【**判断：−合法**】**……

以上 6 例中，前 2 例选自刑事审判，例 5-1 中的"依法确认"是审判长对其本人（合议庭）行为合法性的肯定判断；例 5-2 中的"非法剥夺他人生命"和"故意杀人罪"是审判长对被告人行为合法性的否定判断。例 5-3 和例 5-4选自民事审判，例 5-3 中的"符合法律规定"是审判长对双方到庭的当事人及诉讼参与人行为合法性的肯定判断；例 5-4 中的两个"不合法"是对原审（一审）审判程序合法性的否定判断。例 5-5 和例 5-6 选自行政审判，例 5-5 中的"合法分包"和"依法分包"是被告 4 的代理人对被告 4 行为合法性的肯定判断；例 5-6 中的"是错误的"和"滥用司法条款"则是上诉人对一审法院行为合法性的否定判断。合法性判断是一种社会许可判断，本书语料中，合法性判断占社会许可类判断的 75%，是法庭审判话语中使用最频繁的一种判断类型，因此，本书在社会许可判断下增加合法性判断这一子类。这样，社会许可判断就包括三个子类：合法、诚信、妥当。基于此，本章对判断类型的分析框架见图 5-1。

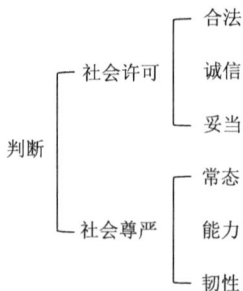

图 5-1　法庭审判话语中的判断

# 5.1　社　会　许　可

本节中，我们对语料中的判断类态度表达进行具体分析。如前所述，本书语料中共出现判断表达 44 458 次，其中绝大多数是社会许可类判断（共 33 217 次，占总数的 75%），社会尊严类判断较少（共 11 241 次，占总数的 25%）。我们首先来看出现较多的社会许可类判断。

## 5.1.1　合法

社会许可类判断包括三个子类：合法、诚信、妥当。合法是对本人或他人行为合法性的判断。我们先来看刑事审判中的合法性判断。如：

例 5-7　上代（男）：审判长、审判员，受上诉人家属委托，并受黑龙江仁大律师事务所指派，由我作为张××的二审辩护人出庭。我们的辩护观点是：原审判决张××死刑，量刑过重，张××具有**积极投案**【判断：＋合法】、**认罪悔罪**【判断：＋合法】、**积极赔偿**【判断：＋合法】，并**取得被害人谅解**【判断：＋合法】的情节，建议法庭对其适用无期徒刑比较合适。

例 5-7 选自一场故意杀人案刑事二审审判的法庭辩论阶段。该例中，上诉人辩护人正在发表辩护意见，提出如下辩护观点"原审判决张××死刑，量刑过重，张××具有积极投案、认罪悔罪、积极赔偿，并取得被害人谅解的情节，建议法庭对其适用无期徒刑比较合适"。其中"积极投案""认罪悔罪""积极赔偿""取得被害人谅解"等社会许可类判断，表明上诉人辩护人对上诉人（原审被告人）行为合法性的肯定态度，目的是证明被告人罪轻，应受较轻处罚。再看一例：

例 5-8　检（男）：……第二，一审判决信息准确，现有证据足以认定被告人钟××**打致被害人落水**【判断：–合法】，在落水后没有施救【判断：–合法】，**致被害人死亡**【判断：–合法】。被告人因琐事纠纷之后敲门不应，而于凌晨三四时许**打砸被害人住处**【判断：–合法】，然后不顾房东的劝阻，**踹开 502 的房门**【判断：–合法】殴

　　　　　　打两名女性被害人【判断：–合法】。被告人是以送医
　　　　　　为名，将被害人陈××带出，为了**吓唬、压制被害人**
　　　　　　【判断：–合法】，将其带至这个远离医院和住处的水
　　　　　　坝，并不顾水深流急、伤口感染的危险和被害人的明
　　　　　　确反对，**强拽被害人到水坝边**【判断：–合法】，**责骂、**
　　　　　　**呵斥，连续地、猛烈地扇打**【判断：–合法】，**使被害**
　　　　　　**人落水**【判断：–合法】……

　　例 5-8 选自一场故意杀人案刑事二审审判的法庭辩论阶段。该例中，检察
官正在发表出庭意见，其第二条意见针对杀人案发的过程。在该条意见中，检
察官指出被告人钟××"打致被害人落水""在落水后没有施救""致被害人
死亡""打砸被害人住处""踹开502的房门""殴打两名女性被害人""吓
唬、压制被害人""强拽被害人到水坝边""责骂、呵斥，连续地、猛烈地扇
打""使被害人落水"，上述社会许可类判断表明检察官对被告人（上诉人）
相关行为合法性的负面态度，其目的是证明被告人有罪，应该受到法律制裁（施
光，2014：161；廖美珍，2003a：388）。

　　下面，我们来看民事审判中的合法性判断，如：

　　例 5-9　　　上（男）：……被上诉人提出汉府雅苑是非普通住宅而要按所谓
　　　　　　　　　　　　的与业主委员会约定的两块三来收费，我们认为这是
　　　　　　　　　　　　**违反《中华人民共和国价格法》以及本市有关部门关**
　　　　　　　　　　　　**于物业服务收费的规定**【判断：–合法】。所以我们拒
　　　　　　　　　　　　付这个费用，这是我们**维权**【判断：＋合法】的表现。
　　　　　　　　　　　　作为一名法律工作者，我也是小区的业主，已经**严格**
　　　　　　　　　　　　**遵守国家的法律**【判断：＋合法】，**模范带头执行国**
　　　　　　　　　　　　**家的法律**【判断：＋合法】，就是因为被上诉人以物
　　　　　　　　　　　　业管理老大自居，从来没有在小区内张榜公示收费依
　　　　　　　　　　　　据，才导致了本案的发生。针对他服务的实际情况，
　　　　　　　　　　　　我们认为如果说南京市物业管理办公室认为被上诉人
　　　　　　　　　　　　为三级收费，本人愿意参照三级收费的标准来交纳有
　　　　　　　　　　　　关物业费。

　　例 5-9 选自一场物业管理争端民事二审审判的法庭调查阶段。该例中，上
诉人正在对法庭争议焦点发表意见。他指出该案争议的焦点有两个：第一个焦
点是汉府雅苑是普通住宅还是非普通住宅；第二个焦点是被上诉方作为物业服

务企业的资质以及收费的权限。上诉人一方面指出被上诉人按照两块三来收费，是违反《中华人民共和国价格法》以及本市有关部门关于物业服务收费的规定的。其中"违反《中华人民共和国价格法》以及本市有关部门关于物业服务收费的规定"这一社会许可类判断，表明上诉人对被上诉人相关行为合法性的负面态度。另一方面，上诉人指出"我们拒付这个费用，这是我们维权的表现。作为一名法律工作者，我也是小区的业主，已经严格遵守国家的法律，模范带头执行国家的法律"。其中"维权""严格遵守国家的法律""模范带头执行国家的法律"等社会许可类判断，则表明上诉人对自身相关行为合法性的正面态度。再看一例：

例 5-10 上代（男）：证据十二是三张照片，这三张照片展示了上诉人在婚姻存续期间遭受**被上诉人家暴【判断：-合法】**所留下的身体伤痕，是在当时**家暴【判断：-合法】**发生之后，由上诉人自己拍摄的照片，这一份证据就说明，上诉人和被上诉人感情破裂导致离婚的根本原因是**被上诉人具有家暴倾向【判断：-合法】**，这也是婚姻破裂的主要原因。

例 5-10 选自一场离婚纠纷民事二审庭审的法庭调查阶段。该例中，上诉人代理人正在出示证据举证。他出示的第十二份证据是三张照片，显示上诉人在婚姻存续期间遭受被上诉人家暴所留下的身体伤痕。其中"被上诉人家暴""家暴""被上诉人具有家暴倾向"等行为描述型社会许可类判断，表明上诉人代理人对被上诉人相关行为合法性的负面态度。

下面，我们来看行政审判中的合法性判断，如：

例 5-11 审（女）：现在进行开庭明示，为了严肃法庭纪律，规范庭审活动，确保本案公开公正审理，本法庭依照相关规定，向各方当事人、诉讼参与人明示以下四项内容：第一，根据宪法和法律规定，人民法院**依法【判断：＋合法】**独立行使审判权，法官**依法【判断：＋合法】**审判案件，不受行政机关、社会团体和个人的干涉，任何人不得以任何方式干扰法院**依法【判断：＋合法】**独立公正行使审判权。第二，本法庭将**严格遵守有关法律和审判纪律之规定【判断：＋合法】，公开公平公正地审理案件【判断：＋合法】**……

例 5-11 选自一场不动产登记行政二审审判的法庭开庭阶段。该例中，审判长正在进行开庭明示。审判长明示了四项内容，其中前两项涉及法官（法院）。"明示一"中的三个"依法"以及"明示二"中的"严格遵守有关法律和审判纪律之规定""公开公平公正地审理案件"等社会许可类判断，表明审判长对法官（法院）进行审判的合法性的正面态度。再看一例：

例 5-12　　审（女）：其他的被告都没有证据提供。对于刚才原告、被告提供的证据待庭审后我们再予以确认。本案被告湖南省宇迈建设有限公司经本院传票传唤，无正当理由，**拒不到庭**【判断：−合法】，视为**放弃了举证和质证权利**【判断：−合法】，下面我们开始进行发问环节。在这个环节，首先是由审判人员向原告、被告人员核实相关案件事实，然后原告、被告双方如果有问题发问，可以向双方进行发问，听清楚了没有？好。下面我先向原告核实一下相关的情况。原告，你提供的这个协议内容，我看了一下，应该是关于内墙腻子粉的分包约定，对于贴砖贴瓦的工程，是否有书面的协议？

例 5-12 选自一场建设工程分包合同纠纷行政二审审判的法庭调查阶段。审判长在各方举证之后，宣布庭审进入发问环节。在确认各方是否还有证据提供时，指出"本案被告湖南省宇迈建设有限公司经本院传票传唤，无正当理由，拒不到庭，视为放弃了举证和质证权利"，其中"无正当理由，拒不到庭"和"视为放弃了举证和质证权利"是社会许可类判断，表明审判长对被告湖南省宇迈建设有限公司相关行为合法性的负面态度。

### 5.1.2　诚信

下面，我们来看诚信。如前所述，诚信是对一个人是否坦诚的判断。我们先来看刑事审判中的诚信，如：

例 5-13　　上代（男）：辩护人要向法庭强调说明的是，按照刑事审判第三庭的意见，对于这种人身危险性不大、犯罪情节不是特别恶劣、犯罪结果不是特别严重的犯罪，在量刑时不应该考虑死刑。我们想向法庭强调的是，如果不考虑张××自主投案，不考虑在一审期间已经赔偿 10 万元的情节，那么一审判决也仅仅能考虑

死刑缓期执行。通过二审审理，上诉人家属积极代
为赔偿，并取得了被害人的谅解，这是在情节上发
生了变化，而且张××今天在法庭上能够**如实地、
全部地、完全地供述了犯罪**【判断：＋诚信】，说
明其有积极的认罪、悔罪态度，恳请法庭充分考虑
这些情节，对被告人适用无期徒刑。

　　例 5-13 选自一场故意杀人案刑事二审审判的法庭辩论阶段。该例中，上诉人辩护人正在发表辩护意见。上诉人辩护人在对上诉人犯罪情节、量刑标准、赔偿行为等进行描述后，进一步指出"而且张××今天在法庭上能够如实地、全部地、完全地供述了犯罪，说明其有积极的认罪、悔罪态度"。其中"如实地、全部地、完全地供述了犯罪"表明了辩护人对上诉人（被告人）诚信的正面态度，目的是想表明上诉人罪轻，应该受到较轻处罚（施光，2014：166）。基于此，上诉人辩护人最后恳请法庭"对被告人适用无期徒刑"（一审是判处死刑）。

　　下面，我们来看负面诚信判断，如：

　　例 5-14　审（男）：检察官刚才问你的问题你没有回答清楚：为什么你把这个被害人手机里面关于你们两个的聊天记录删掉？我相信是你想**掩饰**【判断：－诚信】什么，删掉去**掩饰**【判断：－诚信】。

　　　　　　上（男）：感觉她有好久了吗？

　　　　　　审（男）：很久了吗？这手机在你手上，你向谁**掩饰**【判断：－诚信】这个问题？我也想知道，掉了手机，你安排之后，拿被害人的信用卡刷了多少钱。光大银行的这些钱你都用来做什么了？还信用卡？

　　　　　　上（男）：我还没有还，还没还完的时候就已经联系我了。

　　　　　　审（男）：被告人，法庭在问的问题，你能否如实回答是关系到这个判决是否正确的最后一个关头了，是由你今天的认罪态度和你能否如实回答我问题的态度决定的。你要知道这个后果，所以你说**假话**【判断：－诚信】是没有意义的，法庭会做出客观的判断，第一个问题，你跟你女朋友当时是聊什么内容啊？

　　　　　　上（男）：没有什么，就当时因为……

例 5-14 选自一场故意杀人案刑事二审审判的法庭调查阶段。该例中，审判长正在就被告人（上诉人）的相关行为进行讯问，并对被告人的诚信进行了质疑，指出"为什么你把这个被害人手机里面关于你们两个的聊天记录删掉？我相信是你想掩饰什么，删掉去掩饰""这手机在你手上，你向谁掩饰这个问题？""所以你说假话是没有意义的"。其中的三个"掩饰"和一个"假话"等社会许可类判断表明了审判长对上诉人（被告人）诚信的负面态度。

下面我们来看民事审判中的诚信，如：

例 5-15　被（男）：我来陈述我们姐弟之间的这个房产问题，我二姐也在，大姐也在，当时我把我这个房产算了总价，我就没再另外算了。我就直接和她们讲了，给你们总价 83 万，二姐的也在这里面，我是这样子讲，就一起给她们，临了这里面有很多借我的钱，我从里面一扣，已经超出这部分了，那么应该讲我们当时这个事情已经处理好了。她多次向我索要，我这个地方都有记录，我把这个钱打给她以后，她第二天，我都有记录，说"你还有 5 万块钱没给我"，我说你借我的 5 万块钱，是不是要还？没有她讲的多次，什么多次索要。

　　　　　审（男）：没有多次索要，是吧？

　　　　　被（男）：没有的，就一次，然后就是起诉我这个，我根本就不知道，她这个房产 285 万，我不知道怎么讲，当时我们卖了房子，我还和她们**一五一十**【判断：＋诚信】、**实事求是**【判断：＋诚信】地讲，她现在，呵，来这一套？

例 5-15 选自一场法定继承纠纷民事一审审判的法庭调查阶段。该例中，被告人正在陈述相关事实。在讲到本人的相关行为时，被告人指出"我还和她们一五一十、实事求是地讲"。其中，"一五一十"和"实事求是"等社会许可类判断表明了被告对自己行为诚信的正面态度。再看一例：

例 5-16　上代（男）：第二个就是关于被上诉人**故意隐瞒夫妻共有财产**【判断：–诚信】，在一审诉讼中，一审法官询问了庭审双方也就是今天的上诉人和被上诉人在婚姻存续期间的婚姻财产的共有情况，作为上诉人而言，她确实是没有共有财产，不知道有哪些共有财产，而被上诉人在一审过程中，**隐瞒了夫妻之间的共有财产**【判断：-诚信】的情况。主要是有两个理由，一是一审结束以后，上诉人在网上进行查询，以及到相关部门进行查询，我们有证据，被上诉人在婚姻存续过程中投资了多家企业，成为多家企业的股东，这一事实在庭审法官问被上诉人的时候，被上诉人没有明确提出；二是在一审判决结束之后，上诉人通过朋友关系查询到被上诉人在夫妻关系存续期间与他人合作做生意购买了三台挖掘机。三台挖掘机的价格，从我们了解的合同上来看，一台挖掘机被上诉人所支付的金额是高达 81 万多，对于被上诉人的共有财产，一审没查清楚，主要是因为被上诉人**故意隐瞒他这个财产**【判断：-诚信】。一审没有把这个查清楚，所以我们把这个作为上诉理由，希望得到一个公正的处理。

例 5-16 选自一场离婚纠纷民事二审审判的法庭调查阶段。该例中，上诉人代理人正在陈述上诉请求、事实和理由。其第二个上诉理由是关于被上诉人故意隐瞒夫妻共有财产。在该理由的陈述中，"故意隐瞒夫妻共有财产""隐瞒了夫妻之间的共有财产""故意隐瞒他这个财产"等社会许可类判断表明了上诉人代理人对被上诉人诚信的负面态度。

最后我们来看行政审判中的诚信，如：

例 5-17　审（女）：现在进行开庭明示，为了严肃法庭纪律，规范庭审活动，确保本案公开公正审理，本法庭依照相关规定，向各方当事人、诉讼参与人明示以下四项内容……第三，当事人和诉讼参与人在诉讼活动中**应当遵循诚实信用原则**【判断：＋诚信】，**不做虚假陈述**【判断：＋诚信】，**不提供虚假证据**【判断：＋诚信】，**不妨碍证人、鉴定人、勘验人作证**【判断：＋合法】。第四，当事人和诉讼参与人**要以法律规定的方式表达诉求和提供证据**【判断：＋合法】，**遵守和规范庭审言行**【判断：＋合法】，**确保法庭的严肃性和良好的审判秩序**【判断：＋合法】……

　　例 5-17 选自一场不动产登记行政二审审判的法庭开庭阶段。该例中，审判长正在进行开庭明示。审判长明示了四项内容，其中前两项涉及法官（法院），后两项涉及法庭审判其他主体（当事人和诉讼参与人）。前两项前文已做分析，这里不再重复。明示三的"应当遵循诚实信用原则""不做虚假陈述""不提供虚假证据"等社会许可类判断则是对当事人和诉讼参与人诚信的要求和正面评价依据；明示三的"不妨碍证人、鉴定人、勘验人作证"，明示四的"要以法律规定的方式表达诉求和提供证据""遵守和规范庭审言行""确保法庭的严肃性和良好的审判秩序"等社会许可类判断，则是对当事人和诉讼参与人行为合法性的要求和正面评价依据。再看一例：

　　例 5-18　审（女）：本案被告宇迈公司，经本院传票传唤，无正当理由，拒不到庭参加诉讼，视为其放弃发表辩护意见以及最后陈述权利。根据法律规定，法院组织案件审理应当组织双方调解，但由于今天宇迈公司没有到庭，而且本案被告 4——中国核工业第二二建设有限公司诉讼代理人权限为一般权限，没有权利进行调解，所以本案不再组织双方进行调解。但是，在庭后，将会根据被告 1 跟被告 2 所提出的调解意见和陈述意见，争取组织双方进行一次调解，希望双方秉着**诚信**【判断：＋诚信】以及协商处理本案纠纷的原则，参与本庭的调解，可以吗？原告方，可以吗？就是庭后我们还是想组织双方就这个相关的诉请事项进行一次调解，你愿意吗？

　　例 5-18 选自一场建设工程分包合同纠纷行政一审庭审的最终陈述意见阶段。该例中审判长正在就调解征求各方意见，并提出"希望双方秉着诚信以及协商处理本案纠纷的原则，参与本庭的调解"。其中"诚信"这一社会许可类判断，表明了审判长对各方在参与调解时的诚信的希望和要求。

## 5.1.3　妥当

　　下面，我们来看妥当。如前所述，妥当是对一个行为是否妥当的判断。我们先来看刑事审判中的妥当，如：

　　例 5-19　辩（男）：通过上诉人在被害人落水之后立即跳入水中营救【判断：＋妥当】，且多次跳入水中营救【判断：＋妥当】

的行为来看，上诉人主观上并不具备杀害被害人的动机，也不可能想要剥夺被害人的生命。

例 5-19 选自一场故意杀人案刑事二审审判的法庭辩论阶段。该例中上诉人辩护人正在发表辩护意见，指出"上诉人在被害人落水之后立即跳入水中营救，且多次跳入水中营救"。其中的两个"跳入水中营救"是社会许可类判断，表明了上诉人辩护人对上诉人行为妥当性的正面态度。再看一例：

例 5-20　检（男）：人生就像扣扣子，不仅不能扣错人生的扣子，我们更需要一面正衣冠的镜子。就张××而言，镜子本身是家长的影响，但张××父母的**不良习惯**【判断：−妥当】，**对张××无条件的溺爱**【判断：−妥当】，张××犯错被罚，从二楼跳出逃跑后，**不去管教约束**【判断：−妥当】，**反而找老师论理，索要赔偿**【判断：−妥当】，这些看起来琐碎的小事却已经构成一面充满裂缝的镜子，**已经无法帮助张××矫正自己行为**【判断：−妥当】，**修正自己的人生方向**【判断：−妥当】。

例 5-20 选自一场故意杀人案刑事二审审判的法庭辩论阶段。该例中检察官正在发表出庭意见，他在谈到关于本案的思考与启示时，强调了上诉人张××家长对张××的影响，其中"张××父母的不良习惯""对张××无条件的溺爱""不去管教约束""反而找老师论理，索要赔偿""无法帮助张××矫正自己行为，修正自己的人生方向"等社会许可类判断，表明了检察官对上诉人张××的家长的行为妥当性的负面态度。

下面，我们来看民事审判中的妥当。如：

例 5-21　上代（男）：相应的证据证明被上诉人经营多家公司，没有时间来照顾女儿，因此我们认为女儿不适合由他抚养。另一个是，上诉人身为肖××的母亲，与被上诉人（父亲）相比，对女儿进行生活上的照顾，更为**妥当**【判断：＋妥当】，特别是随着年龄的增长，女儿到了青春期之后，很多事情不适合与父亲说，不适合由父亲进行照料，我们认为，由母亲进行照料**比较妥当**【判断：＋妥当】，**比较利于女儿的成长**【判断：＋妥当】，这就是关于抚养权的上诉理由。

例 5-21 选自一场离婚纠纷民事二审审判的法庭调查阶段。该例中审判长让上诉人陈述上诉请求、事实和理由。上诉人代理人指出"上诉人身为肖××的母亲，与被上诉人（父亲）相比，对女儿进行生活上的照顾，更为妥当""母亲进行照料比较妥当，比较利于女儿的成长"，目的是想表明，上诉人（母亲）比被上诉人（父亲）更适合照顾女儿生活。其中的两个"妥当"和一个"比较利于"等社会许可类判断，表明了上诉人代理人对上诉人相关行为妥当性的肯定评价。

　　例 5-22　被上代（女）：张××1 当时的分房有住房分加 5 分，这个很显然符合住房分拥挤户的条件。既有实际居住又有空挂的，这不符合实际情况。但是这恰恰证明了一个实际情况，就是分房小组也好，领导班子也好，他们知道璇子巷的房产，张××1 的配偶一直是居住其中的，另外又考虑到还有两个户口在其中，同时在住房申请上当时有一个条件就是为了方便子女照顾。将各种情况组合起来可以看出，住房分加 5 分明显就有空挂户的，是分房小组对于张××1 家庭的一个考虑。如果说这个都不能证明住房分加 5 分是因为拥挤户的话，那么申请人所说的上交旧房而加 5 分也是**站不住脚的**【判断：−妥当】。

　　例 5-22 选自一场房屋买卖纠纷民事二审审判的法庭辩论阶段。该例中，被上诉人代理人正在发表辩论意见，目的是证明上诉人在当初申请购买诉讼争议住房时，住房分打分加 5 分是出于拥挤户的原因。他指出"如果说这个都不能证明住房分加 5 分是因为拥挤户的话，那么申请人所说的上交旧房而加 5 分也是站不住脚的"。其中"站不住脚的"这一社会许可类判断对上诉人（申请人）的相关观点的妥当性进行了否定评价。

## 5.2　社　会　尊　严

　　社会尊严从常态、能力和韧性等三个角度对人的个性及行为作出判断：判断一个人的行为是否符合常态，他是否有才干，是否坚强。我们先来看常态。

## 5.2.1　常态

常态是对一个人的行为是否符合常规的判断，我们先来看刑事审判中的常态，如：

例 5-23　检（男）：再一个，本检察员也充分听取了辩护人的意见，其认为张××的犯罪手段没有严重危害社会治安，影响人民群众人身安全，本检察员有不同认识。不良嗜好是赌博，老百姓说的君子爱财、取之有道，换句话说，游戏规则你得认可。三番五次去要钱，不给钱驾车撞人，烧烤店楼房一楼，6 点钟正是人们下班之余、活动之时，你说威不威胁社会治安？对群众生命安全影不影响？而且这个手段，我看张××也是**一时昏头**【判断：-常态】，驾着车就冲进去，我就不知道一万七八千值钱，还是人的生命和自由值钱？

例 5-23 选自一场故意杀人案刑事二审审判的法庭辩论阶段。该例中检察官正在发表出庭意见，并反驳辩护人的意见，指出"而且这个手段，我看张××也是一时昏头，驾着车就冲进去，我就不知道一万七八千值钱，还是人的生命和自由值钱？"其中，"一时昏头"这一社会尊严类判断，表明检察官对上诉人的行为是否符合常态持否定态度。

例 5-24　上代（男）：上诉人不具有间接故意，属于疏忽大意的过失。间接故意是不反对、不排斥危害结果的发生，而结合本案来看，上诉人对被害人的死亡结果持有反对的态度，而且**完全出乎意料**【判断：-常态】，结合上诉人一直以来的供述，其并不能预知到死亡结果的发生。由于疏忽大意而没有预见实施了相关的行为，导致被害人的死亡，这更加符合过失致人死亡罪的主客观要件，不具有故意杀人的目的，不具有杀人的间接故意，更不希望或预见不到死亡的后果，而是**一种事故**【判断：-常态】。

例 5-24 选自一场故意杀人案刑事二审审判的法庭辩论阶段。该例中上诉人辩护人正在发表辩护意见。指出上诉人不是故意杀人的。"完全出乎意料""是一种事故"等社会尊严类判断，表明上诉人辩护人对被害人死亡常态性的否定态度，即被害人的死亡不符合常态，这样就从另一个侧面证明上诉人不是故意杀害被害人的。

下面，我们来看民事审判中的常态，如：

例5-25　被上代（男）：名称啊？《关于切实稳定住房价格，促进房地产业持续健康发展》。上诉人买的房子的单价不要说现在，就是在当年，在同类地区，在南京市，**也是相当高的**【判断：－常态】。汉府雅苑的定位是高档小区，广告宣传、社会效益、价值取向等都证明了这一点……显然当时，**南京市物价局核给汉府雅苑的价格远远超过了普通住宅的标准**【判断：－常态】，也就是说南京市物价局根据《南京市物业管理收费办法》，**当时定价时就已经认可了汉府雅苑不是普通住宅**【判断：－常态】，**不按照普通住宅的收费实行政府指导价**【判断：－常态】。只是当时并没有非普通住宅的收费的办法。

例5-25选自一场物业管理争端民事二审审判的法庭辩论阶段。该例中被上诉人代理人正在发表意见，被上诉人代理人指出，"上诉人买的房子的单价不要说现在，就是在当年，在同类地区，在南京市，也是相当高的""南京市物价局核给汉府雅苑的价格远远超过了普通住宅的标准""当时定价时就已经认可了汉府雅苑不是普通住宅""不按照普通住宅的收费实行政府指导价"，目的是表明诉讼争议小区是高档小区（不是普通住宅），这样就可以证明被上诉人（物业公司）物业费高的合理性。其中"也是相当高的""价格远远超过了普通住宅的标准""不是普通住宅""不按照普通住宅的收费实行政府指导价"等社会尊严类判断，表明被上诉人代理人对被上诉人（诉讼争议小区）常态性的否定评价。

例5-26　被上代（男）：至于申请人一再强调刘×在整个过程中没有任何非法行为。这个我有两点不同意见：第一个，从事实情况来看，刘×和张××1住的是门对门，是非常近的邻居，平时来来往往，不知道张××1家多住了3个人，**这是不合常理的**。[判断：－常态]

例5-26选自一场房屋买卖纠纷民事二审审判的法庭辩论阶段。该例中，被上诉人代理人正在描述上诉人的相关行为。指出"刘×和张××1 住的是门对门，是非常近的邻居，平时来来往往，不知道张××1 家多住了 3 个人，这是不合常理的"。其中"不合常理的"这一社会尊严类判断对上诉人行为的常态性进行了否定判断，目的是驳斥上诉人的相关辩论意见。

下面，我们来看行政审判中的常态性判断，如：

例 5-27　审（女）：央企是哪个央企？

上（男）：　是老的，它叫天津市邮电管理局电信大楼基建办公室，登记的是南京路 227 号，整个一片平房。拆完之后，为了盖电信大楼，跟北京的电信总部位置连接。那么长时间之后，当时是**分配比较乱**【判断：−常态】；之后，上报河北省，还不是天津市，当时还没成立天津市，上报好几年了。

例 5-27 选自一场不动产登记行政二审审判的法庭调查阶段。该例中，审判长正在就诉讼争议房地产的相关情况对上诉人进行询问。上诉人对该房地产的分配情况进行了介绍，并指出"当时是分配比较乱，之后，上报河北省，还不是天津市，当时还没成立天津市，上报好几年了"。其中，"分配比较乱"这一社会尊严类判断表明了上诉人对被上诉人（天津市人民政府）相关行政行为常态性的否定态度。

例 5-28　审（女）：好，下面王×进行答辩。你的答辩意见是什么？

被 2（男）：我的答辩意见是金额，那个没有意见。因为我跟那个签了一个分包合同，上面有一条是标出来的，甲方按比例付款，我按比例付给他。还有一个就是，我们从宇迈公司拿钱，差不多就是 50%。我们现在按合同上签的比例来说的话，**我已经多付给他钱了**【判断：−常态】，只能说欠他的钱金额是对的。

例 5-28 选自一场建设工程分包合同纠纷行政一审审判的法庭调查阶段。审判长让被告 2 王×进行答辩。被告 2 在陈述相关事实后，指出"我们现在按合同上签的比例来说的话，我已经多付给他钱了"。其中"我已经多付给他钱了"这一社会尊严类判断是被告对自身行为常态性的否定表达。在该案语境下，被告给原告多付钱，这一点是对被告有利的，因为该案争议焦点之一就是被告拖欠原告工程款的总金额是多少，而原告的诉讼请求是被告方尽快支付拖欠他的工程款。

## 5.2.2　能力

社会尊严类判断的第二类是能力：判断一个人是否有才干（能力）。我们先来看刑事审判中的能力判断。如：

例 5-29　辩（男）：　下面出示一组数据。张××的驾驶证和机动车行驶证。上面记载张××取得机动车驾驶证的时间为 2015 年 9 月 23 日。本案中张××驾驶的大众牌小轿车，注册日期为 2015 年 12 月 7 日。该组证据能够证实张××**具有驾驶资格**【判断：＋能力】，**有能力控制机动车**【判断：＋能力】，本次犯罪对象不是针对不特定的人。

例 5-29 选自一场故意杀人案刑事二审审判的法庭调查阶段。该例中，上诉人辩护人正在出示相关证据：上诉人（张××）的驾驶证和机动车行驶证。上诉人辩护人指出"该组证据能够证实张××具有驾驶资格，有能力控制机动车"。其中"具有驾驶资格"和"有能力控制机动车"等社会尊严类判断，表明了辩护人对上诉人相关能力的正面态度。再看一例：

例 5-30　检（男）：　以上的情节，足以证实被告人钟××鲁莽行事，不计后果，其在强拽和扇打被害人的时候，就已经在放任被害人死亡的后果发生。被害人被打落水之后，钟××明知道**不大会水**【判断：–能力】的被害人，在水流湍急、四下无人的坝区，正面临着现实紧迫的死亡危险，在他**能够救助**【判断：＋能力】、应当救助的情况下，为了逃避责任追究，拒不救助，或者是向他人求助，最终导致被害人溺水身亡，可以认定他放任被害人的死亡。关于被告人所称的落水之后，他曾经两次搜救未果的辩解，是没有相关证据佐证的。即使辩解所述的是事实，也能够认定其间接的杀人故意。

例 5-30 选自一场故意杀人案刑事二审审判的法庭辩论阶段。该例中，检察官正在发表出庭意见。检察官对被告人（上诉人）的相关行为进行评论，指出"被害人被打落水之后，钟××明知道不大会水的被害人，在水流湍急、四下无人的坝区，正面临着现实紧迫的死亡危险，在他能够救助、应当救助的情况下，为了逃避责任追究，拒不救助"。其中的"不大会水"这一社会尊严类判断，表明了检察官对被害人能力的负面态度；"能够救助"这一社会尊严类判断，表明了检察官对被告人能力的正面态度。正面临着现实紧迫的死亡危险的被害人能力不足（不大会水），而就在身边的被告人能够救助、应当救助，却见死不救，最终放任被害人的死亡。两相对比，更凸显出被告人间接的杀人故意。

　　下面，我们来看民事审判中的能力判断。如：

　　例 5-31　　被上代（女）：第一，上诉人请求其所生之女由上诉人抚养，以及要抚养费的理由不能成立。法庭上所做出的承诺并非戏言，一经做出，具有法律效力。一审中上诉人已经承诺女儿由被上诉人进行抚养，并且不支付抚养费。同时被上诉人也是与上诉人对于子女的抚养问题达成了一致意见，放弃了要求上诉人支付抚养费的诉讼请求，并且一审法院也是尊重双方达成了一致意见，做出了判决，根据民事诉讼中禁止反言的规则，上诉人提出的上诉请求不能成立。上诉人提出女儿由被上诉人抚养不利于女儿健康成长，明显无事实依据。女儿出生后，被上诉人一直履行父亲的义务，照顾女儿成长，现在女儿也一直与被上诉人一起生活，被上诉人不存在法律规定的不适宜抚养女儿的情形。另外上诉人在一审中，多次陈述**无固定生活来源【判断：-能力】，不能为女儿提供成长所必需的经济条件【判断：-能力】**。因此，上诉人提出的该理由不能成立。

　　例 5-31 选自一场离婚纠纷民事二审审判的法庭调查阶段。该例中，被上诉人代理人正在针对上诉人的上诉请求、事实与理由进行答辩。被上诉人代理人认为上诉人请求其女儿由其抚养，并要抚养费的理由不能成立，并指出"上诉人在一审中，多次陈述无固定生活来源，不能为女儿提供成长所必需的经济条件"。其中，"无固定生活来源"和"不能为女儿提供成长所必需的经济条件"等社会尊严类判断，表明了被上诉人代理人对上诉人能力的负面态度，目的是支持其观点"上诉人提出的该理由不能成立"。再看一例：

例 5-32　审（男）：　那你到时候到贝壳那边找一下。原告、林律师，你
　　　　　　　　　　　们当时调不动产登记资料的时候有没有调？

　　　　　原代（男）：我们调到的是毛××……

　　　　　审（男）：　**你的声音怎么那么小**【判断：–能力】呢？

　　　　　原代（男）：听得见吗？

　　　　　审（男）：　能听见，**你声音大一点**【判断：–能力】。

　　　　　原代（男）：好的。调出来的是毛××的房屋出售登记信息以及她
　　　　　　　　　　　对应的合同，也就是毛××出售的 280 万的合同。

　　例 5-32 选自一场法定继承纠纷民事二审审判的法庭调查阶段。该例中，审判长正在就不动产登记相关事实对原告进行询问，原告代理人进行了回答。审判长指出"你的声音怎么那么小"和"你声音大一点"，上述社会尊严类判断，表明了审判长对原告代理人能力的否定评价。

　　最后，我们来看行政审判中的能力判断。如：

例 5-33　审（女）：上诉人，你反映的一个问题，少了一间房子，你向哪些部
　　　　　　　　　　门反映过啊？

　　　　　上（男）：　是从 1973 年到 2008 年，我找到市政府的政法委办公
　　　　　　　　　　室侯主任，我把这些资料都给他了，他说这个签字管
　　　　　　　　　　不着，他说你这个土地使用证必须得调，不调的话，
　　　　　　　　　　你这个事儿仍然解决不了。现在的房管局和平一部，
　　　　　　　　　　他根本不懂这个。调完之后，谁家孩子谁抱走。天津
　　　　　　　　　　市解决不了这个，因为央企董事长**跟天津市委书记是**
　　　　　　　　　　**同级的**【判断：＋能力】，下属级的上属单位是国资
　　　　　　　　　　委，国资委根据法律关系，**属于部级单位**【判断：＋
　　　　　　　　　　能力】，天津市解决不了这个。他说土地使用证的时
　　　　　　　　　　间和变更时间是信息买卖，是违法的，他说你这并不
　　　　　　　　　　是不存在任何的信息买卖。这就是说和平一部，它规
　　　　　　　　　　规矩矩地提供；它提供不了，×××市委书记他也弄
　　　　　　　　　　不了……

　　例 5-33 选自一场不动产登记行政二审审判的法庭调查阶段。该例中，审判长正在就相关事实对上诉人进行询问，问他向哪些部门反映过问题。上诉人回答"是从 1973 年到 2008 年，我找到市政府的政法委办公室侯主任"，并指出侯主任告诉他让他去房管局和平一部调取不动产登记资料查询，还对他说"央

企董事长跟天津市委书记是同级的""下属级的上属单位是国资委,国资委根据法律关系,属于部级单位"。其中"央企董事长跟天津市委书记是同级的""国资委属于部级单位"等社会尊严类判断,表明了侯主任对央企和国资委能力的肯定评价。目的是表明诉讼争议不动产涉及的央企级别高,应受到重视,上诉人的诉求(要求调取不动产登记资料)应该给予满足。再看一例:

例 5-34　审(女):被告 1 这边的辩论意见是什么?杨××,你这边的意见?

被 1(男):这个是这样的,刚才我取了一个东西,其他的我不清楚,因为他跟王×之间内部的问题,我不清楚,外墙贴砖贴瓦**这个质量问题是存在的**【判断:-能力】。刘×,**这个质量问题是存在的**【判断:-能力】,至于说这个质量问题是不是你的问题,可能不是由你说了算的,我也不好说,但是我把图片全部发给你看一下。他请求的这个支付,该支付的我们支付,到时候再一起协商一下时间节点。

例 5-34 选自一场建设工程分包合同纠纷行政一审审判的法庭辩论阶段。该例中,审判长让被告 1 发表辩论意见,被告 1 指出"外墙贴砖贴瓦这个质量问题是存在的。刘×,这个质量问题是存在的"。其中"质量问题是存在的"这一社会尊严类判断的重复使用,表明被告 1 认为原告的工作(外墙贴砖贴瓦)存在质量问题,从而对原告的能力进行否定评价,目的是表明拖欠原告工钱的原因。

## 5.2.3　韧性

社会尊严类判断的第三类是韧性。韧性判断一个人是否坚强、可靠(Martin & White,2008:53)。首先我们来看刑事审判中的韧性,如:

例 5-35　检(男):人生就像扣扣子,扣错扣子的可怕之处在于发现错位的时候,我们往往已经扣到了最后一颗,就像我们今天在法庭上解析张××的人生经历,或许张××有很多解释自己的原因,但在驾车冲向烧烤店之前,张××脑海中是否曾经想过因一己之怒而枉顾他人的生命的后果?可以说张××在愤怒的驱使下做出了违背法律的错误抉择,违背道德的错误选择,正是这样的选择让他自己身陷囹圄,让一个无辜生命枉死,更让两个家庭蒙上了无法消解的阴霾。人生就像扣扣子，不想扣错人生的扣子，我们就需要在每一步都坚持对自己、对家人、对社会**负责任的严谨态度【判断：＋韧性】**，并约束自己的行为。

例 5-35 选自一场故意杀人案刑事二审审判的法庭辩论阶段。该例中，检察官正在发表出庭意见。检察官谈到该案的思考与启示，他把人生比喻成扣扣子，并指出"人生就像扣扣子，不想扣错人生的扣子，我们就需要在每一步都坚持对自己、对家人、对社会负责任的严谨态度，并约束自己的行为"，其中"负责任的严谨态度"这一社会尊严类判断，既是走好人生路的必要条件，也是对被告人的忠告和要求。再看一例：

例 5-36　检（男）：张××案件就像一面镜子，为我们无辜受害者罗×哀悼，为被害人雪上加霜的际遇惋惜，感悟到他教会我们，作为法治社会的一员，我们需要培养内心的修养，以坚定的步伐追逐光明的道德，我们需要**无须提醒地加强内心修养的自觉【判断：＋韧性】**，我们需要**为他人着想的善良【判断：＋韧性】**，给予最本真的情感，我们需要以约束为前提的自由。今天的法庭就是一面镜子，或许我们没有力量操纵时间，改变过去，但是我们今天的精神可以教育、可以启发在座的每一个人，可以影响每一个家庭的未来。

例 5-36 与例 5-35 选自同一场故意杀人案刑事二审审判的法庭辩论阶段。检察官正在谈关于本案的思考与启示，他把本案（张××案件）比喻成一面镜子，并指出"我们需要培养内心的修养，以坚定的步伐追逐光明的道德，我们需要无须提醒地加强内心修养的自觉,我们需要为他人着想的善良"，其中"加强内心修养的自觉""为他人着想的善良"等社会尊严类判断，是张××案件给我们的教训和启示。

下面，我们来看民事审判中的韧性，如：

例 5-37　被上代（女）：第三，上诉人主张补偿金 10 万元，无事实和法律依据。上诉人和被上诉人结婚后，被上诉人**一直履行丈夫和父亲的职责和义务【判断：＋韧性】，整日奔波赚钱【判断：＋韧性】，维持日常生活【判断：＋韧性】**，同时自 2019 年 12 月二人复婚起，到 2021 年 12 月 5 日，被上诉人向上诉人转赠款项就已经达 106 000 元，因此，不存在上诉人所说的依靠娘家资助、向朋友借钱来维持基本生活的情形。上诉人现年 31 岁，不存在丧失劳动能力，且长期患病无法进行长期工作的情形。更何况，双方复婚后共同生活的时间不足一年，上诉人主张补偿 10 万元无事实和法律依据，综上所述，请求驳回上诉人的所有上诉请求，维持一审判决，被上诉人答辩完毕。

例 5-37 选自一场离婚纠纷民事二审审判的法庭调查阶段。被上诉人代理人正在针对上诉人的上诉请求、事实与理由进行答辩，认为上诉人主张补偿金 10 万元，无事实和法律依据。被上诉人代理人指出"被上诉人一直履行丈夫和父亲的职责和义务，整日奔波赚钱，维持日常生活"。其中"履行丈夫和父亲的职责和义务""整日奔波赚钱""维持日常生活"等社会尊严类判断，表明被上诉人代理人对被上诉人作为丈夫和父亲的可靠性的肯定态度。再看一例：

例 5-38　上代（男）：第三，刘×购买广艺街房屋时是严格按照相关法律法规操作，在买卖之前**严格、完整地**【判断：＋韧性】验了张××1 的户口、土地证、房产证。确认张××1 是唯一的房屋产权人，才签订了房屋买卖合同，并且到房产管理局办理变更手续，从手续的顺利变更到如今房产管理局并没有撤销其产权证，可从侧面看出她这个买卖的合法性。

例 5-38 选自一场房屋买卖纠纷民事二审审判的法庭辩论阶段。该例中，上诉人代理人正在发表辩论意见，指出"刘×购买广艺街房屋时是严格按照相关法律法规操作，在买卖之前严格、完整地验了张××1 的户口、土地证、房产证"。其中"严格、完整地"这一社会尊严类判断，表明了上诉人代理人对刘×（上诉人）行为可靠性的肯定态度。

如前所述，本书语料中主要出现社会许可类判断，较少出现社会尊严类判断，原因可能在于：作为一种司法活动，法庭审判在本质上就是要对某（些）人的行为的合法性进行判断。而要对合法性进行判断，就不可避免地使用社会许可性评价，因为"社会许可涉及一个人是否坦诚，其行为是否妥当，这种判断往往与合法性和道德性有关。从法律的角度看，对社会许可的违反会被看成是罪行，因此违反社会许可就可能受到法律或宗教的惩罚"（Martin & White，2008：52；胡壮麟等，2005：323-324；施光，2014：102）。与之不同的是，对社会尊严的判断会使"被评判的人在他所在的社会中的尊严得到提高或降低，但却和法律上或道德上的含义无关"（Martin & White，2008：52；胡壮麟等，2005：323-324；施光，2014：102）。

　　本章我们对刑事、民事、行政审判中的社会许可类和社会尊严类两类判断及其人际功能和意义进行了分析，下一章我们将分析法庭审判话语中的鉴赏类态度表达。

# 第6章 法庭审判话语中的鉴赏

鉴赏是说话人对事物的评价,分为反应、构成和价值三小类(Martin & White,2008:56)。在本书的庭审语料中,有一个现象值得注意:许多用于对事物进行鉴赏的表达同时也被用于对人的行为进行判断。本书称这类鉴赏为"判断引发型鉴赏"(judgement invoking appreciation,JIA)。这类鉴赏在语料中频繁出现。总数上超过了前述马丁和怀特所划分的三类鉴赏。因此,本书把马丁和怀特所划分的三类鉴赏归入"非判断引发型鉴赏"(non-judgement invoking appreciations,NJIA)。下面举例说明。

  例6-1 审(男): 检察员继续出示证据。

     检(男): 检察员出示第四份证据。司法鉴定中心出具的情况说明一份及照片六张。该证据证实司法鉴定意见中车辆行驶距离 3.26 米,系鉴定人于 2016 年 6 月 15 日到事故现场实际测量获取的数据,根据视频画面测算车辆行驶上述距离用时 0.17 秒,据司法鉴定意见认定张××驾车车速为 69.04 千米/时,该计算方式**科学**【+JIA】、**客观**【+JIA】。该份证据出示完毕,请法庭质证。

  例6-2 审(男): 上述证据交由上诉人进行质证。

    上代(男): 对被上诉人的这一份证据的**真实性无异议**【+JIA】,但是我们认为其证据不能证明他没有过错,相反,这份证据能够证明上诉人自复婚之后一直在家带小孩没有出去工作的事实,这 10 万块钱就是这几年一家人的生活费和家庭的其他开支,因为上诉人没有任何经济来源,都是上诉人用于家庭开支,这个我们认可。

  例6-3 被1(男): 上诉人申请的查询属于不动产登记原始资料查询,土地使用证属于不动产登记原始资料,而上诉人自始并非涉足不动产的权利人,不符合不动产原始资料查询的主体资格,且上诉人并未提交证据,证明其属于不动产的利害关系人，并未提交以上诉人为主体的买卖、互换、赠予、租赁、抵押不动产合同或因不动产存在的相关民事纠纷，且已经提起诉讼或仲裁，而构成利害关系的受理案件通知书或仲裁受理证明书，无权查询其所申请的不动产原始资料。其陈述的相关法律条文与其申请查询的不动产原始资料**没有任何关联【＋JIA】**。完毕。

以上三例中，例 6-1 选自一场故意杀人案刑事二审审判的法庭调查阶段，例 6-2 选自一场离婚纠纷案民事二审审判的法庭调查阶段，例 6-3 选自一场不动产登记案行政二审审判的法庭调查阶段。从表面上看，以上三例中的说话人都是对某个事物进行鉴赏（例 6-1 中的"该计算方式"，例 6-2 中的"这一份证据"和例 6-3 中的"不动产原始资料"），但鉴赏对象都不是自然物，而是与法庭审判所涉及的人相关的事物。因此，三例中的鉴赏最终都指向人：例 6-1 指向司法鉴定中心的鉴定人，因为该计算方式是鉴定人采用的；例 6-2 指向被上诉人，因为该证据是被上诉人提供的；例 6-3 指向上诉人，因为该不动产原始资料是上诉人申请查询的。这里的评价是通过对事物进行鉴赏而对与该事物相关的人进行判断，既由"铭刻（inscribed）鉴赏引发（invoked）的判断"（Martin & White，2008：68；施光，2016：54）。判断引发型鉴赏有两大特征：①虽然评价的是物，但是针对的是人；②鉴赏对象通常是由人生成的（书面或口头）文本。语料中共出现鉴赏 12 750 次，其中这类鉴赏的总数（共出现 8543 次，占总数的 67%）超过了前述马丁和怀特所划分的三类鉴赏（反应、构成和价值）的总和（4207 次，占总数的 33%）。本书把反应、构成和价值这三类鉴赏统称为"非判断引发型鉴赏"。这样鉴赏就包括"判断引发型鉴赏"和"非判断引发型鉴赏"两类。基于此，本书对法庭审判话语中的鉴赏的分析采用如下框架（图 6-1）。

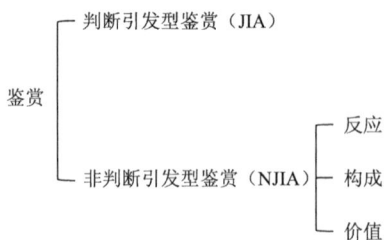

图 6-1　法庭审判话语中的鉴赏

# 6.1　判断引发型鉴赏

下面，我们将采用图 6-1 中的框架，分析法庭审判话语中的鉴赏性态度表达。如前所述，"判断引发型鉴赏"是指用于对事物进行鉴赏的表达，同时也被用于对人的行为进行判断，是法庭审判话语中占主导地位的鉴赏类型。下面进行具体分析，我们先来看刑事审判中的判断引发型鉴赏。例如：

例 6-4　审（女）：　现在由检察员发表出庭意见，全面展示内容。

　　　　　检（男）：　根据《中华人民共和国刑事诉讼法》第二百三十五条
　　　　　　　　　　　的规定，我们受海南省人民检察院指派代表本院出席
　　　　　　　　　　　法庭，现对本案的事实、证据、程序以及一审法院的判
　　　　　　　　　　　决发表意见，第一，一审判决**认定犯罪事实清楚【＋JIA】**，
　　　　　　　　　　　**证据确实充分【＋JIA】**，钟××因矛盾纠纷，强拽被害
　　　　　　　　　　　人，将其置于死地，有现场勘查鉴定意见。还有张××、
　　　　　　　　　　　何××本人的证言证实钟××一部分的供认，目前盗
　　　　　　　　　　　窃被害人手机、首饰，盗窃被害人信用卡并使用，有查
　　　　　　　　　　　过手机、首饰、信用卡账户、交易明细、评估报告等证
　　　　　　　　　　　实，钟××供认不讳。以上的证据**来源合法【＋JIA】**，
　　　　　　　　　　　**内容客观真实【＋JIA】**，**并且相互印证【＋JIA】**。

例 6-4 选自一场故意杀人案刑事二审审判的法庭辩论阶段，该例中，检察官正在对本案的事实、证据、程序以及一审法院的判决发表意见，他指出"第一，一审判决认定犯罪事实清楚，证据确实充分……评估报告等证实，钟××供认不讳。以上的证据来源合法，内容客观真实，并且相互印证"。其中，"清楚""确实充分""来源合法""内容客观真实""并且相互印证"等判断引发型鉴赏分别对"一审判决"和"证据"进行了评价（鉴赏），但指向的都是背后的人的行为，即一审法官和证据的提供者、现场勘查鉴定者、作证的证人、评估报告的出具者等，表明了对上述人员行为的正面评价（态度）。再看一例：

例 6-5　审（女）：　今天的庭审活动到此结束，因本案案情重大，待合议
　　　　　　　　　　　庭评议后择日宣判，宣判时间另行通知。退庭后上诉
　　　　　　　　　　　人、辩护人应当阅读法庭笔录，认为**有遗漏【–JIA】**
　　　　　　　　　　　或者**差错的【–JIA】**，可以请求补证，确认无误后应

当签名，请法警待上诉人钟××签名完毕后，将其押
回看守所，继续羁押，现在宣布休庭。

例 6-5 选自一场故意杀人案刑事二审审判的法庭休庭前阶段。该例中，审
判长宣布庭审活动到此结束，并指出"退庭后上诉人、辩护人应当阅读法庭笔
录，认为有遗漏或者差错的，可以请求补证"。其中"有遗漏"或者"差错"
等判断引发型鉴赏对"法庭笔录"进行了评价，并指向法庭笔录的记录者书记
员。这是法庭审判话语中为数不多的对法院人员（法官、人民陪审员、书记员、
法警等）的否定性判断引发型鉴赏。当然，上述否定态度并非真正意义上对书
记员记录工作的否定，而是为了表明审判长对法庭笔录所持的客观、辩证、开
放的态度，从而使法庭话语具有更高的可接受性。

下面我们来看民事审判中的判断引发型鉴赏，如：

例 6-6　审（男）：　　　被上诉人对上诉人补充提交的通话录音进行质证，
　　　　　　　　　　　　发表质证意见。

　　　被（男）：　　　上诉人是通过第三方知道的这个消息，第三方没有参
　　　　　　　　　　　与我们公司的任何经营活动，他这个证据没有……

　　　被上代（女）：　对证据的三性①均有异议【–JIA】，从该录音中**不能
　　　　　　　　　　　确定对方身份**【–JIA】，并且录音**不全**【–JIA】，
　　　　　　　　　　　是否存在剪辑**不清楚**【–JIA】，而且录音中**未提到
　　　　　　　　　　　挖掘机**的问题【–JIA】，也**未提到**付×与肖×的合
　　　　　　　　　　　伙问题【–JIA】，达不到上诉人的证明目的。

例 6-6 选自一场离婚纠纷民事二审审判的法庭调查阶段，被上诉人和其代
理人正在对上诉人补充提交的通话录音进行质证，发表质证意见。被上诉人先
发表意见，被上诉人代理人进行补充，并指出"对证据的三性均有异议，从该
录音中不能确定对方身份，并且录音不全，是否存在剪辑不清楚，而且录音中
未提到挖掘机的问题，也未提到付×与肖×的合伙问题，达不到上诉人的证明
目的"。其中的"均有异议""不能确定对方身份""不全""不清楚"，以
及两个"未提到"等否定性判断引发型鉴赏，表明了被上诉人代理人对通话录
音（证据）的否定评价，指向通话录音的提交者——上诉人，并对其行为进行

---

① 证据的"三性"是指证据的真实性、关联性和合法性。真实性，即证据所表达的事实或内容是真实的，
不是臆想或虚构的。关联性，是指证据与待证事实必须密切相关，具备证明待证事实的属性证据；合法性，
侧重于形式，主要解决证据资格也就是证明能力的问题。法律依据是《最高人民法院关于民事诉讼证据的若
干规定》第四部分质证。

质疑，即"达不到上诉人的证明目的"。

例 6-7　原代（男）：第三份证据的话，就是房屋中介出售的房屋信息截图……但是，根据代理人在房产中介查询，房屋出售的时候，登记的合同是 280 万；我们立案的时候是提交中介信息的，中介信息显示的是 280 万，确实如被告所述，涉案房屋是 280 万。但是这套房屋与同类型、同面积的房屋出售的价格差距很大，类似的房屋出售的价格在 370 万左右，但这套房屋出售的价格只有 280 万。所以，这里面，代理人怀疑里面有一些……**出售价格不太合理【–JIA】**。

例 6-7 选自一场法定继承纠纷民事二审审判的法庭调查阶段。该例中，原告代理人正在举证，他出示的第三份证据表明涉案房屋的出售价格是 280 万，但他认为这个价格太低，因此说"出售价格不太合理"，这一否定性判断引发型鉴赏，表明了原告代理人对房屋出售价格的否定态度，该鉴赏的最终目的是指向出售房屋的人（被告），表明对其房屋出售行为的否定态度。

## 6.2　非判断引发型鉴赏

非判断引发型鉴赏包括马丁和怀特所划分的三类鉴赏：反应、构成和价值。反应指我们对事物的反应（该事物是否吸引我们，是否讨人喜欢），构成指事物的构成（该事物是否均衡、复杂），价值指事物所具有的价值（该事物是否创新、真实、及时）。反应、构成和价值对应于心理过程的三个分类：反应对应于感情，构成对应于感知，价值对应于认知。从元功能的角度看，反应是人际意义取向的，构成是篇章意义取向的，价值则是概念意义取向的（Martin & White，2008：57）。由于在语料中没有发现反应类鉴赏，本书对其不做分析。我们先来看构成，如：

例 6-8　审（男）：上诉人张××，刚才审判员宣读的一审判决书的主要内容，听清楚了？

　　　　上（男）：听清楚了。

　　　　审（男）：与你收到的一审判决书是否一致？

　　　　上（男）：**一致【鉴赏：＋构成】**。

例 6-8 选自一场故意杀人案刑事二审审判的法庭调查阶段，该例中，在审判员宣读了一审判决书的主要内容之后，审判长问上诉人审判员宣读的一审判决书与上诉人收到的一审判决书是否一致，上诉人回答一致。这里的一致是对审判员宣读的一审判决书构成的肯定性鉴赏，表明了上诉人对审判员宣读的一审判决书的肯定态度。

下面我们来看价值，首先看刑事审判中的价值鉴赏，如：

例 6-9　检（男）：人生就像扣扣子，第一扣的重要性在于：第一扣扣错，下一步的扣子就可能发生错位。回顾张××的成长经历，即教育的缺失，过早地放弃学业，接触社会闲散人员，让张××失去了最重要的人生课堂。因为中学阶段**是我们每个人三观养成最重要的阶段**【鉴赏：＋价值】，我们接受教育不仅仅是为了升学就业，更重要的是为了在学习知识中端正、印证、纠正我们自己的人生轨迹。

例 6-9 选自一场故意杀人案刑事二审审判的法庭辩论阶段，该例中，检察员正在发表出庭意见，他在谈到关于本案的思考与启示的时候，指出"中学阶段是我们每个人三观养成最重要的阶段"。其中"是我们每个人三观养成最重要的阶段"这一肯定性价值鉴赏，是对中学阶段重要性的肯定态度。而该案被告人（上诉人）张××则"过早地放弃学业，接触社会闲散人员，让张××失去了最重要的人生课堂"，与三观养成最重要的阶段擦肩而过。再看一例：

例 6-10　审（女）：你说你带被害人去医院救治，你能不能提供这方面的证据来证实你当时带她去过医院？

　　　　　上（男）：市面上的那些摄像头都可以，都可以证明那个车的轨迹，还有那个车当时应该**有汽车行车记录仪**【鉴赏：＋价值】。

　　　　　审（女）：应该有行车记录仪是什么意思？是有还是没有？

例 6-10 选自一场故意杀人案刑事二审审判的法庭调查阶段，该例中，审判长正在就案件相关事实向上诉人（一审被告）提问，让上诉人提供他案发时带被害人去医院救治的证据。上诉人说他案发时开的车"当时应该有汽车行车记录仪"，"有行车记录仪"是对上诉人所开车的价值的肯定鉴赏，表明了上诉人对该车的肯定态度，目的是提供案发时带被害人去医院救治的证据（车上有定位，去过医院是可以查到的）。

下面，我们来看民事审判中的价值鉴赏，如：

例 6-11　审（男）：双方是否还有新证据出示？现在上诉人出示证据举证。

　　　　　上代（男）：我们把我们的证据名称、证据目的以及证据的来源以证据目录的方式全部整理出来了，现在进行举证：我们的第一份证据是关于挖掘机的协议书，这是一审判决之后，上诉人从被上诉人的手中所获取的一份协议书，我们把协议书以照片的形式传递给上诉人，原始的照片都还在上诉人的手机中保存，对方要看也可以看一下，我们用这一份证据去证明被上诉人肖×在 2020 年 4 月 20 日，与张××和李××共同购买了一台挖掘机，在这个合同中，型号、登记号都有明确的记载，那么在这一份证据中，购买这台挖掘机，被上诉人投资的金额是 816 000 元，是以现金的方式支付的，我们用这一份证据证明被上诉人在与上诉人婚姻存续期间有向外投资的事实，购买了一个合伙财产，那么这台挖掘机的投资金额是 816 000 元，这个款项**是夫妻共有财产**【鉴赏：＋价值】，这是我们的第一份证据。

　　例 6-11 选自一场离婚纠纷民事二审审判的法庭调查阶段，该例中，上诉人代理人正在出示证据举证，他出示的第一份证据与挖掘机的协议书有关，在出示了相关证据后，上诉人代理人说，"这台挖掘机的投资的金额是 816 000 元，这个款项是夫妻共有财产"。其中"是夫妻共有财产"是对挖掘机投资金额的价值的肯定鉴赏，表明其对夫妻双方的重要价值，当然，主要是对上诉人的价值。因为，如果能证明该笔款项是夫妻共有财产，那么上诉人将从被上诉人那里获得更多的离婚补偿款。再看一例：

例 6-12　原代（男）：280 万，这个原告的确是到不动产登记中心去核实了，房屋登记的合同里面显示确实是 280 万，并不是原告在诉讼书里面写的 285 万，因为原告起诉的时候并不知道房屋具体的价格是多少，但是这套房屋与同时间、同类型的房屋相比，出售价格在 370 万元左右，而且涉案房屋是学区房，**明显低于市场价格**【鉴赏：–价值】。而代理人在开庭之前，也给这个购买方打电话联系，购买方对于实际购买的房款也没有明确给出，在这个沟通的过程中，他也显得非常紧张，所以，代理人怀疑这个里面有一些违法行为。

例 6-12 选自一场法定继承纠纷民事二审审判的法庭调查阶段。该例中，原告代理人正在出示证据举证，他指出"这套房屋与同时间、同类型的房屋相比，出售价格在 370 万元左右，而且，涉案房屋是学区房，明显低于市场价格"。其中"明显低于市场价格"是对涉案房屋出售价格（价值）的否定鉴赏，表明对该出售价格的否定态度（不满）。因为，该房屋出售价格低，分给原告的钱也就相应变少。

最后，我们来看行政审判中的价值鉴赏，如：

例 6-13　审（女）：下面进行法庭辩论，围绕争议焦点，各方发表辩论意见。首先由上诉人发表辩论意见，你对这三个问题可以发表意见。

上（男）：第一，国土房管局和平一部你根据哪一条哪一款不予查询，我上诉人是合理合法地查询，这是公开的，**不是高度机密的东西**【鉴赏：−价值】。第二，虽然你这个告知书程序是对的，但是你不予查询，市政府行政复议是根据哪一条维持了天津市和平区和平一部错误的告知书呢？我查询土地使用证，这不是信息买卖，不存在信息买卖，我是为了解决历史遗留问题。说"我不是主体"，我怎么就不是主体呢？我上诉人是公司职工，住的是企业房子，给企业交房钱，怎么会不是主体呢？这作何解答？你和平一部根据哪一条不予查询？土地使用证**并不是什么高度机密的东西**【鉴赏：−价值】，我是为了解决历史遗留问题，也不是上网，也不是信息买卖，信息买卖是违法的，我这不也不是信息买卖。这作何解答呢？

例 6-13 选自一场不动产登记行政二审审判的法庭辩论阶段。该例中，上诉人正在发表辩论意见，他指出"我上诉人是合理合法地查询，这是公开的，不是高度机密的东西""土地使用证并不是什么高度机密的东西"，其中两个"不是高度机密的东西"是上诉人对土地使用证价值的否定鉴赏，表明土地使用证不是高度机密的，被告国土房管局和平一部不让他查询土地使用证是错误的。再看一例：

例 6-14　被 2（男）：工程款造价的话，应该是 60 万不到，大概就是 59 万多，将近 60 万。然后，还有一点，就是还欠 14 万元我认，但是他是这样说的，拖欠农民工工资，这个我不能接受，因为我付的款已经足够他付给农民工工资了。

审（女）：对于这个总工程款你有意见，你认为不是 80 多万，而是 60 余万元？

被 2（男）：他不是说的 68 万吗？**没有 68 万**【鉴赏：–价值】。

审（女）：没有 68 万？

被 2（男）：对对对。

例 6-14 选自一场建设工程分包合同纠纷行政一审审判的法庭调查阶段。该例中，被告 2 正在对原告所讲的相关内容提出异议，指出"他不是说的 68 万吗？没有 68 万"。其中"没有 68 万"是对工程款造价价值的否定鉴赏，表明工程款造价没有原告提出的 68 万这么多，目的是表明他（被告 2）不需要给原告支付其所声称的这么多的工程款（68 万）。

本章我们对刑事、民事、行政审判中的判断引发型鉴赏和非判断引发型鉴赏及其人际功能和意义进行了分析，下一章我们将分析法庭审判话语中的微观态度、任务态度和宏观态度。

# 第7章 微观态度、任务态度、宏观态度

法庭审判话语的态度表达具有层级性，由微观态度、任务态度和宏观态度构成。微观态度指具体、可识别的态度表达。本书到目前为止分析的所有例子中的态度都是微观态度。微观态度既是态度系统的基本构成单位，也是其语言实现载体。任务态度指一项话语任务所表明的态度。宏观态度指诉讼主体在法庭审判过程中的总态度。本章先对300场法庭审判中的宏观、任务和微观态度进行定量分析，然后结合具体例子对三种类型的态度之间的关系进行分析。

## 7.1 三类态度的数量

本节对300场法庭审判中的宏观、任务和微观态度进行定量分析，表7-1显示300场法庭审判中宏观、任务和微观态度的数量。

**表7-1　300场法庭审判中宏观、任务和微观态度的数量（单位：个）**

| 审判类型 | 态度类型 | | |
| --- | --- | --- | --- |
| | 宏观态度 | 任务态度 | 微观态度 |
| 刑事 | 3 | 4 119 | 29 043 |
| 民事 | 3 | 3 035 | 21 249 |
| 行政 | 3 | 2 934 | 20 541 |
| 总数 | 9 | 10 088 | 70 833 |

表7-1表明，在300场法庭审判中共有9个宏观态度（100场刑事审判、100场民事审判和100场行政审判各有3个）。刑事审判中的3个宏观态度是公诉人的宏观态度、被告人的宏观态度、法官的宏观态度。需要指出的是：公诉人的宏观态度是指公诉方所有人的总态度；被告人的宏观态度是指被告方所有人的总态度；法官的宏观态度是指法官（院）的总态度。同样，在民事审判

中，也有 3 种不同的态度，即原告的宏观态度、被告的宏观态度、法官的宏观态度。行政审判的 3 种宏观态度为原告的宏观态度、被告的宏观态度、法官的宏观态度。与刑事审判一样，民事和行政审判中的宏观态度都是指各相关方的总态度。在 300 场法庭审判中，共有 10 088 个任务态度（100 场刑事审判中有 4119 个，100 场民事审判中有 3035 个，100 场行政审判中有 2934 个）和 70 833 个微观态度（100 场刑事审判中有 29 043 个，100 场民事审判中有 21 249 个，100 场行政审判中有 20 541 个）。微观态度/任务态度比为 7.02（70 833/10 088），表明：平均 1 个任务态度（1 个话语任务表达的态度）需要约 7 个微观态度（具体和可识别的态度）来实现，这与笔者 2018 年的研究发现（Shi，2018）相似。前几章我们对微观态度进行了深入细致的分析，这里不再重复。本章主要关注任务态度和宏观态度，先来看任务态度。

## 7.2　任务态度

如前所述，任务态度指一项话语任务（一般是一个话轮）所表明的态度。任务态度通常由多个微观态度构成，如：

例 7-1　审（男）：上诉人陈述上诉请求、事实和理由。

　　上代（男）：上诉人对本案有如下诉讼请求：第一，**请求**【情感：＋倾向】二审人民法院撤销（2022）渝民初 220 号民事判决的第二项和第三项。第二，改判肖××和肖×× 由上诉人抚养，被上诉人按月支付 1000 元的抚养费。第三，**请求**【情感：＋倾向】二审人民法院改判被上诉人在秀山县××广告传媒有限公司、秀山县×××硝石有限公司、秀山县××基建有限公司享有的股份收益，由上诉人享有 50% 的份额。第四，**请求**【情感：＋倾向】二审人民法院判决被上诉人支付上诉人共有财产 40 万元，这 40 万指的是被上诉人在婚姻存续期间所花的 80 多万的费用，用于相应的工程基建。第五，**请求**【情感：＋倾向】二审法院判处被上诉人补偿上诉人 10 万元。

例 7-1 选自一场离婚纠纷民事二审审判的法庭调查阶段。该例中，上诉人代理人正在陈述上诉请求，上诉人代理人通过四个表示倾向的情感表达——

"请求"，完成了表明上诉人的上诉请求的话语任务。该例中的四个情感表达——"请求"构成一个任务态度。这是多个同一类型的微观态度（情感）构成一个任务态度的例子。法庭审判话语中，同一任务态度通常由不同类型的多个微观态度构成。这种情况在刑事、民事、行政审判中都有体现。我们先来看刑事审判，如：

例7-2　上（男）：尊敬的审判长、审判员，我首先向被害人家属**真诚地道歉**【情感：痛苦】，由于我的行为给你们带来的**巨大伤害**【情感：悲伤】和**无尽的痛苦**【情感：悲伤】，我在这里对你们说一句"**对不起**"【情感：悲伤】。今天我感到**深深的自责**【情感：悲伤】，这是我在看守所里待了400多个日夜里面，我**深感忏悔的心情**【情感：悲伤】。我后悔我的一时冲动犯下**无法原谅的罪责**【判断：-合法】，让被害人罗×**失去了年轻的生命**【判断：-合法】。我在看守所的400多个日夜里，都是在**自责和后悔**【情感：悲伤】中度过的。每当想到被害人，想到被害人父母失去女儿，我都会**流下眼泪**【情感：悲伤】，我都会**追悔莫及**【情感：悲伤】。我愿意**尽我的家人最大的努力**【判断：+能力】，对被害人父母予以**赔偿**【判断：+合法】。同时我也**对不起**【情感：悲伤】我的妻子和年仅3岁的孩子，更**对不起**【情感：悲伤】**寝食难安**【情感：悲伤】的父母，在这里，我也对你们说一句**对不起**【情感：悲伤】。通过法院对我的审理过程，我清楚认识到自己的**罪过**【判断：-合法】，无论今天法庭给我什么样的判决，我都接受，因为这是我应得的**惩罚**【判断：-合法】。如果法庭能给我机会，我将**认真改造**【判断：+合法】，**洗心革面**【判断：+合法】，**重新做人**【判断：+合法】，终我一生**回报社会**【判断：+诚信】，**回报他人**【判断：+诚信】。谢谢审判长，谢谢法官。

例7-2中，"真诚地道歉""巨大伤害""无尽的痛苦""对不起""深深的自责""深感忏悔的心情""自责和后悔""流下眼泪""追悔莫及""对不起""对不起""寝食难安""对不起"等悲伤类情感表达，"无法原谅的罪责""失去了年轻的生命""赔偿""罪过""惩罚""认真改造"
"洗心革面""重新做人"等合法性判断表达，"尽我的家人最大的努力"这
一能力判断表达，以及"回报社会""回报他人"等诚信判断表达，表明了上
诉人认罪、悔罪的态度。上述 24 个态度表达共同完成表明上诉人"对本案的想
法和希望"这一话语任务，因此构成一个任务态度。与例 7-1 不同的是，该例
中的任务态度是由不同类型的微观态度构成的。下面我们来看民事审判中的任
务态度，如：

例 7-3　审（男）：　　下面进行法庭调查。请原告林×陈述你起诉被告的事
　　　　　　　　　　　　实理由和诉讼请求。

　　　　　原代（男）：　好的。因为之前已经提交了起诉状，我这边做一个简
　　　　　　　　　　　　要陈述。第一个**请求**【情感：＋倾向】是判被告返还
　　　　　　　　　　　　17 万元，第二个**请求**【情感：＋倾向】是判被告承担
　　　　　　　　　　　　本案诉讼费用。事实理由：林××与毛××系夫妻关
　　　　　　　　　　　　系，二人婚后育有三个子女，分别是林×、林×、林×。
　　　　　　　　　　　　林××与毛××分别于 2013 年和 2021 年去世，两人
　　　　　　　　　　　　生前未立遗嘱，林××与毛××在生前由三个子女共
　　　　　　　　　　　　同照顾。原告父母生前共有位于南京市玄武区中央路
　　　　　　　　　　　　×号×单元×室的房屋，原告母亲毛××在 2020 年期
　　　　　　　　　　　　间委托被告出售此房，房屋出售的价格为 285 万元，
　　　　　　　　　　　　在房屋出售不久后，毛××去世。此房款应由毛××
　　　　　　　　　　　　的子女均分，即每人 95 万，但被告仅给原告 78 万元。
　　　　　　　　　　　　被告一直未支付剩余的 17 万元，原告多次催要，但被
　　　　　　　　　　　　告一直不予理会，为**维护自己的合法权益**【判断：＋合
　　　　　　　　　　　　法】，原告**依据相关法律规定**【判断：＋合法】，特
　　　　　　　　　　　　向法律**提起诉讼**【判断：＋合法】。**请求**【情感：＋倾
　　　　　　　　　　　　向】判决原告的诉讼请求。完毕。

　　　例 7-3 选自一场法定继承纠纷民事二审审判的法庭调查阶段。该例中原告
代理人正在陈述起诉被告的事实理由和诉讼请求。三个"请求"等倾向性情感
表达和"维护自己的合法权益""依据相关法律规定""提起诉讼"等合法性
判断表达，表明原告代理人对原告行为的肯定态度，另外实现了"陈述起诉被
告的事实理由和诉讼请求"的话语任务，因此构成一个任务态度。该例中的任
务态度也是由不同类型的微观态度构成的。

最后，我们来看行政审判中的任务态度，如：

例7-4　审（女）：　上诉人还有什么辩论意见，说过的就不用说了。

　　　　上（男）：　第一被上诉人天津市国土房管局和平一部，他所说的完全是**错上加错**【判断：−妥当】。这个登记资料我这都有，两年以上为历史遗留问题。我是73年的，你说不给查询可以，拿出司法条款来，我现在要的是司法条款。你这个第一被上诉人，你**解答不出来**【判断：−能力】，跟你这个所登记的不动产登记资料不是一回事。和平一部解答，**解答不对**【判断：−妥当】，从一审一直到现在开庭，你**解答不对**【判断：−妥当】，你**驴唇不对马嘴**【判断：−妥当】。我不是▲

　　　　审（女）：　▼不用重复讲，一遍就可以了，还有吗？

　　　　上（男）：　没有。

　　　例7-4选自一场不动产登记行政二审审判的法庭辩论阶段。该例中上诉人正在陈述辩论意见。"错上加错""解答不对""解答不对""驴唇不对马嘴"等判断表达，表明了上诉人认为被上诉人行为不妥，"解答不出来"这一判断表达，则是对被上诉人行为能力进行了否定判断。上述5个态度表达帮助上诉人完成陈述辩论意见的话语任务，构成一个任务态度。该例中的任务态度也是由不同类型的微观态度构成的。

# 7.3　宏　观　态　度

　　宏观态度指诉讼主体在法庭审判过程中的总态度。法庭话语作为一种典型的机构话语，具有强烈的目的导向，因为审判活动涉及重大的权利、利益和利害关系，如生命、财产、名誉等。法庭话语的目的性非常明显，也非常明确（廖美珍，2012：86）。法庭诉讼主体的目的各不相同，其话语行为也必然各不相同，体现到态度表达上，其宏观态度也必然不同。

　　在不同类型的法庭审判中，不同主体有着不同的宏观态度。在刑事法庭审判中，法官的宏观态度是要履行所代表机构（法院）的职责，按照法定程序，查清事实，做出公正的判决，以实现社会正义这一目的（廖美珍，2003a：49）。公诉人的任务是代表国家起诉被告人，他/她的宏观态度是被告人触犯了法律，应受到法律的制裁；而被告人的宏观态度是其没有违法，或者违法程度轻，应免受法律制裁或者减轻惩罚。在民事审判中，法官的宏观态度与刑事审判中的法官一致，即履行法院的职责，按照法定程序，查清事实，做出公正的判决；原告的宏观态度是被告侵犯了其权益，其应获得赔偿等；而被告要证明其未侵犯原告的权益或侵害程度不如原告说的那么大，从而免受或者减轻处罚、赔偿等。在行政审判中，法官的宏观态度依然是履行法院的职责，按照法定程序，查清事实，做出公正的判决；原告的宏观态度是被告的具体行政行为侵犯了其合法权益，被告应撤销或更改相关行政行为，或对其进行赔偿等；而被告要证明其具体行政行为合法合规，并未侵犯原告的合法权益。

法庭审判中微观态度、任务态度、宏观态度的关系如下：宏观态度决定任务态度并由后者实现；任务态度决定微观态度并由后者实现；微观态度决定情感、判断、鉴赏等态度表达的选择，并由后者实现。宏观态度具有战略意义；任务态度和微观态度具有战术意义。图 7-1 显示了法庭审判话语的态度表达系统。

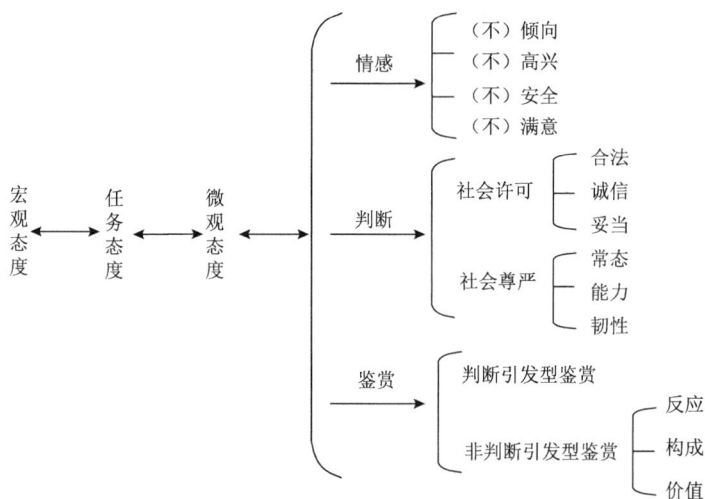

图 7-1　法庭审判话语的态度表达系统

# 7.4　法庭辩论中的态度

## 7.4.1　刑事审判法庭辩论中的态度

在我国，刑事审判大致分为开庭、法庭调查、法庭辩论、被告人最后陈述、评议和宣判五个阶段（见《中华人民共和国刑事诉讼法》）。法庭交互以辩论为主要特点（杜金榜，2012：7）。在法庭辩论中，控辩双方就被告人的行为是否构成犯罪，犯罪性质，刑事责任的严重性，证据是否真实、充分，以及如何判刑展开辩论。法庭辩论可以进一步揭示案件事实，明确如何适用法律，从而为准确判决奠定基础。刑事审判中公诉人与被告人辩护律师之间进行的辩论在所有庭审交互中观点对立最直接、态度表达最明确，因此对法庭辩论进行分析可以很好地揭示法庭审判话语的态度表达系统。

法庭辩论由审判长主持，按照如下程序进行：①公诉人陈述；②被害人及其代理人陈述；③被告人自我辩护；④辩护律师为被告人辩护；⑤控辩双方进行辩论（见《中华人民共和国刑事诉讼法》）。

本节对一场故意杀人案刑事二审审判辩论阶段的两段话语进行对比分析。例 7-5 为辩护律师发表的辩护意见，例 7-6 是检察官发表的出庭意见。

例 7-5　辩（男）：　好，谢谢审判长。现在辩护人对钟××犯故意杀人罪，发表如下辩护意见。第一，一审判决认定钟××构成故意杀人罪，**定性错误**【鉴赏：–JIA】，辩护人认为应当以**过失致人死亡罪**【判断：–合法】，对钟××进行判处。理由如下，第一，**不具有杀人的目的和主观意图**【判断：＋合法】，根据本案的在案证据，可知上诉人钟××在案发之前并**没有杀人的预谋**【判断：＋合法】，他与**被害人为情侣关系**【情感：＋喜爱】，**感情深厚**【情感：＋喜爱】，**也没有证据可以证实上诉人有杀害被害人的意图**【判断：＋合法】。案发当日，钟××欲将被害人送往琼海市人民医院治疗，因被害人**不愿下车**【情感：–倾向】，两人遂到案发地去清洗伤口，后因双方发生争执，动手时**导致被害人落水身亡**【判断：–合法】。根据证人证言及上诉人的供述，双方**相处得一直很和谐融洽**【情感：＋满意】，没有矛盾、**积怨**【情感：＋满意】，并不存在深仇大恨【情感：＋满意】，基于这种**情人关系**【情感：＋喜爱】，上诉人当时**不可能预料到自己的行为可能引发致使被害人死亡的后果**【判断：–常态】；**更不可能期望这种死亡结果的发生**【判断：＋合法】。反而死亡结果对他来说是出乎意料的【判断：－常态】。通过上诉人在被害人落水之后立即跳入水中营救【判断：＋合法】，且多次跳入水中营救【判断：＋合法】的行为来看，上诉人主观上并不具备杀害被害人的动机【判断：＋合法】，也不可能想要剥夺被害人的生命【判断：＋合法】。第二，上诉人不具有间接故意【判断：＋合法】，属于疏忽大意的过失【判断：－能力】。间接故意是不反对、不排斥危害结果的发生，而结合本案来看，上诉人对被害人的死亡结果持有反对的态度【判断：＋合法】，而且完全出乎意料【判断：－常态】。结合上诉人一直以来的供述，其并不能预知到死亡结果的发生【判断：－能力】。由于疏忽大意【判断：－能力】而没有预见实施了相关的行为，导致被害人的死亡，这更加符合过失致人死亡罪【判断：＋合法】的主客观要件，不具有故意杀人的目的【判断：＋合法】，不具有杀人的间接故意【判断：＋合法】，更不希望或预见不到死亡的后果，而是一种事故【判断：－常态】。从事后的表现来看，被害人的死亡结果是违背上诉人的意志的【情感：－倾向】；从案发当时来看，上诉人第一时间就想用手抓住被害人【判断：＋合法】，但没抓住【判断：－能力】，于是立马跳入河中去营救【判断：＋合法】，且多次营救【判断：＋合法】，上诉人在突发事件【判断：－常态】时第一反应是救人【判断：＋合法】，体现了其主观上并不希望或放任被害人死亡【判断：＋合法】，而是因为大意【判断：－能力】没有关注到被害人，也没有预想到【判断：－常态】潜在的风险。在量刑上，上诉人钟××自首【判断：＋合法】，如实【判断：＋诚信】供述自己的犯罪事实，依法可以从轻处罚【判断：＋合法】；上诉人积极赔偿被害人家属经济损失【判断：＋合法】，依法可酌情从轻处罚【判断：＋合法】；上诉人系初犯【判断：＋合法】、偶犯【判断：＋合法】，没有犯罪前科【判断：＋合法】，可从宽处罚【判断：

＋合法】。具体的意见以书面的辩护词为准，完毕。

表 7-2　辩护律师的态度

| 序号 | 态度表达 | 评价者 | 情感 | 判断 | 鉴赏 | 评价对象 |
|------|---------|--------|------|------|------|---------|
| 1 | 定性错误 | 辩护律师 | | | –JIA | 一审判决/法官 |
| 2 | 过失致人死亡罪 | 辩护律师 | | –合法 | | 上诉人 |
| 3 | 不具有杀人的目的和主观意图 | 辩护律师 | | ＋合法 | | 上诉人 |
| 4 | 没有杀人的预谋 | 辩护律师 | | ＋合法 | | 上诉人 |
| 5 | 与被害人为情侣关系 | 辩护律师 | ＋喜爱 | | | 上诉人 |
| 6 | 感情深厚 | 辩护律师 | ＋喜爱 | | | 上诉人 |
| 7 | 没有证据可以证实上诉人有杀害被害人的意图 | 辩护律师 | | ＋合法 | | 上诉人 |
| 8 | 不愿下车 | 辩护律师 | –倾向 | | | 被害人 |
| 9 | 导致被害人落水身亡 | 辩护律师 | | –合法 | | 上诉人 |
| 10 | 相处得一直很和谐融洽 | 辩护律师 | ＋满意 | | | 上诉人 |
| 11 | 没有矛盾、积怨 | 辩护律师 | ＋满意 | | | 上诉人 |
| 12 | 并不存在深仇大恨 | 辩护律师 | ＋满意 | | | 上诉人 |
| 13 | 情人关系 | 辩护律师 | ＋喜爱 | | | 上诉人 |
| 14 | 不可能预料到自己的行为可能引发致使被害人死亡的后果 | 辩护律师 | | –常态 | | 上诉人 |
| 15 | 更不可能期望这种死亡结果的发生 | 辩护律师 | | ＋合法 | | 上诉人 |
| 16 | 死亡结果对他来说是出乎意料的 | 辩护律师 | | –常态 | | 上诉人 |
| 17 | 立即跳入水中营救 | 辩护律师 | | ＋合法 | | 上诉人 |
| 18 | 多次跳入水中营救 | 辩护律师 | | ＋合法 | | 上诉人 |
| 19 | 主观上并不具备杀害被害人的动机 | 辩护律师 | | ＋合法 | | 上诉人 |
| 20 | 不可能想要剥夺被害人的生命 | 辩护律师 | | ＋合法 | | 上诉人 |
| 21 | 不具有间接故意 | 辩护律师 | | ＋合法 | | 上诉人 |
| 22 | 疏忽大意的过失 | 辩护律师 | | –能力 | | 上诉人 |
| 23 | 对被害人的死亡结果持有反对的态度 | 辩护律师 | | ＋合法 | | 上诉人 |
| 24 | 完全出乎意料 | 辩护律师 | | –常态 | | 上诉人 |
| 25 | 不能预知到死亡结果的发生 | 辩护律师 | | –能力 | | 上诉人 |
| 26 | 疏忽大意 | 辩护律师 | | –能力 | | 上诉人 |
| 27 | 更加符合过失致人死亡罪 | 辩护律师 | | ＋合法 | | 上诉人 |

续表

| 序号 | 态度表达 | 评价者 | 情感 | 判断 | 鉴赏 | 评价对象 |
|---|---|---|---|---|---|---|
| 28 | 不具有故意杀人的目的 | 辩护律师 | | +合法 | | 上诉人 |
| 29 | 不具有杀人的间接故意 | 辩护律师 | | +合法 | | 上诉人 |
| 30 | 是一种事故 | 辩护律师 | | −常态 | | 上诉人 |
| 31 | 是违背上诉人的意志的 | 辩护律师 | −倾向 | | | 上诉人 |
| 32 | 第一时间就想用手抓住被害人 | 辩护律师 | | +合法 | | 上诉人 |
| 33 | 没抓住 | 辩护律师 | | −能力 | | 上诉人 |
| 34 | 立马跳入河中去营救 | 辩护律师 | | +合法 | | 上诉人 |
| 35 | 多次营救 | 辩护律师 | | +合法 | | 上诉人 |
| 36 | 突发事件 | 辩护律师 | | −常态 | | 上诉人 |
| 37 | 第一反应是救人 | 辩护律师 | | +合法 | | 上诉人 |
| 38 | 主观上并不希望或放任被害人死亡 | 辩护律师 | | +合法 | | 上诉人 |
| 39 | 大意 | 辩护律师 | | −能力 | | 上诉人 |
| 40 | 没有预想到 | 辩护律师 | | −常态 | | 上诉人 |
| 41 | 自首 | 辩护律师 | | +合法 | | 上诉人 |
| 42 | 如实 | 辩护律师 | | +诚信 | | 上诉人 |
| 43 | 依法可以从轻处罚 | 辩护律师 | | +合法 | | 上诉人 |
| 44 | 积极赔偿被害人家属经济损失 | 辩护律师 | | +合法 | | 上诉人 |
| 45 | 依法可酌情从轻处罚 | 辩护律师 | | +合法 | | 上诉人 |
| 46 | 初犯 | 辩护律师 | | +合法 | | 上诉人 |
| 47 | 偶犯 | 辩护律师 | | +合法 | | 上诉人 |
| 48 | 没有犯罪前科 | 辩护律师 | | +合法 | | 上诉人 |
| 49 | 可从宽处罚 | 辩护律师 | | +合法 | | 上诉人 |

表 7-2 显示，辩护律师共表达态度 49 次，其中 47 次针对上诉人，1 次针对被害人，1 次针对法院（一审判决／法官）。在态度类型方面，有 40 次判断，8 次情感和 1 次判断引发型鉴赏。40 次判断中，29 次是社会许可判断，11 次是社会尊严判断。

在针对上诉人的 47 次态度表达中，33 次为肯定，14 次为否定，表明辩护律师对上诉人总体上持肯定态度。辩护律师对上诉人的诚信、绝大多数情感（喜爱、满意）及行为的合法性做出肯定判断，对其能力及行为的常态做出否定判断，目的是想表明：上诉人并不可怕，其心中有爱人（"与被害人为情侣关系""感情深厚""相处得一直很和谐融洽"），其罪行在一定程度上是由其能力较低（"疏忽大意的过失""没抓住"）以及某种外因（"完全出乎意料""是一种事故""突发事件""没有预想到"）造成的。此外，辩护律师对上诉人的诚信（"如实供述自己的犯罪事实"）和合法性（"不具有杀人的目的和主观意图""没有杀人的预谋""立即跳入水中营救""多次跳入水中营救""第一时间就想用手抓住被害人""自首""积极赔偿被害人家属经济损失""系初犯、偶犯，没有犯罪前科"）做出肯定判断，目的是想表明上诉人不是一个十恶不赦的罪犯，而是一个"诚实""态度好"的普通人，其最大错误是"偶然"犯了罪。

辩护律师也对被害人进行了评价。"不愿下车"是对被害人情感的否定判断。结合辩护律师陈述的该案相关案情，即"案发当日，钟××欲将被害人送往琼海市人民医院治疗，因被害人不愿下车，两人遂到案发地去清洗伤口，后因双方发生争执，动手时导致被害人落水身亡"，被害人不愿下车（去医院治疗），与案件的发生在一定程度上构成因果关系。注意辩护律师使用的因果关系连词"因……遂……"。辩护律师之所以强调"被害人不愿下车"，是想表明，案件的发生不完全是上诉人的行为所致，被害人对案件的发生也负有一定责任。当然，辩护律师的目的是降低上诉人罪行的严重性，从而帮助其减轻刑罚。

此外，辩护律师对"一审判决认定钟××构成故意杀人罪"做了判断引发型鉴赏（"定性错误"）。通过该否定性评价，辩护律师一方面对一审判决结果（法官）进行了回应，另一方面也引出其本人的辩护陈述。

下面我们来看同一场刑事审判中，检察官（公诉人）在发表出庭意见时所表达的态度。

例7-6　检（男）：根据《中华人民共和国刑事诉讼法》第二百三十五条的规定，我们受海南省人民检察院指派代表本院出席法庭，现对本案的事实、证据、程序以及一审法院的判决发表意见。第一，一审判决**认定犯罪事实清楚【＋JIA】，证据确实充分【＋JIA】**，钟××因矛盾纠纷，**强拽被害人【判断：－合法】，将其置于死地【判断：－合法】**，有现场勘查鉴定意见。还有张××、何××本人的证言证实钟××一部分的供认，目前**盗窃被害人手机、**

首饰【判断：−合法】，**盗窃被害人信用卡并使用**【判断：−合法】，有查过手机、首饰、信用卡账户、交易明细、评估报告等证实，钟××供认不讳。以上的证据**来源合法**【＋JIA】，**内容客观真实**【＋JIA】，**并且相互印证**【＋JIA】。第二，一审判决信息准确，现有证据足以认定被告人钟××**打致被害人落水**【判断：−合法】，**在落水后没有施救**【判断：−合法】，**致被害人死亡**【判断：−合法】。被告人因琐事纠纷之后敲门不应，而于凌晨三四时许**打砸被害人住处**【判断：−合法】，然后不顾房东的劝阻，**踹开 502 的房门**【判断：−合法】**殴打两名女性被害人**【判断：−合法】。被告人是以送医为名，将被害人陈××带出，为了**吓唬、压制被害人**【判断：−合法】，将其带至这个远离医院和住处的这个水坝，并**不顾水深流急、伤口感染的危险和被害人的明确反对**【判断：−合法】，**强拽被害人到水坝边**【判断：−合法】，**责骂、呵斥，连续地、猛烈地扇打**【判断：−合法】，**使被害人落水**【判断：−合法】。以上的情节，足以证实被告人钟××**鲁莽行事**【判断：−合法】，**不计后果**【判断：−合法】，其在**强拽和扇打被害人**【判断：−合法】的时候，就已经在**放任被害人死亡的后果发生**【判断：−合法】。被害人被打落水之后，钟××明知道**不大会水**【判断：−能力】的被害人，在水流湍急、四下无人的坝区，**正面临着现实紧迫的死亡危险**【情感：−安全】，在他**能够救助**【判断：＋能力】、**应当救助**【情感：＋倾向】的情况下，为了**逃避责任追究**【判断：−合法】，**拒不救助**【判断：−合法】，或者是向他人求助，**最终导致被害人溺水身亡**【判断：−合法】，可以认定他**放任被害人的死亡**【判断：−合法】。关于被告人所称的落水之后，他曾经两次搜救未果的辩解，**是没有相关证据佐证的**【判断：−诚信】。即使辩解所述的是事实，也能够认定其**间接的杀人故意**【判断：−合法】。被告人**将被害人打**

落水中【判断：−合法】之后，他具有有效避免被害人伤亡的法定义务，在明知道如果他未及时有效救助，**将导致被害人死亡**【判断：−合法】的情况下，他在岸边等了 5 分钟、10 分钟，他刚才说的 20 分钟之后离开，也足以认定他**是放任被害人死亡结果的发生的**【判断：−合法】，对于一审判决认定其**犯故意杀人罪**【判断：−合法】，定位是准确的，钟××关于他没有杀人故意还是过失致死的上述理由是不成立的。钟××**盗窃他人财物**【判断：−合法】，**盗窃他人信用卡**【判断：−合法】并使用，一审**已经认定为盗窃罪**【判断：−合法】，指出数额巨大，一审判决的量级是**适当的**【＋JIA】，上诉人的**上诉理由不能成立**【判断：−合法】。第一是虽然有认定为**间接故意杀人**【判断：−合法】，并且由自首关联纠纷引发，以及**家属代为赔偿**【判断：＋合法】的情节，但出现前述的三项情节，就是因为现有的证据指向被告人具有**预谋杀人**【判断：−合法】或者**直接故意杀人**【判断：−合法】重大嫌疑，不仅仅是因为**被害人死亡**【判断：−合法】。**被告人毁灭关键证据**【判断：−合法】，还来源于进一步查清的情况，根据曾经有利被告人的原告所作的认定，被告人是在**罪行败露**【判断：−合法】、**走投无路**【判断：−合法】的情况下**被迫投案**【判断：−合法】的，投案前他**毁灭了关键的证据**【判断：−合法】，**干扰侦查**【判断：−合法】。他关于这个作案动机，案发起因、经过的辩解是明显不合常理的。另外，虽然**他的家属代为赔偿了一部分的丧葬费**【判断：＋合法】，但是被害方**并没有谅解**【情感：−满意】。对一审判决综合案件的具体情况，**以故意杀人罪判处被告人死缓**【判断：−合法】，量刑是适当的【＋JIA】，原判对**盗窃罪**【判断：−合法】的量刑以及定罪**均无不当**【＋JIA】。综上，一审判决**认定事实清楚**【＋JIA】，**证据确实**【＋JIA】、**充分**【＋JIA】、**准确**【＋JIA】，**量刑适当**【＋JIA】，审判程序合法

**【＋JIA】，上诉人上诉理由均不成立【判断：–合法】，建议法庭驳回上诉维持原判，检察意见发表完毕。**

表 7-3　检察官的态度

| 序号 | 态度表达 | 评价者 | 情感 | 判断 | 鉴赏 | 评价对象 |
|---|---|---|---|---|---|---|
| 1 | 认定犯罪事实清楚 | 检察官 | | | ＋JIA | 一审判决/法官 |
| 2 | 证据确实充分 | 检察官 | | | ＋JIA | 一审判决/法官 |
| 3 | 强拽被害人 | 检察官 | | –合法 | | 上诉人 |
| 4 | 将其置于死地 | 检察官 | | –合法 | | 上诉人 |
| 5 | 盗窃被害人手机、首饰 | 检察官 | | –合法 | | 上诉人 |
| 6 | 盗窃被害人信用卡并使用 | 检察官 | | –合法 | | 上诉人 |
| 7 | 来源合法 | 检察官 | | | ＋JIA | 相关证据/公安刑事侦查部门 |
| 8 | 内容客观真实 | 检察官 | | | ＋JIA | 相关证据/公安刑事侦查部门 |
| 9 | 并且相互印证 | 检察官 | | | ＋JIA | 相关证据/公安刑事侦查部门 |
| 10 | 打致被害人落水 | 检察官 | | –合法 | | 上诉人 |
| 11 | 在落水后没有施救 | 检察官 | | –合法 | | 上诉人 |
| 12 | 致被害人死亡 | 检察官 | | –合法 | | 上诉人 |
| 13 | 打砸被害人住处 | 检察官 | | –合法 | | 上诉人 |
| 14 | 踹开 502 的房门 | 检察官 | | –合法 | | 上诉人 |
| 15 | 殴打两名女性被害人 | 检察官 | | –合法 | | 上诉人 |
| 16 | 吓唬、压制被害人 | 检察官 | | –合法 | | 上诉人 |
| 17 | 不顾水深流急、伤口感染的危险和被害人的明确反对 | 检察官 | | –合法 | | 上诉人 |
| 18 | 强拽被害人到水坝边 | 检察官 | | –合法 | | 上诉人 |
| 19 | 责骂、呵斥，连续地、猛烈地扇打 | 检察官 | | –合法 | | 上诉人 |
| 20 | 使被害人落水 | 检察官 | | –合法 | | 上诉人 |
| 21 | 鲁莽行事 | 检察官 | | –合法 | | 上诉人 |
| 22 | 不计后果 | 检察官 | | –合法 | | 上诉人 |
| 23 | 强拽和扇打被害人 | 检察官 | | –合法 | | 上诉人 |
| 24 | 放任被害人死亡的后果发生 | 检察官 | | –合法 | | 上诉人 |
| 25 | 不大会水 | 检察官 | | –能力 | | 被害人 |
| 26 | 正面临着现实紧迫的死亡危险 | 检察官 | –安全 | | | 被害人 |
| 27 | 能够救助 | 检察官 | | ＋能力 | | 上诉人 |

续表

| 序号 | 态度表达 | 评价者 | 情感 | 判断 | 鉴赏 | 评价对象 |
|---|---|---|---|---|---|---|
| 28 | 应当救助 | 检察官 | ＋倾向 | | | 上诉人 |
| 29 | 逃避责任追究 | 检察官 | | －合法 | | 上诉人 |
| 30 | 拒不救助 | 检察官 | | －合法 | | 上诉人 |
| 31 | 最终导致被害人溺水身亡 | 检察官 | | －合法 | | 上诉人 |
| 32 | 放任被害人的死亡 | 检察官 | | －合法 | | 上诉人 |
| 33 | 是没有相关证据佐证的 | 检察官 | | －诚信 | | 上诉人 |
| 34 | 间接的杀人故意 | 检察官 | | －合法 | | 上诉人 |
| 35 | 将被害人打落水中 | 检察官 | | －合法 | | 上诉人 |
| 36 | 将导致被害人死亡 | 检察官 | | －合法 | | 上诉人 |
| 37 | 是放任被害人死亡结果的发生的 | 检察官 | | －合法 | | 上诉人 |
| 38 | 犯故意杀人罪 | 检察官 | | －合法 | | 上诉人 |
| 39 | 盗窃他人财物 | 检察官 | | －合法 | | 上诉人 |
| 40 | 盗窃他人信用卡 | 检察官 | | －合法 | | 上诉人 |
| 41 | 已经认定为盗窃罪 | 检察官 | | －合法 | | 上诉人 |
| 42 | 是适当的 | 检察官 | | | ＋JIA | 一审判决/法官 |
| 43 | 上诉理由不能成立 | 检察官 | | －合法 | | 上诉人 |
| 44 | 间接故意杀人 | 检察官 | | －合法 | | 上诉人 |
| 45 | 家属代为赔偿 | 检察官 | | ＋合法 | | 上诉人 |
| 46 | 预谋杀人 | 检察官 | | －合法 | | 上诉人 |
| 47 | 直接故意杀人 | 检察官 | | －合法 | | 上诉人 |
| 48 | 被害人死亡 | 检察官 | | －合法 | | 上诉人 |
| 49 | 被告人毁灭关键证据 | 检察官 | | －合法 | | 上诉人 |
| 50 | 罪行败露 | 检察官 | | －合法 | | 上诉人 |
| 51 | 走投无路 | 检察官 | | －合法 | | 上诉人 |
| 52 | 被迫投案 | 检察官 | | －合法 | | 上诉人 |
| 53 | 毁灭了关键的证据 | 检察官 | | －合法 | | 上诉人 |
| 54 | 干扰侦查 | 检察官 | | －合法 | | 上诉人 |
| 55 | 他的家属代为赔偿了一部分的丧葬费 | 检察官 | | ＋合法 | | 上诉人 |
| 56 | 并没有谅解 | 检察官 | －满意 | | | 被害方 |
| 57 | 以故意杀人罪判处被告人死缓 | 检察官 | | －合法 | | 上诉人 |
| 58 | 量刑是适当的 | 检察官 | | | ＋JIA | 一审判决/法官 |

续表

| 序号 | 态度表达 | 评价者 | 情感 | 判断 | 鉴赏 | 评价对象 |
|---|---|---|---|---|---|---|
| 59 | 盗窃罪 | 检察官 | | −合法 | | 上诉人 |
| 60 | 均无不当 | 检察官 | | | ＋JIA | 一审判决/法官 |
| 61 | 认定事实清楚 | 检察官 | | | ＋JIA | 一审判决/法官 |
| 62 | 证据确实 | 检察官 | | | ＋JIA | 一审判决/法官 |
| 63 | 充分 | 检察官 | | | ＋JIA | 一审判决/法官 |
| 64 | 准确 | 检察官 | | | ＋JIA | 一审判决/法官 |
| 65 | 量刑适当 | 检察官 | | | ＋JIA | 一审判决/法官 |
| 66 | 审判程序合法 | 检察官 | | | ＋JIA | 一审判决/法官 |
| 67 | 上诉理由均不成立 | 检察官 | | −合法 | | 上诉人 |

表 7-3 表明，检察官共表达态度 67 次。其中，50 次针对上诉人，11 次针对一审法官，3 次针对被害人（方），3 次针对相关证据。针对上诉人的 50 次态度表达，除了 1 次情感以外，其他 49 次全是判断，针对一审法官的 11 次态度表达全是判断引发型鉴赏，针对被害人（方）的 3 次态度表达包含 2 次情感和 1 次判断，针对相关证据的 3 次态度表达都是判断引发型鉴赏。

检察官针对上诉人的态度表达绝大多数具有否定意义（46 次，占总数的 92%），表明检察官对上诉人持否定态度。检察官对上诉人的否定态度主要针对其诚信和行为的合法性。通过上述态度表达，检察官想表明上诉人不诚实，其行为违法，造成了严重的社会危害。在法庭辩论阶段，检察官（公诉人）的职责是"发表公诉意见，提出被告人（该案中是上诉人）构成犯罪，构成何种犯罪，有何量刑情节，建议法庭依法判处"（见《中华人民共和国刑事诉讼法》）。上述态度表达是检察官行使职责的重要语言资源。

检察官 11 次针对一审判决的态度表达全是判断引发型鉴赏。如前所述，判断引发型鉴赏表面上评价的是物（该例中是一审判决书），实际上评价的是人，即作出一审判决的人：一审法官。检察官针对一审法官的 11 次判断引发型鉴赏全是肯定的，表明检察官对一审法官的（判决）行为持肯定态度（完全认可）。

检察官针对被害人（方）的 3 次态度表达包括 2 次情感（1 次"安全"、1 次"满意"）和 1 次判断（"能力"）。"不大会水"这一对能力的否定态度表达表明了被害人的弱小无助；"正面临着现实紧迫的死亡危险"这一表明不安全的情感表达则显示被害人在案发时所处的危险境地，能够引发听者对被害人的同情；"被害方并没有谅解"这一表示不满的情感表达则表明上诉人杀害被害人，给被害人家人（被害方）带来极大的痛苦和伤害，虽然上诉人的家属代为赔偿了一部分的丧葬费，但是并未取得被害人家人（被害方）的谅解。以上检察官针对被害人的 3 次态度表达，尤其是两次情感态度表达，能够引起听者的情感共鸣。它们给听者留下的印象是：被害人及其家人遭受了巨大伤害，因此应该得到同情；而上诉人犯下了不可饶恕的罪过，因此应该受到法律的惩罚。情感表达的价值在于："它可能是说话人对某一现象采取的姿态的最明显的表现。说话人用这些语言资源来表达事件或现象在情感上对他们的影响，并从情感的角度评价该现象"（胡壮麟等，2005：321）。虽然情感表达可在一定程度上帮助说话人实现意图，但总体而言，在法庭审判中情感表达并非明智选择，对于"非权势"（Fairclough，1992：153）诉讼主体（如原/被告、证人等）而言尤其如此。因为这样做往往表明说话人"不理性、情绪化、易怒"（施光，2010：90），这当然会使其所述内容的可信度大打折扣。

该例中检察官还对相关证据表明了态度。"来源合法""内容客观真实""并且相互印证"等三个判断引发型鉴赏是对相关证据（手机、首饰、信用卡账户、交易明细、评估报告）的肯定态度，表明这些证据能证明上诉人犯盗窃罪。当然，检察官的最终目的是表明对提供这些证据的人（公安刑事侦查部门）的行为的肯定态度。

以上两例（例 7-5、例 7-6）中，辩护律师和检察官对上诉人的行为是否构成犯罪，犯罪性质，刑事责任的严重性，证据是否真实、充分，以及如何判刑展开辩论，表明了各自的态度。整体上辩护律师的态度是，被告人违法程度轻，应减轻惩罚；而检察官的态度是，被告人违法重，应受严惩。

## 7.4.2　民事审判法庭辩论中的态度

与刑事审判相似，民事审判也可大致分为开庭、法庭调查、法庭辩论、各方最后陈述、评议和宣判五个阶段（见《民事诉讼法》）。本节我们来看民事审判辩论阶段控辩双方的态度。例 7-7 选自中粮集团有限公司（以下简称中粮集团）与大庆旭生房地产开发有限公司（以下简称旭生公司）侵害商标权纠纷民事审判的法庭辩论阶段。上诉人中粮集团的代理人正在陈述法庭辩论意见。

例 7-7　上代（男）：根据刚才庭审所确定的事实，上诉人归纳如下辩论
　　　　　　　　　　意见：第一，被上诉人旭生公司变更后的楼盘名称
　　　　　　　　　　**悦城新苑侵害了上诉人中粮集团的注册商标专用权**

【判断：-合法】。那么第一点就是大悦城商标与悦城新苑构成近似，这部分内容我刚才在质证时已经详细发表，不再详述。第二点就是中粮集团已经许可了关联公司和其他知名房地产开发企业，如万科集团等，在其开发经营的房地产项目上使用悦城商标。旭生公司变更后的楼盘名称悦城新苑与上述企业开发的相关项目都带有"悦城"字样，**势必会造成相关公众和市场的混淆和误认**【判断：-合法】。第二，一审判决确定的 30 万赔偿数额**明显偏低**【-JIA】，与旭生公司的**巨额侵权获利**【判断：-合法】不相称。通过刚才庭审质证确认的事实，涉案楼盘截止到 2017 年 6 月 10 日，在尚未交付的情况下，住宅项目已基本销售完毕，销售额为 8 亿元，而旭生公司在该项目上的投资仅 3.1 亿元，扣除相关费用，净收入超过 2 亿元，证明旭生公司在该项目上的**获利巨大**【判断：-合法】。第三，旭生公司**主观上具有非常明显的侵权故意**【判断：-合法】。随着市场竞争与房地产开发的规范化，项目或楼盘名称在房地产推广与销售中发挥的作用也越来越重要，房地产开发项目的起名是一个非常重要的环节。旭生公司在为涉案项目起名时，肯定也是经过了大量的检索和相关的分析论证，在这个过程中肯定会了解中粮大悦城的相关情况，况且其还花费巨款聘请专门的广告公司为其提供推广策划。而这家公司的从业人员**均具有多年的房地产广告经验**【判断：+能力】，这些人员不可能不知道大悦城的知名度，也不可能不向旭生公司介绍相关情况。第四，中粮集团在全国多地城市中经营大悦城项目，这些项目**均成为所在城市的地标**【+JIA】，**且多次获得行业内的奖项**【+JIA】，**拥有较高的知名度和美誉度**【+JIA】。虽然中粮集团目前在黑龙江省内还没有经营大悦城项目，但是，在当今交通和信息技术高度发达的时代，人员和信息的流通非常便利和快捷。人们对外部信息的了解除了通过出行等方式目睹以外，更多的是通过互联网、广播、电视、报刊等多种媒体和途径，可以非常便利地获取相关信息。涉案项目所在地的大兴市民，可能有一些人不知道或不了解大悦城，但是，旭生公司作为一家从业多年的房地产开发专业公司，完全应该了解和知晓大悦城的相关情况。第五，旭生公司在一审判决后，仍然以大悦城十区美食街的名称发布招商广告，同时将涉案楼盘名称由大悦城变更为悦城新苑，更进一步证明**其侵权行为是明知且故意的**【判断：-合法】。第六，旭生公司的**涉案侵权行为情节非常严重**【判断：-合法】。旭生公司直接使用了与涉案商标完全相同的标识**进行商标侵权行为**【判断：-合法】。近年来，中粮集团已经针对在各地发生的**侵害大悦城、悦城的商标专用权的行为**【判断：-合法】提起了多起诉讼。这些侵权案件绝大部分是使用与涉案商标相近似的名称作为楼盘或项目名称，使相关公众误认两者具有特定的联系，**进而达到混淆和误认的目的**【判断：-合法】。比如小悦城、中旭大悦城、嘉美广场大悦城、长绿大悦城、宜春大悦城、恒利大悦城、悦城子岸。但是，**使用与涉案商标完全相同的名称作为楼盘和项目名称并进行大肆宣传的**【判断：-合法】，本案还是第一起。不仅如此，旭生公司**还在广告宣传上大量使用"大悦城来了"等极具诱导性和欺骗性的用语**【判断：-合法】，其用意正是想借助大悦城品牌的较高知名度和良好商誉，吸引购房者的关注，**使购房者误认该项目与中粮集团在各地设立的大悦城项目有关联**【判断：-合法】，达到促进和带动涉案楼盘销售的目的。第七，被上诉人旭生公司应该**在大庆市相关媒体刊登声明并消除影响**【判断：-合法】。这方面的内容，刚才已经在回答法庭提问时回答了，就不再展开阐述，答辩完毕。

表 7-4　上诉人代理人的辩论态度

| 序号 | 态度表达 | 评价者 | 情感 | 判断 | 鉴赏 | 评价对象 |
|---|---|---|---|---|---|---|
| 1 | 侵害了上诉人中粮集团的注册商标专用权 | 上诉人代理人 | | −合法 | | 被上诉人 |
| 2 | 势必会造成相关公众和市场的混淆和误认 | 上诉人代理人 | | −合法 | | 被上诉人 |
| 3 | 明显偏低 | 上诉人代理人 | | | −JIA | 一审法官（赔偿数额） |
| 4 | 巨额侵权获利 | 上诉人代理人 | | −合法 | | 被上诉人 |
| 5 | 获利巨大 | 上诉人代理人 | | −合法 | | 被上诉人 |
| 6 | 主观上具有非常明显的侵权故意 | 上诉人代理人 | | −合法 | | 被上诉人 |
| 7 | 均具有多年的房地产广告经验 | 上诉人代理人 | | +能力 | | 被上诉人 |
| 8 | 均成为所在城市的地标 | 上诉人代理人 | | | +JIA | 上诉人（大悦城项目） |
| 9 | 多次获得行业内的奖项 | 上诉人代理人 | | | +JIA | 上诉人（大悦城项目） |
| 10 | 拥有较高的知名度和美誉度 | 上诉人代理人 | | | +JIA | 上诉人（大悦城项目） |
| 11 | 其侵权行为是明知且故意的 | 上诉人代理人 | | −合法 | | 被上诉人 |
| 12 | 涉案侵权行为情节非常严重 | 上诉人代理人 | | −合法 | | 被上诉人 |
| 13 | 进行商标侵权行为 | 上诉人代理人 | | −合法 | | 被上诉人 |
| 14 | 侵害大悦城、悦城的商标专用权的行为 | 上诉人代理人 | | −合法 | | 被上诉人 |
| 15 | 进而达到混淆和误认的目的 | 上诉人代理人 | | −合法 | | 被上诉人 |
| 16 | 使用与涉案商标完全相同的名称作为楼盘和项目名称并进行大肆宣传的 | 上诉人代理人 | | −合法 | | 被上诉人 |
| 17 | 还在广告宣传上大量使用"大悦城来了"等极具诱导性和欺骗性的用语 | 上诉人代理人 | | −合法 | | 被上诉人 |
| 18 | 使购房者误认该项目与中粮集团在各地设立的大悦城项目有关联 | 上诉人代理人 | | −合法 | | 被上诉人 |
| 19 | 在大庆市相关媒体刊登声明并消除影响 | 上诉人代理人 | | −合法 | | 被上诉人 |

　　表 7-4 表明，上诉人代理人在本轮辩论中共表达态度 19 次。其中，15 次针对被上诉人，3 次针对上诉人，1 次针对一审法官。针对被上诉人的 15 次态度表达全是判断，针对上诉人和一审法官的 4 次态度表达全是判断引发型鉴赏。

　　上诉人代理人对被上诉人的态度表达除了 1 次肯定性能力判断以外，其他

14 次合法性判断全是否定的。这表明，上诉人代理人对被上诉人行为的合法性持否定态度。上诉人代理人对被上诉人的唯一一次能力判断值得关注："均具有多年的房地产广告经验"是对被上诉人聘请的广告公司业务能力的肯定判断。之所以对其业务能力进行肯定判断，是要表明被上诉人旭生公司"主观上具有非常明显的侵权故意"：其聘请的广告从业人员均具有多年的房地产广告经验，他们"不可能不知道大悦城的知名度，也不可能不向旭生公司介绍相关情况"，而旭生公司（被上诉人）在为涉案房地产项目起名时，依然采用"悦城"二字（注：该房地产项目起名为悦城新苑），因此具有非常明显的侵权故意。

上诉人代理人针对上诉人的 3 次判断引发型鉴赏，全是肯定性的，即"均成为所在城市的地标""多次获得行业内的奖项""拥有较高的知名度和美誉度"，表面上是对大悦城项目的肯定鉴赏，实则表达对这些项目的开发者中粮集团（上诉人）的肯定评价，目的是想表明：被上诉人旭生公司"作为一家从业多年的房地产开发专业公司，完全应该了解和知晓大悦城的相关情况"，这从另一个侧面证明被上诉人旭生公司是故意侵犯上诉人的注册商标专用权。

上诉人代理人对一审法官的唯一一次判断引发型鉴赏也值得分析："明显偏低"表面上是对赔偿数额的否定性鉴赏〔注：该案一审判决被告（本案被上诉人）旭生公司向原告（本案上诉人）中粮集团赔偿 30 万元〕，但实际上表达了对做出该判决的一审法官行为的否定态度，因为 30 万元的赔偿数额与"旭生公司的巨额侵权获利不相称"。

下面，我们来看同一场民事审判中被上诉人代理人在法庭辩论中表达的态度。例 7-8 显示了被上诉人代理人的法庭辩论意见。

例 7-8　被上代（男）：好，经过庭审的举证、质证，围绕争议焦点，旭生公司发表以下辩论意见：第一，我公司认为悦城新苑**不构成对悦城、大悦城商标的侵权【＋JIA】**。悦城新苑与悦城、大悦城商标仅有悦城两个字的读音和字形是相似相同的，而字体颜色均不相同。从整体上看，悦城新苑**与大悦城、悦城商标不近似【＋JIA】**。房地产是一种特殊的商品，具有显著的地域性特点，所说的商标知名度也与不动产所在处的地域相关。中粮集团对悦城商标既没有广告宣传，也没有使用过，那么悦城商标**根本就**

**没有知名度【-JIA】**，在全国各地房地产项目当中使用是非常普遍的现象。第二，一审法院判决旭生公司赔偿中粮集团损失 30 万元，**不存在明显过低、与巨额侵权获利不相称的情况【+JIA】**。旭生公司**主观方面已经认识到了错误【判断：＋合法】**，**并且进行了积极的改正【判断：＋合法】**，**这种自觉的、真诚的悔过态度是难得的【判断：＋合法】**，是法院在确定判决书数额时应予以考虑的，也是立法的宗旨所在。房地产价值较高，消费者在选购时比较谨慎，会对房地产投入非常高的注意力，并对其进行实地的考察，不仅会考察楼盘的地段、品质等多方面因素，还会对开发商的实力、信誉、以往业绩等进行深入的了解；而不会仅看楼盘的名称和标识就购买。那么也就是说楼盘名称和标识相对于以上的楼盘本身的多方面的因素在影响消费者做出购买与否决定的时候，所占的比重是非常小的，小到甚至可以忽略不计，尤其在大庆这样层次的城市里面，**对于公众的影响几乎是微乎其微【-JIA】**，**甚至是没有的【-JIA】**。涉案项目**销售好凭借的是自身的优势【+JIA】**，而不是大悦城商标，涉案项目**处于大庆高新区的黄金地段【+JIA】**，**拥有着得天独厚的地域优势【+JIA】**，因为刚才庭审举证的时候已经举了立体的和平面图两份给法庭来看，那么在这只是引用李嘉诚的一句话，就是决定房地产价值的第一是地段，第二是地段，第三还是地段，**地段优势是涉案项目销售好的最关键因素【+JIA】**。涉案项目以八栋洋房为主，六栋小高层为辅，**是市中心不可再现的好项目【+JIA】**，**优秀的户型设计是涉案项目销售好的又一关键因素【+JIA】**。旭生公司及关联公司**在大庆地区共同创造的商誉、品牌影响力以及多年来积累的客户群是涉案**

项目销售好的基础【＋JIA】，上述优势才是涉案
项目销售好的决定因素【＋JIA】，绝不是大悦城
一个商标可以代替的。没有任何一个购房人是因
为误认涉案项目是中粮集团开发的大悦城而购买
的，所以涉案项目**不存在因侵权行为而违法获利的
情况**【＋JIA】，**没有违法收入**【＋JIA】。第三，
**单项目品质优良**【＋JIA】，**市场反应良好**【＋JIA】，
**曾获得大庆新闻传媒集团评选的最佳建筑质量楼
盘金奖**【＋JIA】，**对中粮集团的商誉没有任何损
害**【＋JIA】，所以我公司认为**不需要登报声明消
除影响**【判断：＋合法】。综上所述，我公司认
为中粮集团的**上述事实和理由不能够成立**【判
断：–合法】，**请**【情感：＋愿望】法庭**驳回其上
诉请求**【判断：–合法】。辩论意见发表完毕。

表 7-5 显示了被上诉人代理人在法庭辩论中态度表达的情况。

**表 7-5　被上诉人代理人的辩论态度**

| 序号 | 态度表达 | 评价者 | 情感 | 判断 | 鉴赏 | 评价对象 |
|---|---|---|---|---|---|---|
| 1 | 不构成对悦城、大悦城商标的侵权 | 被上诉人代理人 | | | ＋JIA | 被上诉人（悦城新苑） |
| 2 | 与大悦城、悦城商标不近似 | 被上诉人代理人 | | | ＋JIA | 被上诉人（悦城新苑） |
| 3 | 根本就没有知名度 | 被上诉人代理人 | | | –JIA | 上诉人（悦城商标） |
| 4 | 不存在明显过低、与巨额侵权获利不相称的情况 | 被上诉人代理人 | | | ＋JIA | 一审法官（赔偿数额） |
| 5 | 主观方面已经认识到了错误 | 被上诉人代理人 | | ＋合法 | | 被上诉人 |
| 6 | 并且进行了积极的改正 | 被上诉人代理人 | | ＋合法 | | 被上诉人 |
| 7 | 这种自觉的、真诚的悔过态度是难得的 | 被上诉人代理人 | | ＋合法 | | 被上诉人 |
| 8 | 对于公众的影响几乎是微乎其微 | 被上诉人代理人 | | | –JIA | 上诉人（悦城商标） |
| 9 | 甚至是没有的 | 被上诉人代理人 | | | –JIA | 上诉人（悦城商标） |
| 10 | 销售好凭借的是自身的优势 | 被上诉人代理人 | | | ＋JIA | 被上诉人（悦城新苑） |

续表

| 序号 | 态度表达 | 评价者 | 情感 | 判断 | 鉴赏 | 评价对象 |
|---|---|---|---|---|---|---|
| 11 | 处于大庆高新区的黄金地段 | 被上诉人代理人 | | | +JIA | 被上诉人（悦城新苑） |
| 12 | 拥有着得天独厚的地域优势 | 被上诉人代理人 | | | +JIA | 被上诉人（悦城新苑） |
| 13 | 地段优势是涉案项目销售好的最关键因素 | 被上诉人代理人 | | | +JIA | 被上诉人（悦城新苑） |
| 14 | 是市中心不可再现的好项目 | 被上诉人代理人 | | | +JIA | 被上诉人（悦城新苑） |
| 15 | 优秀的户型设计是涉案项目销售好的又一关键因素 | 被上诉人代理人 | | | +JIA | 被上诉人（悦城新苑） |
| 16 | 在大庆地区共同创造的商誉、品牌影响力以及多年来积累的客户群是涉案项目销售好的基础 | 被上诉人代理人 | | | +JIA | 被上诉人（悦城新苑） |
| 17 | 上述优势才是涉案项目销售好的决定因素 | 被上诉人代理人 | | | +JIA | 被上诉人（悦城新苑） |
| 18 | 不存在因侵权行为而违法获利的情况 | 被上诉人代理人 | | | +JIA | 被上诉人（悦城新苑） |
| 19 | 没有违法收入 | 被上诉人代理人 | | | +JIA | 被上诉人（悦城新苑） |
| 20 | 单项目品质优良 | 被上诉人代理人 | | | +JIA | 被上诉人（悦城新苑） |
| 21 | 市场反应良好 | 被上诉人代理人 | | | +JIA | 被上诉人（悦城新苑） |
| 22 | 曾获得大庆新闻传媒集团评选的最佳建筑质量楼盘金奖 | 被上诉人代理人 | | | +JIA | 被上诉人（悦城新苑） |
| 23 | 对中粮集团的商誉没有任何损害 | 被上诉人代理人 | | | +JIA | 被上诉人（悦城新苑） |
| 24 | 不需要登报声明消除影响 | 被上诉人代理人 | | +合法 | | 被上诉人 |
| 25 | 上述事实和理由不能够成立 | 被上诉人代理人 | | −合法 | | 上诉人 |
| 26 | 请 | 被上诉人代理人 | +愿望 | | | 被上诉人 |
| 27 | 驳回其上诉请求 | 被上诉人代理人 | | −合法 | | 上诉人 |

表 7-5 表明，被上诉人代理人在本轮辩论中共表达态度 27 次。其中，21 次针对被上诉人，5 次针对上诉人，1 次针对一审法官。针对被上诉人的 21 次态度表达中 16 次是判断引发型鉴赏，4 次是判断，1 次是情感。针对上诉人的 5 次态度表达中 3 次是判断引发型鉴赏，2 次是判断。针对一审法官的 1 次态度

表达为判断引发型鉴赏。

被上诉人代理人对被上诉人的 21 次态度表达全是肯定性的,表明,被上诉人代理人对被上诉人行为的合法性持肯定态度。其中的 16 次判断引发型鉴赏都是针对涉案项目(悦城新苑),表明被上诉人代理人对涉案项目(悦城新苑)持肯定态度,实际上是对涉案项目的开发者持肯定态度。

被上诉人代理人针对上诉人的 5 次态度表达都是否定的,表明,被上诉人代理人对上诉人行为持否定态度。其中的 3 次否定性判断引发型鉴赏都是针对悦城商标,表明被上诉人代理人对该商标的否定评价,实际上表达对该商标的持有人(上诉人中粮集团)的否定态度。针对上诉人的 2 次判断类态度表达"上述事实和理由不能够成立"和"驳回其上诉请求"则直接表明了对上诉人行为合法性的否定态度。

被上诉人代理人对一审法官的唯一一次判断引发型鉴赏也值得分析:"不存在明显过低、与巨额侵权获利不相称的情况"表面上是对赔偿数额的肯定性鉴赏,但实际上表达了对做出该判决的一审法官所做判决的肯定态度。这与前述上诉人代理人所表达的态度截然相反。

## 7.4.3　行政审判法庭辩论中的态度

与刑事、民事审判相似,行政审判也可大致分为开庭、法庭调查、法庭辩论、各方最后陈述、评议和宣判五个阶段(见《行政诉讼法》)。本节对一场工伤认定行政二审审判法庭辩论阶段控辩双方的辩论意见进行对比分析。该案的案情大致如下:该案上诉人张××(一审受害人)因交通事故受伤,遂向大冶市人社局(该案上诉人)申请工伤认定,后者做出工伤认定。该案被上诉人(湖北重冶金属新材料科技集团有限公司,一审受害人工作单位)向大冶市人民法院对大冶市人社局提起行政诉讼,要求法院判决撤销大冶市人社局做出的工伤认定。一审法院经审理后判决撤销大冶市人社局做出的工伤认定。该案上诉人不服一审判决,提出上诉,诉请二审法院依法撤销大冶市人民法院一审判决,并维持大冶市人社局做出的工伤认定。例 7-9 为上诉人代理人发表的辩护意见,例 7-10 是被上诉人代理人发表的出庭意见。

例 7-9　上代(男):尊敬的审判长、审判员,受上诉人张××、王×1、
　　　　　　　　王×2、王××、张××的共同委托,湖北易圣律师
　　　　　　　　事务所指派陆×律师,黄石市下陆区至诚法律服务所
　　　　　　　　指派陈××同志共同担任其二审程序的委托诉讼代

理人，出庭参加本案诉讼活动。经过**认真研究案情**【判断：＋韧性】和参与刚才的庭审，现就该案事实认定和法律适用问题提出如下代理意见，供合议庭审理时参考。第一，在交警部门**对事故成因及责任认定无法确定**【判断：–能力】，仅出具事故证明的情况下，人社部门**不能以事故责任无法确定为由不予认定工伤**【判断：–合法】，而应**依法进行调查核实**【判断：＋合法】，并做出是否认定工伤的决定。交通事故责任认定书**并非工伤认定的唯一依据和前提条件**【–JIA】，《工伤保险条例》第十四条第（六）项规定，在上下班途中，受到非本人主要责任的交通事故或者城市轨道交通、客运轮渡、火车事故伤害的，应当认定为工伤。但在交通事故责任无法查明的情况下，工伤认定部门无权以事故责任不明为由不予认定。工伤认定具有保护劳动者权益的积极的社会意义，也符合相关法律、法规和司法解释的相关规定。本案中道路交通事故证明已经说明，根据现有证据无法认定事故责任，工伤认定部门在**没有新的证据能够证明受害人承担事故主要责任**【判断：＋合法】的情况下，应当认定受害人王××的**事故责任因缺乏证据证明而不成立**【判断：＋合法】，从而不影响工伤认定。《最高人民法院关于审理工伤保险行政案件若干问题的规定》第一条规定，有权机构出具的事故责任认定书、结论性意见和人民法院生效裁判等法律文书不存在或内容不明确，社会保险行政部门就前款事实做出认定的，人民法院应当结合其提供的相关证据依法进行审查。该款规定明确了在交警部门**无法认定事故责任**【判断：–能力】的情况下，大冶市人社局仍应**依法作出事实认定**【判断：＋合法】。同时，该条还明确了法院对市人社局作出的事实认定应结合其提供的相关证据**依法进行审查**【判断：＋合法】，在交警部门**无法**

认定事故责任【判断：－能力】的情况下，市人社局仍应**依法进行调查并做出事实认定【判断：＋合法】**。交警部门出具的事故责任认定书是人社部门履行工伤认定职责的重要依据之一，但**并非工伤认定的前提条件【－JIA】**。因此，交警部门无法认定事故责任【判断：－能力】的，人社部门**不得以此为由不予认定工伤【判断：－合法】**。第二，关于在交警部门无**法认定事故责任【判断：－能力】**的情况下，大冶市人社局做出的涉案工伤认定的合法性问题，即认定王××上班途中受到非本人主要责任事故伤害的依据是否确实、充分。在工伤认定行政程序中，职工或者其近亲属认为是工伤，用人单位不认为是工伤，由用人单位承担举证责任。经人社部门通知，用人单位**无正当理由未提供相关证据【判断：－合法】**，人社部门据此推定为工伤的，法院应予认定。人社部门并非必须提供出劳动者属于工伤的直接证据才可认定为完成举证义务。《工伤保险条例》第十九条规定，职工或者其近亲属认为是工伤，用人单位不认为是工伤的，由用人单位承担举证责任。该条款规定了在工伤认定行政程序中用人单位承担举证责任的原则。这一规定对劳动者和用人单位的利益及风险承担进行了平衡，体现了对劳动者的倾斜保护，它明确了工伤认定行政程序中举证责任的分配问题。虽然《行政诉讼法》规定被告承担举证责任，但这并不意味着人社部门必须提供直接证据证明劳动者属于工伤。在人社部门**已依法通知用人单位举证【判断：＋合法】**，而用人单位**未提供任何证据【判断：－合法】**的情况下，人社部门只能推定劳动者或者其近亲属**自诉的事实和提交的证据成立【判断：＋合法】**。另外，要求人社部门向法院提供证据证明劳动者是否符合工伤认定的条件，势必会颠覆《工伤保险条例》第十九条规定所确定的利益及风险承担方式，将间接导致劳动者权益受损。在这种情况下，只要人社部门提供证据证明其在行政程序中已**依法通知用人单位进行举证**【判断：＋合法】，且其**工伤认定行政行为无违反法定程序之事实**【判断：＋合法】，法院应当认定人社部门**已完成了举证责任**【判断：＋合法】。人社部门受理工伤认定申请后，实体处理上只能有两种结果，要么认定工伤，要么不认定工伤，非此即彼。根据《工伤保险条例》第十九条之规定，职工或者近亲属认为是工伤，不需要对其主张承担举证责任，而用人单位认为不属于工伤的，则需对其主张承担举证责任。也就是说，用人单位提供的证据不能证明劳动者伤亡不属于工伤的，则**未完成举证义务**【判断：－合法】。人社部门可以认定用人单位的**主张不成立**【判断：－合法】，那么剩下的只有一种结果，即认定为工伤，这实际上是一种推定，这种推定**符合《工伤保险条例》的规定**【＋JIA】。第三，工伤认定应当遵循保护劳动者的立法价值取向。审判长、审判员，被上诉人中冶公司，在招用了员工王××以后，却**没有为王××购买社会保险和工伤保险**【判断：－合法】。这样子最后就是**导致王××这个案件**【判断：－合法】经历五次诉讼，到今天整整是两年零六个月，**这个案子不能得到赔偿**【判断：－合法】。上诉人**请求**【情感：＋愿望】法院依法撤销大冶市人民法院（2019）520281 行政 29 号的一审判决，并且**维持大冶市人社局这个工伤认定书**【判断：＋合法】，从而**维护劳动者的合法权益**【判断：＋合法】，完毕。

表 7-6 显示了上诉人代理人在法庭辩论中的态度表达。

表 7-6　上诉人代理人的态度

| 序号 | 态度表达 | 评价者 | 情感 | 判断 | 鉴赏 | 评价对象 |
|---|---|---|---|---|---|---|
| 1 | 认真研究案情 | 上诉人代理人 | | ＋韧性 | | 上诉人代理人 |

续表

| 序号 | 态度表达 | 评价者 | 情感 | 判断 | 鉴赏 | 评价对象 |
|---|---|---|---|---|---|---|
| 2 | 对事故成因及责任认定无法确定 | 上诉人代理人 | | -能力 | | 交警部门 |
| 3 | 不能以事故责任无法确定为由不予认定工伤 | 上诉人代理人 | | -合法 | | 大冶市人社局 |
| 4 | 依法进行调查核实 | 上诉人代理人 | | +合法 | | 大冶市人社局 |
| 5 | 并非工伤认定的唯一依据和前提条件 | 上诉人代理人 | | | -JIA | 交警部门 |
| 6 | 没有新的证据能够证明受害人承担事故主要责任 | 上诉人代理人 | | +合法 | | 上诉人 |
| 7 | 事故责任因缺乏证据证明而不成立 | 上诉人代理人 | | +合法 | | 上诉人 |
| 8 | 无法认定事故责任 | 上诉人代理人 | | -能力 | | 交警部门 |
| 9 | 依法作出事实认定 | 上诉人代理人 | | +合法 | | 大冶市人社局 |
| 10 | 依法进行审查 | 上诉人代理人 | | +合法 | | 法院 |
| 11 | 无法认定事故责任 | 上诉人代理人 | | -能力 | | 交警部门 |
| 12 | 依法进行调查并做出事实认定 | 上诉人代理人 | | +合法 | | 大冶市人社局 |
| 13 | 并非工伤认定的前提条件 | 上诉人代理人 | | | -JIA | 交警部门 |
| 14 | 无法认定事故责任 | 上诉人代理人 | | -能力 | | 交警部门 |
| 15 | 不得以此为由不予认定工伤 | 上诉人代理人 | | -合法 | | 大冶市人社局 |
| 16 | 无法认定事故责任 | 上诉人代理人 | | -能力 | | 交警部门 |
| 17 | 无正当理由未提供相关证据 | 上诉人代理人 | | -合法 | | 用人单位 |
| 18 | 已依法通知用人单位举证 | 上诉人代理人 | | +合法 | | 大冶市人社局 |
| 19 | 未提供任何证据 | 上诉人代理人 | | -合法 | | 用人单位 |
| 20 | 自诉的事实和提交的证据成立 | 上诉人代理人 | | +合法 | | 上诉人 |
| 21 | 已依法通知用人单位进行举证 | 上诉人代理人 | | +合法 | | 大冶市人社局 |
| 22 | 工伤认定行政行为无违反法定程序之事实 | 上诉人代理人 | | +合法 | | 大冶市人社局 |
| 23 | 已完成了举证责任 | 上诉人代理人 | | +合法 | | 大冶市人社局 |
| 24 | 未完成举证义务 | 上诉人代理人 | | -合法 | | 用人单位 |
| 25 | 主张不成立 | 上诉人代理人 | | -合法 | | 用人单位 |
| 26 | 符合《工伤保险条例》的规定 | 上诉人代理人 | | | +JIA | 大冶市人社局 |
| 27 | 没有为王××购买社会保险和工伤保险 | 上诉人代理人 | | -合法 | | 用人单位 |
| 28 | 导致王××这个案件 | 上诉人代理人 | | -合法 | | 用人单位 |
| 29 | 这个案子不能得到赔偿 | 上诉人代理人 | | -合法 | | 用人单位 |
| 30 | 请求 | 上诉人代理人 | +愿望 | | | 上诉人 |
| 31 | 维持大冶市人社局这个工伤认定书 | 上诉人代理人 | | +合法 | | 大冶市人社局 |
| 32 | 维护劳动者的合法权益 | 上诉人代理人 | | +合法 | | 上诉人 |

表 7-6 显示，上诉人代理人在该轮法庭辩论共表达态度 32 次，其中 11 次针对大冶市人社局（一审被告），7 次针对用人单位（被上诉人），7 次针对交警部门，6 次针对上诉人（包括上诉人代理人），1 次针对法院。在态度类型方面，有 28 次判断，3 次判断引发型鉴赏和 1 次情感。28 次判断中，22 次是社会许可判断，6 次是社会尊严判断。

在针对大冶市人社局的 11 次态度表达中，9 次为肯定，2 次为否定，表明上诉人代理人对大冶市人社局总体上持肯定态度。上诉人代理人主要对大冶市人社局行为的合法性进行判断（共 10 次，其中 8 次肯定），表明上诉人代理人总体上认为大冶市人社局所做的具体行政行为（认定上诉人为工伤）是合法的。上诉人代理人对大冶市人社局行为的合法性的 2 次否定判断值得分析。第一次为"人社部门不能以事故责任无法确定为由不予认定工伤，而应依法进行调查核实，并做出是否认定工伤的决定"。其中"不能以事故责任无法确定为由不予认定工伤"表面上是对大冶市人社局行为的合法性的否定判断，但是案件的事实是大冶市人社局在诉讼前已经认定上诉人为工伤，被上诉人（湖北重冶金属新材料科技集团有限公司）不予认可，因此，此处上诉人代理人实际上是从另一个角度表明大冶市人社局具体行政行为的合法性。上诉人代理人对大冶市人社局行为合法性的另一处否定判断与此有异曲同工之处。"因此，交警部门无法认定事故责任的，人社部门不得以此为由不予认定工伤"。此处的"不得以此为由不予认定工伤"表面是对大冶市人社局行为的合法性的否定判断，但实际上是从另一个角度表明大冶市人社局具体行政行为的合法性。上诉人代理人对大冶市人社局所做的推定进行了判断引发型鉴赏。"这种推定符合《工伤保险条例》的规定"中的"符合《工伤保险条例》的规定"表面上是对"推定"的肯定性评价，实则表达了对做出该推定的人（大冶市人社局）的行为的肯定态度。综上，我们可以看出上诉人代理人对大冶市人社局所作出的工伤认定持肯定态度。这一点并不难理解：该案中，上诉人的诉求是要法院依法撤销一审判决（一审判决大冶市人社局做出的工伤认定书无效），并且维持大冶市人社局做出的工伤认定书，因此该案中上诉人和大冶市人社局的诉讼目的是一致的，上诉人理所当然对大冶市人社局的具体行政行为持肯定态度。

上诉人代理人针对用人单位（被上诉人）的 7 次态度表达全都是合法性判断，且全都是否定性的，表明上诉人代理人对用人单位行为的合法性持否定态度。该案一审中用人单位（原告）的诉求是撤销大冶市人社局做出的工伤认定书，最后胜诉（一审判决大冶市人社局做出的工伤认定书无效）。该案中的上诉人（一审被告）不服判决，提起上诉，因此上诉人对用人单位行为的合法性持否定态度是可以理解的。

上诉人代理人还对交警部门的行为进行了 7 次评价，其中包括 5 次能力判断和 2 次判断引发型鉴赏，所有 7 次评价都是否定性的，表明上诉人代理人对交警部门的行为持否定态度。5 次能力判断（1 次"对事故成因及责任认定无法确定"和 4 次"无法认定事故责任"）都表明该案中交警部门无法认定交通事故责任［该案中的上诉人在一场交通事故中受伤，大冶市人社局（原审被告）做出工伤认定，而其用人单位（原审原告）认为该工伤认定不合法］，2 次判断引发型鉴赏"并非工伤认定的唯一依据和前提条件""并非工伤认定的前提条件"则表明交警部门出具的事故责任认定书并非工伤认定的前提条件。上诉人代理人指出这一点的目的是想表明：在交警部门对事故成因及责任认定无法确定时，人社部门（大冶市人社局）不能以事故责任无法确定为由不予认定工伤，而应依法进行调查核实，并做出是否认定工伤的决定。

上诉人代理人对上诉人（包括上诉人代理人本人）的行为进行了 6 次评价，其中 5 次为判断（4 次合法、1 次韧性）、1 次为情感（愿望），所有评价都是肯定的，表明上诉人代理人对上诉人（包括上诉人代理人本人）的行为持肯定态度。上诉人代理人使用的唯一的情感表达"请求"帮助其表明上诉人的诉讼请求，即"法院依法撤销一审判决"。上诉人代理人对其本人行为的社会尊严类判断"认真研究案情"，表明其诉讼代理行为可靠、值得信赖。

下面我们来看同一场行政审判中，被上诉人代理人在法庭辩论中的态度表达，见例 7-10：

例 7-10　被上代（男）：尊敬的审判长、审判员，湖北元申律师事务所依法接受本案被上诉人湖北重冶金属新材料科技集团有限公司的委托，指派吴×、陈××律师担任其与上诉人张××、王×1、王×2、王××、张××及原审被告大冶市人社局工伤认定纠纷一案二审诉讼代理人。现根据庭审情况以及合议庭归纳的争议焦点，发表如下辩论意见：第一，原审被告大冶市人社局作为社会保险行政部门，在没有明确事故责任认定书的前提下，**可以不予做出认定或者不认定为工伤的决定**【判断：−合法】。根据《工伤保险条例》第二十条规定，作出工伤认定决定的时限终止即可。理由如下：第一，本案中对上诉人对于关键的交通事故责任认定，只有大冶市公安局交通警察大队出具的因事故无成因无法查清的道路交通事故证明，没有责任划分，属于《工伤保险条例》第二十条规定的情形，即作出工伤认定决定需要以司法机关或有关行政主管部门的结论为依据的，在司法机关或有关行政主管部门尚未作出结论期间，作出工伤认定的时限**终止**【判断：－合法】。第二，根据《工伤保险条例》第十九条，《工伤认定办法》第九条、第十一条规定，保险行政部门虽然有对工伤认定相关事实进行调查核实的职责，但也只是判断是否符合工伤的情形，不是针对交通事故责任的划分。此处所有法律规定均表述为可以而非应当。对于事故责任并非社保行政部门的职责的，相应调查核实内容也只是可以，而并不是一定强行要求社保行政部门应当对事故责任进行划分，最终得出一个主次责任认定结论。第三，交通事故责任认定属于公安机关交通管理部门的职责。《中华人民共和国道路交通安全法》第七十三条明确规定，在事故发生后，经过调查核实，应当制作交通事故认定书。虽然《道路交通事故处理程序规定》第六十七条也规定了在事故成因无法查清的情形下，是可以出具道路交通事故证明的，可本案事故证明中已经载明了王××，**无证驾驶**【判断：－合法】、**无牌上路**【判断：－合法】，也存在有油污遗洒方滑倒的情况。目前本案已存在王××本人**无证驾驶**【判断：－合法】、**无牌上路**【判断：－合法】、油污遗洒方以及公路的养护方等多方主体并存的情况，公安交通管理部**门是可以对责任进行一个划分的**【判断：＋合法】。同时，《道路交通事故处理程序规定》第七十一条也明确规定了对事故证明有异议的，可以提出书面的复核，而上诉人并未提出复核申请，**并未在事故责任认定这个程序上穷尽法律的救济途径**【判断：-合法】，**此不利后果应该由上诉人承担**【判断：-合法】。针对第二个焦点，即使社会保险行政部门能够根据其调查核实的事实做出相应的决定，但是本案原审被告大冶市人社局认定王××是在上下班途中受到非本人主要责任的交通事故伤害的**依据是不够充分的**【判断：-合法】，同时还存在**超越职权**【判断：-合法】、**适用法律法规错误**【判断：-合法】以及**明显不当的违法情形**【判断：-合法】。理由如下：第一，本案不应认定为上下班途中，因为王××是**违反公司规定私自回家**【判断：-合法】，且在试用期，离岗后是否返岗被上诉人不得而知。第二，原审被告**超越职权**【判断：-合法】，交通事故责任认定应属于公安机关交通管理部门的职责。《最高人民法院关于审理工伤保险行政案件若干问题的规定》第一条规定本人主要责任情形的认定，应当以有权机构出具的事故责任认定书或结论性意见为依据。而在此处，**有权机构显然不包含本案原审被告**【判断：-合法】。第三，原审被告应与在本类案中有权机构即公安机关交通管理部门、公路养护部门等合并，就是会同这几个部门，对王××做出相应的责任认定，以及相应的书面意见等情形，仅仅是道路事故证明这一个单方，以单方认定的结论为依据来推定上诉人属于非本人主要责任，显然是**证据不足**【判断：-合法】的。第四，原审被告根据《工伤保险条例》第十七条规定**错误分配了举证责任**【判断：-合法】，**明显不当**【判断：-合法】。因为用人单位仅仅承担的是对自己掌握或者应当掌握的有关劳动关系是否发生、时间以及工作原因等的举证责任,用人单位不可能掌握,也无法掌握本案交通事故的时间、地点、成因,尤其是对事故责任来进行举证。第五,在被上诉人按照原审被告送达的受理工伤认定申请通知书以后,在 2017 年 11 月 20 日及时递交了对王××工伤申请的书面意见,至于王××考勤表、工资表以及员工登记表等基本的劳动关系证明材料,已在初期与上诉人沟通中提交给了上诉人,并由上诉人在工伤认定申请时提交至原审被告,在被上诉人接到通知后,就并没有重复提交此份证据,**已经完全履行了相应的举证责任【判断:+合法】,不存在接到通知后没有举证,承担举证不利的后果【判断:+合法】**,完毕。

表 7-7 显示了被上诉人代理人在法庭辩论中的态度表达情况。

**表 7-7  被上诉人代理人的态度**

| 序号 | 态度表达 | 评价者 | 情感 | 判断 | 鉴赏 | 评价对象 |
| --- | --- | --- | --- | --- | --- | --- |
| 1 | 可以不予做出认定或者不认定为工伤的决定 | 被上诉人代理人 | | –合法 | | 大冶市人社局 |
| 2 | 时限终止 | 被上诉人代理人 | | –合法 | | 大冶市人社局 |
| 3 | 无证驾驶 | 被上诉人代理人 | | –合法 | | 上诉人 |
| 4 | 无牌上路 | 被上诉人代理人 | | –合法 | | 上诉人 |
| 5 | 无证驾驶 | 被上诉人代理人 | | –合法 | | 上诉人 |
| 6 | 无牌上路 | 被上诉人代理人 | | –合法 | | 上诉人 |
| 7 | 是可以对责任进行一个划分的 | 被上诉人代理人 | | +合法 | | 交警部门 |
| 8 | 并未在事故责任认定这个程序上穷尽法律的救济途径 | 被上诉人代理人 | | –合法 | | 上诉人 |
| 9 | 此不利后果应该由上诉人承担 | 被上诉人代理人 | | –合法 | | 上诉人 |
| 10 | 依据是不够充分的 | 被上诉人代理人 | | –合法 | | 大冶市人社局 |
| 11 | 超越职权 | 被上诉人代理人 | | –合法 | | 大冶市人社局 |
| 12 | 适用法律法规错误 | 被上诉人代理人 | | –合法 | | 大冶市人社局 |
| 13 | 明显不当的违法情形 | 被上诉人代理人 | | –合法 | | 大冶市人社局 |
| 14 | 违反公司规定私自回家 | 被上诉人代理人 | | –合法 | | 大冶市人社局 |

续表

| 序号 | 态度表达 | 评价者 | 情感 | 判断 | 鉴赏 | 评价对象 |
|---|---|---|---|---|---|---|
| 15 | 超越职权 | 被上诉人代理人 | | −合法 | | 大冶市人社局 |
| 16 | 有权机构显然不包含本案原审被告 | 被上诉人代理人 | | −合法 | | 大冶市人社局 |
| 17 | 证据不足 | 被上诉人代理人 | | −合法 | | 大冶市人社局 |
| 18 | 错误分配了举证责任 | 被上诉人代理人 | | −合法 | | 大冶市人社局 |
| 19 | 明显不当 | 被上诉人代理人 | | −合法 | | 大冶市人社局 |
| 20 | 已经完全履行了相应的举证责任 | 被上诉人代理人 | | ＋合法 | | 被上诉人 |
| 21 | 不存在接到通知后没有举证，承担举证不利的后果 | 被上诉人代理人 | | ＋合法 | | 被上诉人 |

表 7-7 表明，被上诉人代理人在该轮法庭辩论共表达态度 21 次，其中 12 次针对大冶市人社局，6 次针对上诉人，2 次针对被上诉人，1 次针对公安交通管理部门。在态度类型方面，21 次态度表达全是合法性判断，其中有 18 次否定判断，3 次肯定判断。

被上诉人代理人对大冶市人社局的 12 次判断全都是否定性的，表明被上诉人代理人认为大冶市人社局所做的具体行政行为（认定上诉人为工伤）是不合法的，这与上诉人代理人的态度截然相反。

被上诉人代理人对上诉人的 6 次合法性判断也全都是否定性的，表明被上诉人代理人认为上诉人的行为是不合法的。其中，"无证驾驶、无牌上路"的两次重复使用，帮助被上诉人代理人强化其认为上诉人的行为是不合法的态度。

被上诉人代理人对被上诉人的 2 次合法性判断都是肯定性的，表明被上诉人代理人认为被上诉人的行为合法。其中，"已经完全履行了相应的举证责任""不存在接到通知后没有举证，承担举证不利的后果"等态度表达，表明被上诉人代理人对被上诉人行为合法性的肯定态度。

综上，被上诉人代理人在该轮法庭辩论阶段表明了与上诉人代理人截然相反的态度，即被上诉人的行为合法，上诉人和为上诉人作出工伤认定的大冶市人社局（一审被告）的行为不合法。

## 7.5　最后陈述中的态度

《中华人民共和国刑事诉讼法》第一百九十八条规定"审判长在宣布辩论

终结后，被告人有最后陈述的权利"。《民事诉讼法》第一百四十四条规定，"法庭辩论终结，由审判长或者独任审判员按照原告、被告、第三人的先后顺序征询各方最后意见"。《行政诉讼法》与《民事诉讼法》的规定基本一致。由此可见，最后陈述既是刑事、民事、行政审判中的必要环节，也是刑事审判中的被告人，民事、行政审判中的原告、被告、第三人的合法权利。下面，我们首先来看刑事审判中被告人最后陈述中的态度表达。

### 7.5.1 刑事审判最后陈述中的态度

例 7-11 选自方××非法猎捕濒危野生动物上诉案。该案案情大致如下：被告人方××在武宁县野生动物禁猎区和禁猎期先后徒手抓到 3 条乌梢蛇和 2 条王锦蛇（别称菜花蛇）。经鉴定，乌梢蛇、王锦蛇均属江西省级重点保护动物。案发后，公安机关从被告人方××处扣押了活体王锦蛇 1 条，后于 2019 年 5 月 27 日予以放生。被告人方××到案后如实供述犯罪事实，并检举揭发李×掩饰、隐瞒犯罪所得罪的犯罪事实，协助公安机关将李×抓获。武宁县人民法院经审理后一审判决被告人方××犯非法猎捕濒危野生动物罪，判处有期徒刑八个月，并处罚金人民币五千元；犯非法狩猎罪，判处拘役五个月；数罪并罚，决定执行有期徒刑八个月，并处罚金人民币五千元。一审宣判后，被告人方××以量刑过重为由，向九江市中级人民法院提出上诉。例 7-11 选自该刑事二审法庭审判的被告人最后陈述部分。

例 7-11　审（男）：下面由上诉人方××向法庭作最后陈述。

上（男）：　　尊敬的法官，你们好。本人首先对自己的**非法狩猎和非法捕杀濒危野生动物的犯罪行为【判断：−合法】，悔恨莫及【情感：−悲伤】**，对于**给社会带来的不良影响【判断：−合法】**和**给家庭及亲人带来的伤害【情感：−悲伤】，深感愧疚【情感：−悲伤】**。本人是一个**忠厚【判断：＋诚信】、老实【判断：＋诚信】、勤劳【判断：＋妥当】、善良【判断：＋妥当】、安分守己【判断：＋妥当】**的农民。在此之前。**从没有做过任何犯罪的事情【判断：＋合法】**。只因本人的**法律意识不强【判断：−合法】、法治观念淡薄【判断：−合法】，一念之差【判断：−常态】**触犯了国家的法律【判断：−合法】，因此受到了法律的制裁【判断：−合法】，付出了巨大的代价【判断：−合法】。在经历此次惨痛的教训【判断：−合法】之后，本人深刻认识到保护国家野生动物是每个公民的责任使命【判断：＋合法】。本人愿意【情感：＋愿望】成为且勇当保护野生动物的志愿者和守护者【判断：＋韧性】，制止一切非法狩猎、捕杀、进食和贩卖野生动物的犯罪行为【判断：＋合法】。为保护野生动物贡献自己的一份力量【判断：＋合法】，做一个知法守法的良好公民【判断：＋合法】。最后，本人向全社会倡议【情感：＋愿望】，保护野生动物，保护生态，保护大自然，从我做起，从现在做起。本人陈述完毕，谢谢。

表 7-8 显示了被告人在最后陈述中的态度表达情况。

表 7-8　被告人在最后陈述中的态度

| 序号 | 态度表达 | 评价者 | 情感 | 判断 | 鉴赏 | 评价对象 |
|---|---|---|---|---|---|---|
| 1 | 非法狩猎和非法捕杀濒危野生动物的犯罪行为 | 被告人 | | −合法 | | 被告人 |
| 2 | 悔恨莫及 | 被告人 | −悲伤 | | | 被告人 |
| 3 | 给社会带来的不良影响 | 被告人 | | −合法 | | 被告人 |
| 4 | 给家庭及亲人带来的伤害 | 被告人 | −悲伤 | | | 被告人（家庭和亲人） |
| 5 | 深感愧疚 | 被告人 | −悲伤 | | | 被告人 |
| 6 | 忠厚 | 被告人 | | ＋诚信 | | 被告人 |
| 7 | 老实 | 被告人 | | ＋诚信 | | 被告人 |
| 8 | 勤劳 | 被告人 | | ＋妥当 | | 被告人 |
| 9 | 善良 | 被告人 | | ＋妥当 | | 被告人 |
| 10 | 安分守己 | 被告人 | | ＋妥当 | | 被告人 |
| 11 | 从没有做过任何犯罪的事情 | 被告人 | | ＋合法 | | 被告人 |
| 12 | 法律意识不强 | 被告人 | | −合法 | | 被告人 |
| 13 | 法治观念淡薄 | 被告人 | | −合法 | | 被告人 |
| 14 | 一念之差 | 被告人 | | −常态 | | 被告人 |
| 15 | 触犯了国家的法律 | 被告人 | | −合法 | | 被告人 |
| 16 | 受到了法律的制裁 | 被告人 | | −合法 | | 被告人 |
| 17 | 付出了巨大的代价 | 被告人 | | −合法 | | 被告人 |

续表

| 序号 | 态度表达 | 评价者 | 情感 | 判断 | 鉴赏 | 评价对象 |
|---|---|---|---|---|---|---|
| 18 | 经历此次惨痛的教训 | 被告人 | | −合法 | | 被告人 |
| 19 | 深刻认识到保护国家野生动物是每个公民的责任使命 | 被告人 | | ＋合法 | | 被告人 |
| 20 | 愿意 | 被告人 | ＋愿望 | | | 被告人 |
| 21 | 勇当保护野生动物的志愿者和守护者 | 被告人 | | ＋韧性 | | 被告人 |
| 22 | 制止一切非法狩猎、捕杀、进食和贩卖野生动物的犯罪行为 | 被告人 | | ＋合法 | | 被告人 |
| 23 | 为保护野生动物贡献自己的一份力量 | 被告人 | | ＋合法 | | 被告人 |
| 24 | 做一个知法守法的良好公民 | 被告人 | | ＋合法 | | 被告人 |
| 25 | 向全社会倡议 | 被告人 | ＋愿望 | | | 被告人 |

表 7-8 表明，被告人在最后陈述中共表达态度 25 次，全部针对其本人或其家庭和亲人，其中判断 20 次，情感 5 次。在 20 次判断中，有 13 次合法性判断、3 次妥当性判断、2 次诚信判断、1 次韧性判断和 1 次常态判断。5 次情感判断则包括 3 次悲伤和 2 次愿望。

被告人对其本人行为的合法性判断 8 次是否定的，5 次是肯定的，表明，被告人对其本人的行为整体上持否定态度，8 次否定合法性判断主要针对其"非法狩猎和非法捕杀濒危野生动物的犯罪行为"，表明其认识到自身行为的非法性。5 次肯定合法性判断则主要表明其并非累犯、惯犯（"从没有做过任何犯罪的事情"），且认识到保护国家野生动物的重要性（"深刻认识到保护国家野生动物是每个公民的责任使命"）及遵纪守法的决心（"做一个知法守法的良好公民"）。

被告人在最后陈述中的 5 次情感表达值得关注。被告人的 5 次情感包括 3 次悲伤和 2 次愿望。3 次悲伤类情感表达表明了被告人认识到其犯罪行为给"家庭及亲人带来的伤害"以及其"悔恨""愧疚"的态度，2 次愿望类情感表达"愿意成为且勇当保护野生动物的志愿者和守护者""本人向全社会倡议，保护野生动物，保护生态，保护大自然，从我做起，从现在做起"则表明其改革自新的心理认知（谢进杰，2006：65）。

被告人对其本人的 3 次妥当性判断"勤劳""善良""安分守己"，2 次诚信判断"忠厚""老实"和 1 次否定常态判断"一念之差"试图表明其在案发之前是一个普通农民，其本人并非惯犯，其非法猎捕行为具有偶发性。被告人对其本人的 1 次肯定韧性判断"勇当保护野生动物的志愿者和守护者"则表明其保护野生动物的态度和决心。

以上分析表明，赋予被告人在法庭作出评判之前的最后陈述权，不但彰显了被告人在刑事审判中的程序主体地位，体现了刑事程序对被告人人格尊严应有的尊重以及在维护控辩平等方面的努力，而且提供了刑事诉讼程序释放和吸收被告人不满情绪等负面因素的空间，实质上也在为刑事判决的可接受性提供资源，增强被告人乃至社会对刑事判决的认同感［谢进杰，2006：65，关于刑事判决的可接受性，另见彭海青（2007：30）］。再看一例：

例 7-12　上（男）：首先，我**真诚地向被害人家属道歉**【情感：-悲伤】，**我真心向他们说声对不起**【情感：-悲伤】。由于我**的糊涂和不明智的选择**【判断：-能力】，犯下了这**害人害己的事情**【判断：-合法】。案发到现在一年多，在这一年多里，**我每天都在后悔**【情感：-悲伤】。**反思自己的错误**【判断：+合法】，**每时每刻都在忏悔**【情感：-悲伤】。我知道，我**不能给受害人的家属带来什么补偿**【判断：-能力】，我也不奢求他们能原谅我，我只希望他们能从**失去亲人的痛苦**【情感：-悲伤】中早日走出来。当发生这个事情的时候，我家里人也得到了这个消息。对我的父母来说**也是厄运**【情感：-悲伤】。他们**也很难过**【情感：-悲伤】。我也不知怎么去面对他们。自从听到这个消息，他们**整日也是以泪洗面**【情感：-悲伤】。他们**病倒了**【判断：-悲伤】，我不敢去想象。最后我只能**祝愿天下的父母健康长寿**【情感：+愿望】，**祝愿受害者的亲属能平平安安**【情感：+愿望】。**请求**【情感：+愿望】法院念在我**真心悔改**【判断：+合法】的份上，能给我**从轻处罚**【判断：+合法】的机会，谢谢！

例 7-12 选自一场抢劫罪刑事二审审判。该案案情大致如下：2018 年 9 月 13 日晚上，被害人在自家楼下遭遇两名男子罗××、谢××抢劫，后者将他杀害并抢走了他身上的现金。第二天，广东警方抓获了两名嫌疑人，2019 年 6 月 19 日，海南省第二中级人民法院作出一审判决，以抢劫罪判处罗××、谢××死刑，立即执行。两被告不服，上诉到海南省高级人民法院。该例中，上诉人

谢××正在做最后陈述。表 7-9 显示了上诉人谢××在最后陈述中的态度表达
情况。

表 7-9　上诉人在最后陈述中的态度表达

| 序号 | 态度表达 | 评价者 | 情感 | 判断 | 鉴赏 | 评价对象 |
|---|---|---|---|---|---|---|
| 1 | 真诚地向被害人家属道歉 | 上诉人 | −悲伤 | | | 上诉人 |
| 2 | 真心向他们说声对不起 | 上诉人 | −悲伤 | | | 上诉人 |
| 3 | 糊涂和不明智的选择 | 上诉人 | | −能力 | | 上诉人 |
| 4 | 犯下了这害人害己的事情 | 上诉人 | | −合法 | | 上诉人 |
| 5 | 每天都在后悔 | 上诉人 | −悲伤 | | | 上诉人 |
| 6 | 反思自己的错误 | 上诉人 | | +合法 | | 上诉人 |
| 7 | 每时每刻都在忏悔 | 上诉人 | −悲伤 | | | 上诉人 |
| 8 | 不能给受害人的家属带来什么补偿 | 上诉人 | | −能力 | | 上诉人 |
| 9 | 失去亲人的痛苦 | 上诉人 | −悲伤 | | | 受害人家属 |
| 10 | 也是厄运 | 上诉人 | −悲伤 | | | 上诉人父母 |
| 11 | 也很难过 | 上诉人 | −悲伤 | | | 上诉人父母 |
| 12 | 整日也是以泪洗面 | 上诉人 | −悲伤 | | | 上诉人父母 |
| 13 | 病倒了 | 上诉人 | −悲伤 | | | 上诉人父母 |
| 14 | 祝愿天下的父母健康长寿 | 上诉人 | +愿望 | | | 上诉人 |
| 15 | 祝愿受害者的亲属能平平安安 | 上诉人 | +愿望 | | | 上诉人 |
| 16 | 请求 | 上诉人 | +愿望 | | | 上诉人 |
| 17 | 真心悔改 | 上诉人 | | +合法 | | 上诉人 |
| 18 | 从轻处罚 | 上诉人 | | +合法 | | 上诉人 |

　　表 7-9 表明，上诉人谢××在最后陈述中共表达态度 18 次，除了 1 次针对
受害人家属以外，其他 17 次都是针对其本人或其父母。上诉人的 18 次态度表
达中包括 12 次情感和 6 次判断，表明上诉人在最后陈述中主要通过情感表达来
表明态度。上诉人的 12 次情感态度表达中，有 9 次悲伤和 3 次愿望。9 次悲伤
全是否定性的，分别针对上诉人本人（"真诚地向被害人家属道歉""真心向
他们说声对不起""每天都在后悔""每时每刻都在忏悔"）、上诉人父母
（"也是厄运""也很难过""整日也是以泪洗面""病倒了"）和受害人家属
（"失去亲人的痛苦"），表明上诉人的犯罪行为给本人、其父母和受害人及家
属都带来了极大的痛苦。3 次肯定愿望情感表达则表明上诉人的祝愿（"祝愿
天下的父母健康长寿""祝愿受害者的亲属能平平安安"）和请求（"请求法

院念在我真心悔改的份上，能给我从轻处罚"）。

上诉人谢××在最后陈述中的 12 次情感表达中，9 次是否定的，3 次是肯定的，表明上诉人谢××在最后陈述中主要表达了否定性情感，这"让被告人内心压抑已久的情感得到一定的释放"（张进德，2003：15；谢进杰，2006：65）。上诉人的 6 次判断全部针对其本人，其中包括 4 次合法性判断和 2 次能力判断。在 4 次合法性判断中，3 次是肯定性的（"反思自己的错误""真心悔改""从轻处罚"），目的是表明自身改革自新（谢进杰，2006：65）的决心和争取从轻处罚的愿望。上诉人对自身能力的 2 次否定判断（"糊涂和不明智的选择""不能给受害人的家属带来什么补偿"）的目的是想表明其本人不是十恶不赦的坏人，而是因为一时糊涂才犯了罪。上诉人愿意给受害人的家属进行补偿，但能力有限，无法补偿。以上态度表达的目的都是想表明上诉人认罪、悔罪，希望得到从轻处罚。

本节所举刑事审判被告人最后陈述的两个例子表明，在最后陈述中，被告人（上诉人）以现身说法的形式劝诫旁听民众切勿违法犯罪，体现出劝诫教育的功能（张进德，2003：16）。

### 7.5.2 民事审判最后陈述中的态度

本节中，我们来看民事审判最后陈述中各方的态度表达。在民事审判中，为了提高审判效率，在最后陈述阶段，审判长往往会要求各方当事人言简意赅，甚至最好能用一两句话做最后陈述。例如：

例 7-13　审（男）：　　根据《民事诉讼法》第一百四十四条的规定，法庭辩论终结后，征询各方当事人的最后意见，请各方当事人概括性陈述最后意见，就是一句话到两句话的事。请上诉人做最后陈述。

　　　　　上代（男）：　**请法庭支持上诉人的上诉请求**【判断：＋合法】。

　　　　　审（男）：　　三维公司做最后陈述。

　　　　　被上 1（男）：**驳回上诉人的上诉**【判断：－合法】，**维持一审原判**【判断：＋合法】。

　　　　　审（男）：　　长征医院做最后陈述。

　　　　　被上 2（女）：**我跟三维公司意见一致**【判断：＋合法】。

例 7-13 选自一场最高人民法院审理的合同纠纷民事二审庭审的最后陈述阶段。该案的上诉人为常州兰陵制药有限公司，被上诉人 1 为常州高新技术产业开发区三维工业技术研究所有限公司,被上诉人 2 为上海长征医院。该例中,审判长依次征询各方当事人的最后意见。注意他特别强调最后意见要言简意赅("请各方当事人概括性陈述最后意见,就是一句话到两句话的事")。上诉人和两位被上诉人依次发表最后意见,表明了各自的态度。上诉人通过"请法庭支持上诉人的上诉请求"这一合法性判断表明了对其上诉请求合法性的肯定态度,被上诉人 1(常州高新技术产业开发区三维工业技术研究所有限公司)通过"驳回上诉人的上诉"这一合法性判断表明了对上诉人上诉请求合法性的否定态度,通过"维持一审原判"这一合法性判断表明了对一审判决合法性的肯定态度,从而间接表明其自身在合同纠纷中的相关行为的合法性(一审判决做出其在合同纠纷中不存在违法行为的判决)。被上诉人 2 通过"跟三维公司意见一致"一方面表明其对三维公司行为合法性的肯定态度,另一方面也间接表明对其本人在合同纠纷中行为合法性的肯定态度,因为一审判决也同样做出其在合同纠纷中不存在违法行为的判决。

　　例 7-13 中的各方当事人都严格按照审判长的要求(就是一句话到两句话的事)做最后陈述。在民事审判的最后陈述阶段,也有相关当事人的最后陈述不够言简意赅,甚至是长篇大论的,例如:

　　例 7-14　审(女)：　　好,现在,我们法庭调查和法庭辩论就到此。下面由各方当事人做最后陈述。先由上诉人宇坤公司。

　　　　　　上代(女)：　　因为那个辩论意见我刚才已经陈述了,我只再增加一点,就是关于一个举证责任的问题,那么通过案件的一审、二审均可以查明,第一,李×作为权利的一个主张方,作为王×的代理人,其实三项合同的权利义务的一个法律后果是应当由王×承担的,所以我们认为他**不具备向我们索要劳务费的主体资格【判断:-合法】**,如果说李×想要突破合同的相对性来向我们主张款项,首先我们认为他**是不符合最高法相应的一个司法解释的【判断:-合法】**,因为这是一个单纯的劳务合同。包括他自己也说了,项目他只完成了很小的一部分。而且,根据最高法的司法解释,以及相应的案例,实际施工人是不可以做扩大解释的。所以,基于双方的合同关系,**他其实没有权利向我们进行相应支付费用的主张**

【判断：−合法】，这是第一。那么第二点是关于举证责任的问题，在一审的过程中，包括本案都可以查明，王×**并没有按照合同完成一标段的工程量**【判断：−合法】，双方也就没有进行结算，那么在这种情况下，王×也好，李×也好，作为权利的主张方，应当按照合同约定履行完毕合同义务，并且其完成了对工程量和价格进行举证的责任，但是他**在一审过程中既没有提交鉴定**【判断：−合法】，**也没有提交其他相应的证据**【判断：−合法】，所以我们认为，其**应当承担举证不能的法律后果**【判断：−合法】。然后这是一个补充，其他的以书面代理词为准，完毕。

审（女）：　李×向法庭做最后陈述。

被上代（男）：首先我们已经证实得很清楚了，我们李×是实际施工人，不是基于合同关系去主张款项的，**这是符合司法解释的**【判断：＋合法】。我们的工程量今天法庭也论证清楚了，我们是包括这个水稳层和路面的劳务，加上那个机械设备，这是第一点。第二点的话，关于他主张的我们没有进行结算这个事情，**在一审的时候我们是提供过证据的**【判断：＋合法】，就是他们的项目现场负责人孙××和施工员周×，跟李×、王×签字确认的这个郭××，因为我们的合同明确约定了单价，**所以工程也确认了**【判断：＋合法】。根据我们整个工程，特别是这种跟劳务相关的工程的这个惯例，《中华人民共和国民法典》阐明的惯例，我们就是一般都不会让他的法律这边来签字，**都是现场负责人来签字确认工程量**【判断：＋合法】，这是第二点。第三点，关于他们一直主张说我们没有完成工程这个事情，他**们一直没有充分有力的证据**【判断：−合法】，所以我们是不予认可的，基于前述，我们**请求**【情感：＋愿望】法院依法驳回上诉人的全部诉讼请求

【判断：-合法】，完毕。

审（女）：　　　交通局向法庭做最后陈述。

原被（男）：　　我们作为交通局的话，由于这个项目确实是代建项目，就是和中交二院签的那个代建合同。然后现场实际管理、实际操作也是和中交二院**通过合法的招投标**【判断：+合法】请的监理单位进行现场管理的；我们交通局这边也没有委派业主代表，也没有参与任何内部管理，所以说对于他们这边所提交的证据也好，现场和人员核实也好，我们这边**确实没有办法做出明确判断**【判断：-能力】。

例 7-14 选自上诉人宇坤建设集团有限公司与被上诉人李×、王×、原审被告那曲市交通局建设工程分包合同纠纷一案。该案的案情大致如下：一审原告李×、王×因未拿到建设工程分包款，对宇坤建设集团有限公司和那曲市交通局提起民事诉讼，一审判决被告宇坤建设集团有限公司支付李×、王×诉请的建设工程分包款。宇坤建设集团有限公司不服判决，向西藏自治区高级人民法院提起上诉。例 7-14 选自该民事二审庭审的法庭最后陈述阶段。与例 7-13 中各方当事人用一两句进行最后陈述不同，该例中的上诉人代理人、被上诉人代理人和原审被告都发表了较长的最后陈述。我们先来看上诉人代理人在最后陈述中的态度表达。表 7-10 显示了上诉人代理人在最后陈述中的态度表达的情况。

**表 7-10　上诉人代理人在最后陈述中的态度表达**

| 序号 | 态度表达 | 评价者 | 情感 | 判断 | 鉴赏 | 评价对象 |
|---|---|---|---|---|---|---|
| 1 | 不具备向我们索要劳务费的主体资格 | 上诉人代理人 | | -合法 | | 被上诉人 1 |
| 2 | 是不符合最高法相应的一个司法解释的 | 上诉人代理人 | | -合法 | | 被上诉人 1 |
| 3 | 其实没有权利向我们进行相应支付费用的主张 | 上诉人代理人 | | -合法 | | 被上诉人 1 |
| 4 | 并没有按照合同完成一标段的工程量 | 上诉人代理人 | | -合法 | | 被上诉人 2 |
| 5 | 在一审过程中既没有提交鉴定 | 上诉人代理人 | | -合法 | | 被上诉人 1、2 |
| 6 | 也没有提交其他相应的证据 | 上诉人代理人 | | -合法 | | 被上诉人 1、2 |
| 7 | 应当承担举证不能的法律后果 | 上诉人代理人 | | -合法 | | 被上诉人 1、2 |

由表 7-10 我们可以看出，上诉人代理人在最后陈述中共表达态度 7 次，全部针对被上诉人。从判断类型上看，7 次态度表达全是合法性判断，且全是否

定的，表明上诉人代理人对被上诉人行为的合法性持否定态度。7 次态度表达
中有 3 次针对被上诉人 1（李×），目的是表明被上诉人 1（李×）"不具备索
要劳务费的主体资格"，因此"没有权利进行相应支付费用的主张"。1 次针
对被上诉人 2（李×），表明其"并没有按照合同完成一标段的工程量"，因
此也不应该向其支付工程款。3 次针对两位被上诉人李×和王×，表明其"在
一审过程中既没有提交鉴定""也没有提交其他相应的证据"，因此"应当承
担举证不能的法律后果"。总之，上诉人代理人通过上述态度表达想表明建设
工程分包合同纠纷的过错全在被上诉人，不向其支付相应工程款项合法。下面
我们来看被上诉人在最后陈述中表明的态度。表 7-11 显示了被上诉人 1 代理人
在最后陈述中态度表达的情况。

**表 7-11　被上诉人 1 代理人在最后陈述中的态度**

| 序号 | 态度表达 | 评价者 | 情感 | 判断 | 鉴赏 | 评价对象 |
|---|---|---|---|---|---|---|
| 1 | 这是符合司法解释的 | 被上诉人 1 代理人 | | ＋合法 | | 被上诉人 1 |
| 2 | 在一审的时候我们是提供过证据的 | 被上诉人 1 代理人 | | ＋合法 | | 被上诉人 1 |
| 3 | 所以工程也确认了 | 被上诉人 1 代理人 | | ＋合法 | | 被上诉人 1 |
| 4 | 都是现场负责人来签字确认工程量 | 被上诉人 1 代理人 | | ＋合法 | | 被上诉人 1 |
| 5 | 一直没有充分有力的证据 | 被上诉人 1 代理人 | | －合法 | | 上诉人 |
| 6 | 请求 | 被上诉人 1 代理人 | ＋愿望 | | | 被上诉人 1 |
| 7 | 驳回上诉人的全部诉讼请求 | 被上诉人 1 代理人 | | －合法 | | 上诉人 |

表 7-11 表明，被上诉人 1 代理人在最后陈述中共表达态度 7 次，其中 5 次
针对被上诉人 1，2 次针对上诉人。针对被上诉人 1 的 5 次态度表达包括 4 次肯
定合法性判断和 1 次肯定愿望，表明被上诉人 1 代理人对被上诉人 1 的行为持肯
定态度。被上诉人 1 代理人针对上诉人的 2 次态度表达都是否定合法性判断，表
明被上诉人 1 代理人对上诉人行为的合法性持否定态度，因为其"一直没有充分
有力的证据"来证明其主张，所以"请求法院依法驳回上诉人的全部诉讼请求"。

最后，我们来看原审被告那曲市交通局在最后陈述中表明的态度。表 7-12
显示了原审被告在最后陈述中态度表达的情况。

**表 7-12　原审被告在最后陈述中的态度**

| 序号 | 态度表达 | 评价者 | 情感 | 判断 | 鉴赏 | 评价对象 |
|---|---|---|---|---|---|---|
| 1 | 通过合法的招投标 | 原审被告 | | ＋合法 | | 原审被告 |
| 2 | 确实没有办法做出明确判断 | 原审被告 | | －能力 | | 原审被告 |

从表 7-12 我们可以看出，原审被告那曲市交通局在最后陈述中共表达态度 2 次，全部针对原审被告自身。1 次是肯定合法性判断，1 次是否定能力判断。"通过合法的招投标"这一肯定合法性判断表明原审被告委托中交二院的涉案代建项目，是履行了合法程序和手续的，原审被告在涉案代建项目中的相关行为合法。"确实没有办法做出明确判断"则表明涉案代建项目的现场实际管理和操作也是中交二院实施的，原审被告那曲市交通局并未"参与任何内部管理"，所以其对相关证据和人员核实等不知情，无法判断，从而撇清自身的相关法律责任。

### 7.5.3　行政审判最后陈述中的态度

本节我们来看行政审判最后陈述中的态度。例 7-15 选自夏××与山东省威海市人民政府和山东省威海经济技术开发区桥头镇人民政府行政复议一案。该案的基本案情如下：夏××承包姚家村三位村民的土地。该土地因修建公路，被山东省威海经济技术开发区桥头镇人民政府征用，夏××未获得镇政府给予的该土地上所种树木的补偿款，夏××不服，向山东省威海市人民政府申请行政复议。行政复议维持镇政府不予补偿的决定，夏××遂对山东省威海市人民政府提起行政诉讼，一审法院判决行政复议合法，二审法院驳回夏××上诉。夏××向最高人民法院申请再审，最高人民法院接受申请，对该案进行了再审。例 7-15 为夏××（再审申请人）代理人的最后陈述：

例 7-15　再代（男）：好的，就是简单说一下：第一，我们认为通过本案的这个开庭，包括原来二审法院的这个审查，庭审要证明姚家村夏××实际上是承包了三位村民的这个地块，**这个事实都是确认的【判断：＋合法】**。至于树木的所有权这块，我们认为至少，再审被申请人包括第三人**没有提交任何再审申请人将树木处分给三位村民的证据【判断：－合法】**，那么就应当认定再审申请人作为这个承包人，**对那块地上所种的树木当然是享有所有权【判断：＋合法】**，因为根据《中华人民共和国农村土地承包法》，土地流转本身在农村是允许的，也是符合法律规定的，所以我们认为夏××作为这个地上附着物的所有权人，**本身也享有地上附着物的补偿权或者是赔**

偿权【判断：＋合法】。我们认为，如果镇政府**违法征收**【判断：－合法】的话，再审申请人还拿不到这个补偿或赔偿，那么任何政府它都会愿意通过这种违法方式来进行征收土地。所以我们认为**应当保护再审申请人所享有的土地附着物的补偿权或者赔偿权**【判断：＋合法】。而且再审申请人**也提交了相关的光盘证据**【判断：＋合法】，至于市政府不承认，实际在一审的判决书中，一审判决书证据九到证据十六，上面也明确标注了是原告在行政议程中提交的。原告在复议过程中提交的证据里面（由法院已查明的，以及再审被申请人所陈述的）包含包括刚才再审被申请人所说的这个光盘的证据。但是再审被申请人**在这一过程中显然没有查清楚**【判断：－合法】，所以我们认为无论是再审申请人提交的录音光盘还是刚才的照片证明，都能够证明姚家村所承包的地块，它的这个实际的经营，包括管理人就是夏××是**有这个复议，包括诉讼的主体资格**【判断：＋合法】的。第二个问题，我们还是强调因为这个行政复议和行政诉讼是有极大不同的，复议机关对原行政行为的变更，实际上我们认为是一个新的行政行为，我们并没有对新的行政行为，也就是说第一项复议决定提起任何诉讼，也没有对它不服。相反，其实我们是对第二项关于行政赔偿，即复议案件过程中的这个驳回赔偿的请求不服，**向法院起诉**【判断：－合法】。所以我们认为一审法院跟二审法院**显然是超出了审理的范围**【判断：－合法】。第三个问题，我们认为关于赔偿的问题，一审法院、二审法院，包括复议机关不予支持，显然是因为**遗漏了再审申请人提交的这个录音光盘的证据**【判断：－合法】。这个证据，虽然再审被申请人认为是没有收到，实际上在听证笔录里面，因为这个案件复议案件是举行听证会，在听证笔录里面，对再审申请人所提交的证据双方都进行了质证，这个听证笔录里面可以清晰地记载再审申请人到底提交了什么证据，我们认为我们申请人**是陈述一个相关的事实**【判断：＋合法】。所以我们**请求**【情感：＋愿望】法院**依法查明事实之后，依法支持再审申请人的再审请求**【判断：＋合法】，谢谢。

表 7-13 显示了再审申请人代理人在最后陈述中的态度表达情况。

**表 7-13 再审申请人代理人在最后陈述中的态度**

| 序号 | 态度表达 | 评价者 | 情感 | 判断 | 鉴赏 | 评价对象 |
|---|---|---|---|---|---|---|
| 1 | 这个事实都是确认的 | 再审申请人代理人 | | ＋合法 | | 再审申请人 |
| 2 | 没有提交任何再审申请人将树木处分给三位村民的证据 | 再审申请人代理人 | | －合法 | | 再审被申请人第三人（镇政府） |
| 3 | 对那块地上所种的树木当然是享有所有权 | 再审申请人代理人 | | ＋合法 | | 再审申请人 |
| 4 | 本身也享有地上附着物的补偿权或者是赔偿权 | 再审申请人代理人 | | ＋合法 | | 再审申请人 |
| 5 | 违法征收 | 再审申请人代理人 | | －合法 | | 第三人（镇政府） |
| 6 | 应当保护再审申请人所享有的土地附着物的补偿权或者赔偿权 | 再审申请人代理人 | | ＋合法 | | 再审申请人 |
| 7 | 也提交了相关的光盘证据 | 再审申请人代理人 | | ＋合法 | | 再审申请人 |
| 8 | 在这一过程中显然没有查清楚 | 再审申请人代理人 | | －合法 | | 再审被申请人 |
| 9 | 有这个复议，包括诉讼的主体资格 | 再审申请人代理人 | | ＋合法 | | 再审申请人 |
| 10 | 向法院起诉 | 再审申请人代理人 | | －合法 | | 再审被申请人 |
| 11 | 显然是超出了审理的范围 | 再审申请人代理人 | | －合法 | | 一审法院二审法院 |
| 12 | 遗漏了再审申请人提交的这个录音光盘的证据 | 再审申请人代理人 | | －合法 | | 一审法院二审法院 |
| 13 | 是陈述一个相关的事实 | 再审申请人代理人 | | ＋合法 | | 再审申请人 |
| 14 | 请求 | 再审申请人代理人 | ＋愿望 | | | 再审申请人 |
| 15 | 依法查明事实之后，依法支持再审申请人的再审请求 | 再审申请人代理人 | | ＋合法 | | 再审申请人 |

表 7-13 表明，再审申请人代理人在最后陈述中共表达态度 15 次，其中 9 次针对再审申请人夏××，2 次针对再审被申请人，2 次针对一审和二审法院，

1 次针对第三人，1 次针对再审被申请人和第三人。

针对再审申请人夏××的 9 次态度表达包括 8 次合法性判断和 1 次愿望，且全都是肯定性的，表明再审申请人代理人对再审申请人夏××行为的合法性持肯定态度，通过这 9 次态度表达，再审申请人代理人想表明再审申请人夏××依法"享有地上附着物（所种树木）的补偿权或者是赔偿权"，目的是"请求"法院"依法支持再审申请人的再审请求"（获得所承包土地上种植树木的补偿款）。

针对再审被申请人的 2 次态度表达都是合法性判断，且都是否定性的，表明再审申请人代理人对再审被申请人具体行政行为的合法性持否定态度，对其在复议中驳回赔偿请求的决定不服，因此"向法院起诉"。

针对一审和二审法院的 2 次态度表达也都是合法性判断，且都是否定性的，表明再审申请人代理人对一审和二审法院的判决持否定态度。"显然是超出了审理的范围""遗漏了再审申请人提交的这个录音光盘的证据"表明一审和二审法院在案件审理中存在不足，因此对其判决结果不服，这也是再审申请人申请再审的原因。

针对第三人（山东省威海经济技术开发区桥头镇人民政府）的 1 次态度表达也是否定性合法判断，表明再审申请人代理人对第三人征收土地行为的合法性持否定态度，认为其是"违法征收"。

再审申请人代理人还针对再审被申请人和第三人进行了 1 次态度表达。"再审被申请人包括第三人没有提交任何再审申请人将树木处分给三位村民的证据"也是对再审被申请人和第三人行为合法性的否定判断，表明其（再审被申请人的行政复议和第三人的土地征收）都不合法。

下面我们来看同一场行政审判中再审被申请人最后陈述中的态度表达，见例 7-16：

例 7-16　再被（男）：第一，通过刚才的调查，我们认为相关的事实已经可以证明再审申请人（行为的利害关系人）**有复议和诉讼的这个权利**【判断：＋合法】。第二，我们认为法院进行全面审查**也是符合法律规定的**【判断：＋合法】。因为这个利害关系和行政赔偿之间存在着一个基础和因果关系，所以法院进行全面审查**也是符合法律规定的**【判断：＋合法】。第三，我们认为行政处理决定给予其不予赔偿的决定**是**

符合事实和法律规定的【判断：＋合法】。这主要是基于两个方面的事实：其一，在整个过程中，再审申请人从未提供其投资树苗、养殖树苗的具体时间，以及最后树苗成树的数量这些具体的情况，**缺少一个客观必要的赔偿的基本的事实【判断：－合法】**；其二，对于地上附着物现有树苗状况，相关的镇政府已经**依法赔偿【判断：＋合法】**，进行了对所谓有争议的权利人的一个补偿。在这个实施过程中，**也不可能出现双补这么一个过程【判断：－合法】**。根据综合判断，其没有提供投资树苗、养殖树苗，以及树苗到最后拆除前所有权的关系，综合分析判断，决定不给予其补偿，**是完全符合法律规定和事实的【判断：＋合法】**，至于其所提到的在听证过程中提供的证据，这个复议机关在这个过程中也是充分考虑了，但是综合考虑判断所有的证据以及种植树木的事实和拆迁的全部过程，最后做出了这个决定，我们认为**是符合法律规定和事实规定的【判断：＋合法】**。

表 7-14 显示了再审被申请人在最后陈述中的态度表达情况。

**表 7-14　再审被申请人在最后陈述中的态度**

| 序号 | 态度表达 | 评价者 | 情感 | 判断 | 鉴赏 | 评价对象 |
|---|---|---|---|---|---|---|
| 1 | 有复议和诉讼的这个权利 | 再审被申请人 | | ＋合法 | | 再审申请人 |
| 2 | 也是符合法律规定的 | 再审被申请人 | | ＋合法 | | 法院（一审、二审） |
| 3 | 也是符合法律规定的 | 再审被申请人 | | ＋合法 | | 法院（一审、二审） |
| 4 | 是符合事实和法律规定的 | 再审被申请人 | | ＋合法 | | 再审被申请人 |
| 5 | 缺少一个客观必要的赔偿的基本的事实 | 再审被申请人 | | －合法 | | 再审申请人 |
| 6 | 依法赔偿 | 再审被申请人 | | ＋合法 | | 第三人（镇政府） |
| 7 | 也不可能出现双补这么一个过程 | 再审被申请人 | | －合法 | | 再审申请人 |
| 8 | 是完全符合法律规定和事实的 | 再审被申请人 | | ＋合法 | | 再审被申请人 |
| 9 | 是符合法律规定和事实的 | 再审被申请人 | | ＋合法 | | 再审被申请人 |

　　表 7-14 显示，再审被申请人在最后陈述中共表达态度 9 次，其中 3 次针对再审申请人夏××，3 次针对再审被申请人，2 次针对一审和二审法院，1 次针对第三人。

　　针对再审申请人夏××的 3 次态度表达全是合法性判断，其中 2 次是否定性的，1 次是肯定性的，表明再审被申请人对再审申请人夏××行为的合法性整体上持否定态度。其对再审申请人夏××行为合法性的 2 次否定性判断针对其诉讼请求（即获得所承包土地上种植树木的补偿款），1 次肯定性判断针对其再审权利，表明再审申请人虽然有申请再审的资格（"有复议和诉讼的这个权利"），但是其再审请求不合法（"缺少一个客观必要的赔偿的基本的事实""也不可能出现双补这么一个过程"）。

　　再审被申请人针对其本人的 3 次态度表达全是合法性判断，且全是肯定性的，表明再审被申请人对其本人行为的合法性持肯定态度（其做出不予再审申请人赔偿的决定"是符合事实和法律规定的"）。

　　再审被申请人针对一审和二审法院的 2 次态度表达也都是合法性判断，且都是肯定性的，表明再审被申请人对一审和二审法院的判决持肯定态度，认为其对相关事实进行全面审查"也是符合法律规定的"。

　　再审被申请人针对第三人（山东省威海经济技术开发区桥头镇人民政府）的 1 次态度表达也是肯定性合法判断，表明再审被申请人对第三人的土地征收行为的合法性持肯定态度，认为其已经对地上附着物（即树木）进行了"依法赔偿"。

　　从以上对再审申请人和再审被申请人的最后陈述中的态度表达，可以看出第三人（山东省威海经济技术开发区桥头镇人民政府）在该案中发挥着重要作用，其行为和态度对该案的判决具有重要影响。下面，我们来看该案第三人代理人在最后陈述中的态度表达，见例 7-17：

　　　　例 7-17　三代（女）：基本同意威海市人民政府的最后陈述意见，但是有一点不同，就是仍然认为再审申请人**不具备这个第三人修建经济大道的行政诉讼主体资格**【判断：－合法】。因为这个再审申请人和村民之间确实有过口头上的承包合同，但是那是若干年之前的事了，村民在 2012 年前就已经将该土地收回，那么该土地的使用权以及经营管理权均已属于该村民，那么地上附着物当然属于土地上的使用权人。再审申请人没有任何证据能够证明该地上附着物归其所有【判断：–合法】，所以其均不具有对该地块儿的行政诉讼权利及行政赔偿权利【判断：–合法】。最后**请求**【情感：＋愿望】最高人民法院**驳回其再审请求**【判断：–合法】，**维持一审、二审的判决**【判断：＋合法】，避免增加地方政府以及村集体及各位村民的诉累①，再造成更大的各方面的损失，谢谢。

表 7-15 显示了该案中第三人代理人在最后陈述中的态度表达情况。

**表 7-15　第三人代理人在最后陈述中的态度**

| 序号 | 态度表达 | 评价者 | 情感 | 判断 | 鉴赏 | 评价对象 |
|---|---|---|---|---|---|---|
| 1 | 不具备这个第三人修建经济大道的行政诉讼主体资格 | 第三人代理人 | | –合法 | | 再审申请人 |
| 2 | 没有任何证据能够证明该地上附着物归其所有 | 第三人代理人 | | –合法 | | 再审申请人 |
| 3 | 均不具有对该地块儿的行政诉讼权利及行政赔偿权利 | 第三人代理人 | | –合法 | | 再审申请人 |
| 4 | 请求 | 第三人代理人 | ＋愿望 | | | 第三人 |
| 5 | 驳回其再审请求 | 第三人代理人 | | –合法 | | 再审申请人 |
| 6 | 维持一审、二审的判决 | 第三人代理人 | | ＋合法 | | 一审法院<br>二审法院 |

表 7-15 显示，第三人代理人在最后陈述中共表达态度 6 次，其中 4 次针对再审申请人夏××，1 次针对第三人本人，1 次针对一审和二审法院。

针对再审申请人夏××的 4 次态度表达全是合法性判断，且全都是否定性的，表明第三人代理人对再审申请人夏××行为的合法性持否定态度。第三人代理人认为再审申请人夏××"不具备这个第三人修建经济大道的行政诉讼主体资格""没有任何证据能够证明该地上附着物归其所有"因此"均不具有对该地块儿的行政诉讼权利及行政赔偿权利"，并基于此"请求最高人民法院驳回其再审请求"。

---

① 诉累就是诉讼的劳累，或诉讼累赘，是司法界经常使用的一个术语。从法经济学的角度看"诉累"的产生原因在于普法力度不够、司法权力寻租、低下的司法效率、委托代理、较高的诉讼成本、行政机关对司法活动的干涉、较低的司法素质。诉累导致"租的耗散"、激化社会矛盾，导致司法公信的丧失和"理性"的违约行为。应加强普法活动、切实保证司法独立、全面提高司法人员的素质、健全法律援助制度、确立权力与责任相统一的原则（曹飞，2005a：52；曹飞，2005b：64）。

　　第三人代理人针对一审和二审法院的 1 次态度表达为肯定性合法判断，表明其对一审和二审法院的判决持肯定态度，因此请求最高人民法院"维持一审、二审的判决"。

　　第三人代理人针对第三人的 1 次态度表达为愿望情感，表明第三人驳回再审申请人再审请求，维持一审、二审判决的请求。

　　该例中，再审被申请人（山东省威海市人民政府）行政复议维持了第三人（山东省威海经济技术开发区桥头镇人民政府）的行政决定（不给予再审申请人夏××补偿），因此两者的诉讼目的是一致的，两者的态度表达（包括在最后陈述中的态度表达）则服务于诉讼目的，是实现其诉讼目的的重要语言资源。

# 7.6　法庭调解中的态度

　　法院调解或法庭调解是指在诉讼过程中，由法院作为中立的第三人参与，根据法律规定、政策和社会公德，说服教育当事人互谅互让，协助当事人达成协议以解决民商事纠纷和轻微刑事案件的一种诉讼活动；可分为法院附设的诉讼前调解和法官的诉讼中调解两种，后者也称和解促成，是指在诉讼程序中，由该案主审法官或审判组织主持的调解，可以替代判决而作为一种结案方式（程朝阳，2007：33）。本节分析法官的诉讼中调解。由于只有少量特殊类型的刑事案件（自诉案件）和行政审判（行政赔偿、补偿以及行政机关行使法律、法规规定的自由裁量权的案件）可以调解，调解在民事审判中大量采用，因此本节主要分析民事审判中的调解。民事审判中的调解可以当庭进行，或者于庭后专门进行。先看当庭进行调解的例子：

　　例 7-18　审（男）：　现在进行当庭调解，看双方能否协商调解，原告？

　　　　　　　原代（男）：　原告可以调解。

　　　　　　　审（男）：　调解方案是什么？

　　　　　　　原代（男）：　调解方案的话就是**按照原告的诉讼请求进行调解**【情感：＋愿望】，当时的话是按照房屋价格 285 万来计算的，现在可以按照 280 万来计算，然后按照比例进行计算。

　　　　　　　审（男）：　是多少啊？

　　　　　　　原代（男）：　多少的话，应该就是，我算一下，原告诉讼请求是？

| 审（男）： | 被告林×同意调解吧？ |
|---|---|
| 被（男）： | 他行，看他讲什么。 |
| 审（男）： | **大家都是一母同胞【情感：＋安全】，能协商解决尽量协商解决【情感：＋愿望】。**你那 5 万块钱有没有借款的凭据或者借条，或者短信这类的？林×？ |
| 被（男）： | 有短信，有她的证明，她的微信谈过这个事情。 |
| 审（男）： | 微信上面讲的借款吗？ |
| 被（男）： | 对。她讲的借款。 |
| 审（男）： | 原告你的调解方案是什么？ |
| 原代（男）： | 我还要咨询原告有没有调解。 |
| 审（男）： | 你有什么意见？ |
| 原（代）： | 我的意见的话就是，我们这边，之前的诉讼请求是 17 万，然后除以 3 的话，按照 15 万元来调吧，**最终被告愿意调解的话【情感：＋愿望】。** |
| 审（男）： | 行，被告你有什么方案？被告林×，你有没有调解方案？ |
| 被（男）： | 你看，我这边找出来了，我们之间（展示截图）。 |
| 审（男）： | 这上面写了什么？ |
| 被（男）： | 这上面写了，10 月 1 日，"小弟，我还有 5 万块钱你什么时候给我？"然后我回她"你借的钱不应该还吗？"她回我，"我借的是妈的钱，不是你的钱"。 |
| 审（男）： | 行，你到时候把这个给她看一下。 |
| 被（男）： | 嗯。 |
| 审（男）： | 那你有没有调解方案呢，林×？ |
| 被（男）： | 啊？ |
| 审（男）： | 有没有调解方案，有没有协商方案？ |
| 被（男）： | 她少一点，我还是跟老二给的一样，83 万，我不是给她 79 万，然后 5 万块钱，她不是**狡辩【判断：－诚信】**非要说是我妈的嘛，我妈的我给她扣一点，最多再给 5000 块钱。 |
| 审（男）： | 行，**也是一个进步【情感：＋满意】**，就是扣一点，最多再给 5000 块钱，行。 |

被（男）：　　最多再给她 5000 块钱。

审（男）：　　行。第三人林×还有倪××有什么调解方案没有？

三（女）：　　卖房子的钱是三人三一？

审（男）：　　没事，倪××你有什么方案你说吧？两人也行。

三代（男）：　就这个方案，卖房子的钱三人三一。

审（男）：　　哦。**那这样调解的差距比较大【情感：–满意】**，庭后再组织双方谈一谈。原告呢？你也再给林×谈一下，看她有没有谈过借钱的事情。

原代（男）：　好的，好的。

审（男）：　　被告呢？林×，你也考虑考虑，**都是一母同胞【情感：＋安全】**，你出卖的房屋价格**是否公允合理【–JIA】**，你再考虑一下。如果能够调解，**尽量协商解决【情感：＋愿望】**。好吧。今天法庭先开庭到此。看笔录签名，现在宣布休庭。

表 7-16 显示了民事审判当庭调解中的态度表达情况。

**表 7-16　民事审判当庭调解中的态度**

| 序号 | 态度表达 | 评价者 | 情感 | 判断 | 鉴赏 | 评价对象 |
|---|---|---|---|---|---|---|
| 1 | 按照原告的诉讼请求进行调解 | 原告代理人 | ＋愿望 | | | 原告、被告、第三人 |
| 2 | 大家都是一母同胞 | 审判长 | ＋安全 | | | 原告、被告、第三人 |
| 3 | 能协商解决尽量协商解决 | 审判长 | ＋愿望 | | | 原告、被告、第三人 |
| 4 | 最终被告愿意调解的话 | 原告代理人 | ＋愿望 | | | 被告 |
| 5 | 狡辩 | 被告 | | –诚信 | | 原告 |
| 6 | 也是一个进步 | 审判长 | ＋满意 | | | 被告 |
| 7 | 那这样调解的差距比较大 | 审判长 | –满意 | | | 原告、被告、第三人 |
| 8 | 都是一母同胞 | 审判长 | ＋安全 | | | 原告、被告、第三人 |
| 9 | 是否公允合理 | 审判长 | | | –JIA | 被告（出卖的房屋价格） |
| 10 | 尽量协商解决 | 审判长 | ＋愿望 | | | 原告、被告、第三人 |

表 7-16 显示，例 7-18 的民事审判当庭调解中，共表达态度 10 次。从评价者的角度看，审判长表达的态度最多（7 次），原告代理人次之（2 次），被告最少（1 次），表明审判长是法庭调解中的主要态度表达者，这与柯贤兵和廖

美珍（2011：72）的发现一致。从评价对象的角度看，该部分的态度表达中，有 6 次同时针对原告、被告和第三人，3 次针对被告（包括其出卖的房屋价格），1 次针对原告。整体上，该部分主要针对原告、被告双方（包括第三人）表明态度。从态度的类型来看，该部分态度表达共有情感 8 次，判断和鉴赏各 1 次，表明参与调解各方倾向于采用"动之以情"的方式来表明态度，这与法庭审判的其他阶段（法庭调查、法庭辩论、最后陈述、法庭宣判）倾向于采用判断（晓之以理）来表明态度有所不同。从态度的肯/否定程度来看，该部分的态度表达大多数是肯定的（7 次，占 70%），这与民事审判整体上倾向于采用否定态度表达（63%）也有所差异。以上态度表达情况与调解活动的总体目的"化解纠纷、达成一致、实现人际关系和谐"（程朝阳，2008b：55）是相符合的。审判长对各诉讼参加人（原告、被告、第三人）共同表达的态度强调相互之间的信任（"大家都是一母同胞"），表明了其促成调解的愿望（"能协商解决尽量协商解决"），同时也表达了对各方提出的调解方案的不满（"那这样调解的差距比较大"），体现了法官在调解中所扮演的"宣教者""说服者"和"调控者"等多重机构角色（程朝阳，2008a：48-51）。

例 7-18 是民事审判中当庭调解的例子，下面我们来看调解于庭后专门进行的例子。

例 7-19　审（男）：按照程序，法庭调查和法庭辩论现在结束，双方最后做调解的是这样，合议庭认为有可能，而且有必要专门再调一次，我们会通知你们，如果到时候通知你们的话，那么我刚才看了你们现在除了唐××本人之外，其他的都是**一般授权的代理人**【判断：–能力】，是吧？如果要这样调的话，那么不但你们的授权要变，而且最好，你们两个公司的，特别是市政二公司的，你们代理人来，**可能调解的效果也未必能达到预期**【判断：–能力】。如果合议庭认为，或者根据你们双方意见，差距过大，那么可能就不一定调了。当然我们**很希望**【情感：＋愿望】你们在这次庭审之后回去，跟你们公司的有关领导把情况说一下，我们**很希望能够以调解的方式把这个事情了结**【情感：＋愿望】。唐××本人也在，我**希望你们也回去考虑一下**【情感：＋愿望】。总体上，如果要走调解的路，**希望你**

们**各让一步**【情感：＋愿望】，建设工程的事情你们律师都很清楚，它**涉及的点很多**【鉴赏：−构成】，而且**争议项目也会比较多**【鉴赏：−构成】。它不像有的案子，**可能就是黑白分明的**【鉴赏：＋构成】，它这里面**有很多比较模糊的地方**【鉴赏：−构成】。所以，总体上它就是一个工程款算账的事、钱的事，你说给多少怎么给，性质上是怎么个性质，不涉及案外人的话，它其实就是你们双方之间一个钱给多少的事情，是吧？所以，我**希望**【情感：＋愿望】你们回去之后考虑考虑，特别是，我也知道你们应该是国企，国企的话，相关领导表态有难度，但是我们也是做成过好多个国企的这样调解的案子。好吧，那今天庭审到此结束，休庭之后你们看一下笔录。好吧，签一下字，现在休庭。

例 7-19 选自唐××、重庆建工第二市政工程有限责任公司与重庆建工集团股份有限公司建设工程施工合同纠纷民事二审审判。该案中，三方就唐××在建设工程施工中增加的工作量和应支付费用产生纠纷，唐××和重庆建工第二市政工程有限责任公司向云南省高级人民法院对重庆建工集团股份有限公司提起民事诉讼，云南省高级人民法院判决不予支付唐××主张的额外工程款。唐××和重庆建工第二市政工程有限责任公司不服一审判决，上诉至最高人民法院。该例中，审判长正在主持法庭调解。

表 7-17 显示了该案中审判长在法庭调解中的态度表达情况。

表 7-17　审判长在法庭调解中的态度

| 序号 | 态度表达 | 评价者 | 情感 | 判断 | 鉴赏 | 评价对象 |
|---|---|---|---|---|---|---|
| 1 | 一般授权的代理人 | 审判长 | | −能力 | | 被/上诉人代理人 |
| 2 | 可能调解的效果也未必能达到预期 | 审判长 | | −能力 | | 被/上诉人代理人 |
| 3 | 很希望 | 审判长 | ＋愿望 | | | 被/上诉人代理人 |
| 4 | 很希望能够以调解的方式把这个事情了结 | 审判长 | ＋愿望 | | | 上诉人、被上诉人 |
| 5 | 希望你们也回去考虑一下 | 审判长 | ＋愿望 | | | 上诉人、被上诉人 |
| 6 | 希望你们各让一步 | 审判长 | ＋愿望 | | | 上诉人、被上诉人 |
| 7 | 涉及的点很多 | 审判长 | | | −构成 | 建设工程纠纷 |
| 8 | 争议项目也会比较多 | 审判长 | | | −构成 | 建设工程纠纷 |

续表

| 序号 | 态度表达 | 评价者 | 情感 | 判断 | 鉴赏 | 评价对象 |
|---|---|---|---|---|---|---|
| 9 | 可能就是黑白分明的 | 审判长 | | | ＋构成 | 有的案子 |
| 10 | 有很多比较模糊的地方 | 审判长 | | | －构成 | 建设工程纠纷 |
| 11 | 希望 | 审判长 | ＋愿望 | | | 上诉人、被上诉人 |

表 7-17 说明，审判长在该轮法庭调解中共表达态度 11 次，其中 4 次针对上诉人和被上诉人，3 次针对被/上诉人代理人，3 次针对建设工程纠纷，1 次针对其他类型的民事纠纷。

针对被/上诉人代理人的 3 次态度表达包括 2 次能力判断和 1 次愿望情感。2 次能力判断主要想表明，上诉人和被上诉人双方的代理人作为一般授权的代理人，参加调解的效果也未必能达到预期，因此建议双方代理人要求进行授权变更，或者其各自代理的公司要有法定代表人来，以确保调解的效果。审判长对被/上诉人代理人表达的 1 次愿望情感则表明其对被/上诉人代理人庭后向所代理公司领导汇报情况的希望。

针对上诉人和被上诉人的 4 次态度表达全都是愿望情感，表明审判长努力促成调解的愿望，希望上诉人和被上诉人回去"考虑"调解方案，"各让一步"，最后能"以调解的方式把这个事情了结"。

审判长对建设工程纠纷和其他类型的民事纠纷的对比值得分析。审判长对建设工程纠纷进行了否定性鉴赏（"涉及的点很多""争议项目也会比较多""有很多比较模糊的地方"），而对其他类型民事纠纷进行了肯定性鉴赏（"可能就是黑白分明的"），目的是告诉上诉人和被上诉人该案所涉及的建设工程纠纷内容烦琐、争议复杂、责任模糊，并不像其他类型的民事纠纷那样责任明确（"黑白分明"），涉案纠纷总体上是"工程款算账的事，钱的事"，因此适合通过调解来解决纠纷。

## 7.7　判决结果中的态度

### 7.7.1　刑事审判判决结果中的态度

《中华人民共和国刑事诉讼法》第二百条规定：在被告人最后陈述后，审判长宣布休庭，合议庭进行评议，根据已经查明的事实、证据和有关的法律规定，作出判决。本节中，我们来看刑事审判中，审判长在宣布判决结果时所使用的态度表达。例 7-20 选自一场受贿罪刑事一审法庭审判。该案案情大致如下：2008—2017 年，被告人郑××利用其担任广西水电工程局局长、广西水电工程局下属的安哥拉股份有限公司总经理等职务上的便利，非法收受人民币502.164 848 万元。例 7-20 中审判长在宣布判决结果。

例 7-20　审（男）：由广西壮族自治区玉林市人民检察院向本院提起公诉的被告人郑××**犯受贿罪**【判断：–合法】一案，现已审理终结，现进行宣判。经法庭审理查明：2008—2017 年，被告人郑××利用其担任广西水电工程局局长、广西水电工程局下属的安哥拉股份有限公司总经理等职务上的便利，**非法收受人民币 496 万元、美元1 万元，折合共计人民币 502.164 848 万元**【判断：–合法】。具体事实如下：第一，2008—2013 年，被告人郑××利用其担任广西水电工程局局长的职务便利，为该局员工秦××在职务晋升及工作方面提供帮助，**先后 11 次收受秦××送给的人民币共计 150 万元**【判断：–合法】。第二，2008—2009 年，被告人郑××利用其担任广西水电工程局局长、广西水电工程局下属的安哥拉股份有限公司总经理的职务便利，为曹××在电缆供应、劳务分包、海运业务等方面提供帮助，**先后 3 次收受曹××送给的人民币共计 82 万元**【判断：–合法】。第三，2008—2010 年，被告人郑××利用其担任广西水电工程局局长的职务便利，为程××的电缆供应业务提供帮助，**先后 4 次收受程××送给的人民币共计 26 万元**【判断：–合法】。第四，2008—2009 年，被告人郑××利用其担任广西水电工程局局长的职务便利，为张×推荐的公司承揽广西水电工程局的海运业务提供帮助，**先后 3 次收受张×送给的人民币共计 50 万元**【判断：–合法】。第五，2010 年，被告人郑××利用其担任广西水电工程局局长的职务便利，为欧××承揽广西水电工程局下属的建筑公司劳务分包工程提供帮助，2011 年春节前，被告人郑××在广西怡养园酒店管理公司欧××的办公室**收受欧××送给的人民币 30 万元【判断：–合法】**。第六，2014—2016 年，被告人郑××利用其担任广西水电工程局局长，中国能源建设集团广西水电工程局有限公司执行董事、总经理的职务便利，在与贵港市弘昌石化有限公司进行生物燃油贸易合作的过程中，为贵港市弘昌石化有限公司提供帮助，**先后 2 次收受该公司法定代表人蒙×送给的人民币 5 万元、美元 1 万元【判断：–合法】**。第七，2014—2016 年，被告人郑××利用其担任广西水电工程局局长，中国能源建设集团广西水电工程局有限公司执行董事、总经理等职务上的便利，为黄××入股承包广西水电工程局有限公司控股的南宁市武鸣区甘圩镇把鼓山市场以及广西水电工程局投资入股的黄××经营的陆川县铅锌矿提供帮助。2015 年上半年的一天，郑××在南宁市竹溪大道 86 号广元国际社区九栋一单元 3203 号房的家里，**收受黄××送给的人民币 50 万元【判断：–合法】**。2017年 5 月，被告人郑××因被停职，在与黄××、倪××商量后，郑××同意由黄××出资帮助其恢复职务。同月底，黄××将人民币 1 万元交给李××，**将 29 万元汇入郑××指定的李××银行账户【判断：–合法】**，用于运作郑××恢复职务事项。本院认定上述事实有经庭审举证、质证属实的证人证言、书证、被告人郑××的供述等证据证实。本院另查明：第一，本案中，监察机关已掌握被告人郑××**收受秦××所送 150 万元的受贿犯罪事实【判断：–合法】**后，对郑××进行调查谈话时，郑××**如实交代了本案全部受贿犯罪的事实【判断：＋合法】**，被告人郑××**承认指控的犯罪事实【判断：＋合法】**，**愿意接受处罚【判断：＋合法】**，同意检察机关对其判处 10 年有期徒刑，并处罚金 50 万元的量刑建议，并**签署认罪认**

罚具结书【判断：＋合法】。第二，案发后，郑××通过其亲属向广西壮族自治区监察委员会**退缴赃款人民币466万元、美元1万元**【判断：＋合法】。现该款已移送至玉林市人民检察院暂扣押款账户。在本院审理阶段，向本院**退缴赃款人民币30万元**【判断：＋合法】。本院认为，被告人郑××身为国家工作人员，利用职务上的便利**为他人谋取利益**【判断：－合法】，以及利用职权和地位形成的便利条件，通过其他国家工作人员职务上的行为**为他人谋取不正当利益**【判断：－合法】，**非法收受他人财物**【判断：－合法】，其行为**已触犯刑律**【判断：－合法】，郑××犯受贿罪的罪名成立【判断：－合法】，郑××**受贿数额巨大**【判断：－合法】，依法应判处10年以上有期徒刑或者无期徒刑，并处罚金或者没收财产【判断：－合法】。**主动交代办案机关没有掌握的大部分犯罪事实**【判断：＋合法】，**积极退赃**【判断：＋合法】，**受贿赃款已全部退缴**【判断：＋合法】，**认罪认罚**【判断：＋合法】，**具有法定酌定从轻处罚情节**【判断：＋合法】，本院**依法对其进行从轻处罚**【判断：＋合法】，被告人郑××退出的**受贿赃款**【判断：－合法】，人民币496万元、美元1万元，**依法应予以没收，上缴国库**【判断：－合法】。综上，根据被告人郑××犯罪的事实，犯罪的性质、情节，以及对于社会的危害程度，本院依照《中华人民共和国刑法》第三百八十五条、第三百八十八条、第三百八十六条、第三百八十三条、第六十七条、第五十二条、第五十三条、第六十四条；《最高人民法院 最高人民检察院关于办理贪污贿赂刑事案件适用法律若干问题的解释》第三条、第十五条、第十八条、第十九条；《中华人民共和国刑事诉讼法》第十五条；《中华人民共和国监察法》第四十四条的规定，判决如下：

（全体起立）

一、被告人郑××**犯受贿罪**【判断：–合法】，**判处有期徒刑 10 年**【判断：–合法】，**并处罚金人民币 50 万元**【判断：–合法】。

二、对扣押在案的被告人郑××退出的受贿赃款人民币 496 万元、美元 1 万元，**依法予以没收，上缴国库**【判断：–合法】。

审判长刘××、审判员彭××、审判员树××。

例 7-20 中审判长的态度表达情况见表 7-18。

表 7-18　刑事审判判决结果中审判长的态度

| 序号 | 态度表达 | 评价者 | 情感 | 判断 | 鉴赏 | 评价对象 |
|---|---|---|---|---|---|---|
| 1 | 犯受贿罪 | 审判长 | | –合法 | | 被告人 |
| 2 | 非法收受人民币 496 万元、美元 1 万元，折合共计人民币 502.164 848 万元 | 审判长 | | –合法 | | 被告人 |
| 3 | 先后 11 次收受秦××送给的人民币共计 150 万元 | 审判长 | | –合法 | | 被告人 |
| 4 | 先后 3 次收受曹××送给的人民币共计 82 万元 | 审判长 | | –合法 | | 被告人 |
| 5 | 先后 4 次收受程××送给的人民币共计 26 万元 | 审判长 | | –合法 | | 被告人 |
| 6 | 先后 3 次收受张×送给的人民币共计 50 万元 | 审判长 | | –合法 | | 被告人 |
| 7 | 收受欧××送给的人民币 30 万元 | 审判长 | | –合法 | | 被告人 |
| 8 | 先后 2 次收受……人民币 5 万元、美元 1 万元 | 审判长 | | –合法 | | 被告人 |
| 9 | 收受黄××送给的人民币 50 万元 | 审判长 | | –合法 | | 被告人 |
| 10 | 将 29 万元汇入郑××指定的李××银行账户 | 审判长 | | –合法 | | 被告人 |
| 11 | 收受秦××所送 150 万元的受贿犯罪事实 | 审判长 | | –合法 | | 被告人 |
| 12 | 如实交代了本案全部受贿犯罪的事实 | 审判长 | | ＋合法 | | 被告人 |
| 13 | 承认指控的犯罪事实 | 审判长 | | ＋合法 | | 被告人 |
| 14 | 愿意接受处罚 | 审判长 | | ＋合法 | | 被告人 |
| 15 | 签署认罪认罚具结书 | 审判长 | | ＋合法 | | 被告人 |
| 16 | 退缴赃款人民币 466 万元、美元 1 万元 | 审判长 | | ＋合法 | | 被告人 |
| 17 | 退缴赃款人民币 30 万元 | 审判长 | | ＋合法 | | 被告人 |
| 18 | 为他人谋取利益 | 审判长 | | –合法 | | 被告人 |
| 19 | 为他人谋取不正当利益 | 审判长 | | –合法 | | 被告人 |
| 20 | 非法收受他人财物 | 审判长 | | –合法 | | 被告人 |
| 21 | 其行为已触犯刑律 | 审判长 | | –合法 | | 被告人 |
| 22 | 犯受贿罪的罪名成立 | 审判长 | | –合法 | | 被告人 |

续表

| 序号 | 态度表达 | 评价者 | 情感 | 判断 | 鉴赏 | 评价对象 |
|---|---|---|---|---|---|---|
| 23 | 受贿数额巨大 | 审判长 | | −合法 | | 被告人 |
| 24 | 依法应判处 10 年以上有期徒刑或者无期徒刑，并处罚金或者没收财产 | 审判长 | | −合法 | | 被告人 |
| 25 | 主动交代办案机关没有掌握的大部分犯罪事实 | 审判长 | | ＋合法 | | 被告人 |
| 26 | 积极退赃 | 审判长 | | ＋合法 | | 被告人 |
| 27 | 受贿赃款已全部退缴 | 审判长 | | ＋合法 | | 被告人 |
| 28 | 认罪认罚 | 审判长 | | ＋合法 | | 被告人 |
| 29 | 具有法定酌定从轻处罚情节 | 审判长 | | ＋合法 | | 被告人 |
| 30 | 依法对其进行从轻处罚 | 审判长 | | ＋合法 | | 被告人 |
| 31 | 受贿赃款 | 审判长 | | −合法 | | 被告人 |
| 32 | 依法应予以没收，上缴国库 | 审判长 | | −合法 | | 被告人 |
| 33 | 犯受贿罪 | 审判长 | | −合法 | | 被告人 |
| 34 | 判处有期徒刑 10 年 | 审判长 | | −合法 | | 被告人 |
| 35 | 并处罚金人民币 50 万元 | 审判长 | | −合法 | | 被告人 |
| 36 | 依法予以没收，上缴国库 | 审判长 | | −合法 | | 被告人 |

表 7-18 显示，审判长在判决结果中共表达态度 36 次，全部针对被告人，且全都是合法性判断，表明审判长在判决结果中主要对被告人行为的合法性表达态度。审判长对被告人的 36 次态度表达中，24 次是否定，12 次是肯定，表明审判长对被告人行为的合法性整体上持否定态度。否定态度表达主要针对被告人所犯受贿罪的相关具体情节和行为展开。审判长针对被告人的 12 次肯定态度表达主要围绕被告人如实交代犯罪事实，积极退赃认罪认罚等"法定酌定从轻处罚情节"展开。判决结果"依法对其进行从轻处罚"也佐证了这一点。以上表明，审判长对被告人行为的否定态度主要针对其受贿罪的犯罪事实，审判长对被告人行为的肯定态度则主要针对其认罪悔罪的态度。

### 7.7.2　民事审判判决结果中的态度

《民事诉讼法》第一百四十五条规定："法庭辩论终结，应当依法作出判决。判决前能够调解的，还可以进行调解，调解不成的，应当及时判决。"本节我们来看民事审判中审判长在宣布判决结果时的态度表达。例 7-21 选自一场著作权侵权纠纷民事一审法庭审判。该案案情大致如下：被告上海聚力传媒技术有限公司未经原告央视国际网络有限公司许可，在其经营的网站 PPTV 聚力（www.pptv.com）中向公众提供原告制作的足球赛事节目网络实时转播服务，获得巨额收入。原告认为被告侵害其著作权，遂向上海市浦东新区人民法院提起民事诉讼。例 7-21 选自该民事一审法庭审判的最后阶段，审判长正在宣布判决结果。

例 7-21　审（女）：现在开庭。原告央视国际网络有限公司诉被告上海聚力传媒技术有限公司著作权侵权不正当竞争纠纷一案，本院受理后，**依法适用普通程序公开开庭进行了审理**【判断：＋合法】。现本案已审理终结，今天进行公开宣判。经审理，本院认为，本案的争议焦点在于：第一，涉案被诉行为应当由《中华人民共和国著作权法》还是《中华人民共和国反不正当竞争法》予以调整？第二，涉案足球赛事节目是否构成《著作权法》意义上的类电影作品？第三，被告是否构成对原告涉案足球赛事节目著作权的侵害？第四，被告使用涉案足球赛事节目的行为是否属于合理使用？第五，如构成著作权侵权，则被告应承担何种民事责任？第一，涉案被诉行为应当由《著作权法》调整还是《反不正当竞争法》调整？本案中，原告主张被告的**涉案被诉行为既属于著作权侵权**【判断：–合法】，**同时也构成对原告的不正当竞争**【判断：–合法】。对此，本院认为，涉案足球赛事节目作为智力成果的一种，属于《著作权法》调整的范围。**以《反不正当竞争法》作为解决涉案纠纷的法律依据并不恰当**【判断：–合法】，理由如下。其一，基于足球赛事节目客体性质的分析，《反不正当竞争法》只是在有限的范围内提供知识产权的补充保护，但该补充保护作用的发挥不得抵触知识产权专门法的立法政策。凡是知识产权专门法已做规定的领域，《反不正当竞争法》原则上不再提供附加保护。具体到本案中，虽然我国学术界及司法界对足球赛事节目属于作品、录像、视频还是载有连续画面的信号等存在不同认识，但不论是将其认定为作品，从而通过著作权加以保护，还是认定为录像制品或载有连续画面的信号，从而通过邻接权①加以保护，涉案足球赛事节目的相关纠纷均可以在，也应该在《著作权法》框架内予以解决。涉案足球赛事节目的保护，基于其客体性质，属于《著作权法》已作穷尽性规定的领域，不应再由《反不正当竞争法》提供附加保护。其二，基于足球赛事节目交易特点的分析，通过《反不正当竞争法》规制涉案足球赛事节目，**将给足球体育赛事以授权许可为核心的市场交易带来极大的不稳定**【判断：–合法】。《著作权法》是权利保护法，著作权及其相关权利的内容和保护范围均有明确的法律规定，其具有清晰的权利边界且具有排他性的对世权②。而《反不正当竞争法》是行为规制法。其保护的是没有上升为权利的权益。其系因其他经营者的不当行为所触发的被动性保护，其保护的范围、内容需个案认定，故适用《反不正当竞争法》对足球体育赛事节目进行保护只是**一种消极的权益保护**【判断：–合法】，**而非积极的赋权保护**【判断：–合法】。**这种消极的权益保护**【判断：–合法】无法满足足球赛事节目许可市场以权利为前提的授权机制的需求，**不能为足球赛事节目的许可、转让等流转提供必要的法律保障**【判断：–合法】。第二，涉案足球赛事节目是否属于《著作权法》意义上的类电影作品？先看涉案足球赛事节目的独创性分析。连续画面是否属于《著

---

① 邻接权属于广义的著作权，原意是相邻、相关的权利，包括表演者对其表演活动、录音录像制作者对其制作的录音录像、广播组织对其播出的广播信号以及出版者对其版式设计所享有的专有权利。邻接权人除表演者以外，仅享有财产性权利。邻接权包含表演者权、广播组织权、录音录像制作者权、版式设计者权，详见《中华人民共和国著作权法》。

② 对世权是相对于相对权而言的，对世权又称绝对权，是指其效力及于一切人，即义务人为不特定的任何人的权利。它的义务人是不特定的任何人，即任何人均负有不妨碍权利人实现其权利的义务。对世权的主要特点在于，权利人可向任何人主张权利，权利人不须借助义务人的积极行为就可实现其权利。对世权的主体一般不必通过义务人的作为就可实现自己的权利。各种人身权、所有权和其他物权等都属于绝对权，详见《中华人民共和国民法典》。

作权法》意义上作品？判断的标准是独创性的有无，
而且在判定中应坚持体现作者个性的最低独创性要
求。那么，如何判定一连续画面是否体现了最低的独
创性要求呢？对此，本院认为，足球赛事节目通过多
机位的设置、镜头的切换、慢动作的回放、精彩镜头
的捕捉、故事的塑造，加以导播创造性的劳动，充分
体现了创作者在其意志支配下的对连续画面的选择、
编辑、处理，可以认定为《著作权法》意义上的类电
影作品。同时，本院认为涉案足球赛事节目构成《著
作权法》意义上的作品，并不意味着各国都在本国的
法律实践中通过不同的方式或路径实现了对体育赛事
直播节目的全面保护。本院在前文中已经论述，体育
赛事直播节目的法律问题可以也应当在《著作权法》
的框架内予以解决。从当前足球赛事现场直播的产业
实践来看，直播的足球赛事节目始终处于可复制的状
态，数字信号承载的连续画面确定可感知。从涉案足
球赛事直播节目的设置过程来看，在节目进行过程中，
球场上一旦出现犯规进球，导播通常会立即插播犯规
进球的回放镜头。该回放镜头也可以充分地说明涉案
足球赛事节目在设置的同时就实现了固定，所以本院
认为涉案足球赛事节目**符合我国《著作权法》类电影
作品设置在一定介质上的固定性要求**【判断：＋合法】。
需要指出的是，固定性要件的提出很大程度上是基于
确定性事实的需要。如果作品不能及时固定，作者很
可能面临无法提供作品产生和存在的风险。在作品确
定可感知，各方当事人对足球赛事节目本身均无异议
的情况下，如果仍以其缺乏固定性要件排除作品著作
权保护的话，**这将违背基本的经验常识**【判断：–合法】，
**也不符合立法的目的**【判断：–合法】。第三，被告是
否构成对原告涉案足球赛事节目著作权的侵害？被告
**未经许可**【判断：–合法】在其经营的网站 PPTV 聚力
（www.pptv.com）中向公众提供涉案足球赛事节目网络

实时转播服务的行为，**侵害了原告的著作权【判断：-合法】**。本案中，原告主张被告通过现场直播的方式使用涉案足球赛事节目的行为侵害了其对该节目享有的广播权或应当由著作权人享有的其他权利。对此，本院认为，根据我国《著作权法》第十条的规定，我国的广播权规制无线广播、无线或有线转播及公开播放、接受道德广播三种行为。[①]因此，要解决网络实时转播是否属于广播权控制范围的问题，首先要判断网络实时转播是否属于无限或有限转播。我国的广播权规定，面积超过整体画面的1/3，该种使用方式**不仅超出适当引用中的合理适度【判断：-合法】**，被告的**该种使用方式与原告对涉案足球赛事节目的正常使用相冲突【判断：-合法】**；**同时也会损害原告的正当利益【判断：-合法】**。所以被告的**该种使用方式不符合《著作权法》第二十二条规定【判断：-合法】**的为介绍、评论某一作品或者说明某一问题，在作品中适当引用他人已经发表的作品的规定，**不构成合理使用【判断：-合法】**，**应当承担相应的著作权侵权责任【判断：-合法】**。

第四，如构成著作权侵权，则被告应承担何种责任？《著作权法》及其司法解释规定，未经著作权人许可，实施侵犯著作权以及与著作权有关的权益行为的，应当承担赔偿损失等民事责任。关于赔偿损失的计算，侵权人应当按照权利人的实际损失给予赔偿。实际损失难以计算的，可以按照侵权人的违法所得给予赔偿。赔偿数额还应当包括权利人为制止侵权行为所支付的合理开支。权利人的实际损失或侵权人的违法所得不能确定的，由人民法院根据侵权行为的情节，判决给予50万元以下的赔偿。本案中，因原告就被告的侵权行为所受到的实际损失以及被告因**涉案侵权行为【判**

---

① 《著作权法》第十条规定："（十一）广播权，即以有线或者无线方式公开传播或者转播作品，以及通过扩音器或者其他传送符号、声音、图像的类似工具向公众传播广播的作品的权利，但不包括本款第十二项规定的权利。"

断：-合法】所获利润的准确数额，难以通过相应证据予以直接证实。本院综合考虑如下的因素，酌情确定赔偿数额。第一，涉案欧锦赛足球赛事节目**具有较高的知名度和商业价值**【鉴赏：＋JIA】。2016 年欧锦赛在中国吸引了 4.24 亿的电视观众，具有较高的收视率，其中阿尔巴尼亚对瑞士比赛的收视率为 1.66%，市场份额高达 5.27%。第二，被告**具有侵权的故意**【判断：-合法】。在涉案欧锦赛足球比赛节目开赛前，中央电视台已发布版权声明。被告作为专业从事运营体育赛事节目的公司，其明知不授权，仍然进行了涉案足球赛事节目的直播，**主观故意明显**【判断：-合法】。第三，被告**在其制作的被诉侵权节目设有骗钱的贴片广告**【判断：-合法】，**在节目过程中有弹窗广告**【判断：-合法】。第四，2014 年，原告曾将同类足球赛事节目 2014 巴西世界杯以普通许可的方式许可被告在其网站播出两个月，许可费用为 4000 万元，折合每场比赛的价格是 65 万元左右。虽然根据现有证据，原告的实际损失与被告的**侵权获利**【判断：-合法】的具体数额难以精确计算，但现有证据证明前述数额将明显超过法定赔偿最高限额。所以，本院将综合全案的证据情况，在法定最高赔偿额最高限额以上合理确定赔偿的数额。此外，关于原告主张的作为合理开支的律师费、公证费共计 15 万元。虽然原告未提供相应的票据，但原告却为本案聘请了律师，**且对被告的侵权行为进行了公证**【判断：＋合法】。上述费用是原告**为本案诉讼所必然支出的费用**【判断：＋合法】。本院认为，综合考量案件的难易程度、案件的诉讼标的额、原告律师的工作量、律师收费、政府指导价标准等因素，原告主张的合理开支 15 万元数额，**尚属合理**【判断：＋合法】，本院予以**全额支持**【判断：＋合法】。综上，依照《中华人民共和国侵权责任法》第十五条，《中华人民共和国著作权法》第三条、第十条、第四十七条、第四十九条,《中华人民共和国著作权法实施条例》第二条、第三条、第四条,《最高人民法院关于审理著作权民事纠纷案件适用法律若干问题的解释》第二十五条、第二十六条之规定,判决如下:第一,被告上海聚力传媒技术有限公司**于本判决生效之日起 10 日内赔偿原告央视国际网络有限公司经济损失 200 万元【判断:−合法】**。第二,被告上海聚力传媒技术有限公司**于本判决生效之日起 10 日内赔偿原告央视国际网络有限公司为制止侵权行为而支付的合理开支 15 万元【判断:−合法】**。第三,**驳回原告央视国际网络有限公司的其他诉讼请求【判断:−合法】**。如果未按本判决指定的期间履行给付金钱的义务,应当依照《民事诉讼法》第二百五十三条的规定,**加倍支付迟延履行期间的债务利息【判断:−合法】**。案件受理费 38 000 元,由原告央视国际网络有限公司负担 4363 元,被告上海聚力传媒技术有限公司负担 26 437 元。如不服本判决,可在判决书送达之日起 15 日内向本院递交上诉状,并按对方当事人或代表人的人数提出副本上诉于上海知识产权法院。闭庭以后,双方当事人及代理人应当签收法律文书。今天的宣判就到此结束。

例 7-21 中审判长的态度表达情况见表 7-19。

表 7-19　民事审判判决结果中审判长的态度

| 序号 | 态度表达 | 评价者 | 情感 | 判断 | 鉴赏 | 评价对象 |
|---|---|---|---|---|---|---|
| 1 | 依法适用普通程序公开开庭进行了审理 | 审判长 | | ＋合法 | | 本院 |
| 2 | 涉案被诉行为既属于著作权侵权 | 原告 | | −合法 | | 被告 |
| 3 | 同时也构成对原告的不正当竞争 | 原告 | | −合法 | | 被告 |
| 4 | 以《反不正当竞争法》作为解决涉案纠纷的法律依据并不恰当 | 审判长 | | −合法 | | 被告 |
| 5 | 将给足球体育赛事以授权许可为核心的市场交易带来极大的不稳定 | 审判长 | | −合法 | | 被告 |
| 6 | 只是一种消极的权益保护 | 审判长 | | −合法 | | 被告 |
| 7 | 而非积极的赋权保护 | 审判长 | | −合法 | | 被告 |
| 8 | 这种消极的权益保护 | 审判长 | | −合法 | | 被告 |

续表

| 序号 | 态度表达 | 评价者 | 情感 | 判断 | 鉴赏 | 评价对象 |
|---|---|---|---|---|---|---|
| 9 | 不能为足球赛事节目的许可、转让等流转提供必要的法律保障 | 审判长 | | -合法 | | 被告 |
| 10 | 符合我国《著作权法》类电影作品设置在一定介质上的固定性要求 | 审判长 | | +合法 | | 原告 |
| 11 | 这将违背基本的经验常识 | 审判长 | | -合法 | | 被告 |
| 12 | 也不符合立法的目的 | 审判长 | | -合法 | | 被告 |
| 13 | 未经许可 | 审判长 | | -合法 | | 被告 |
| 14 | 侵害了原告的著作权 | 审判长 | | -合法 | | 被告 |
| 15 | 不仅超出适当引用中的合理适度 | 审判长 | | -合法 | | 被告 |
| 16 | 该种使用方式与原告对涉案足球赛事节目的正常使用相冲突 | 审判长 | | -合法 | | 被告 |
| 17 | 同时也会损害原告的正当利益 | 审判长 | | -合法 | | 被告 |
| 18 | 该种使用方式不符合《著作权法》第二十二条规定 | 审判长 | | -合法 | | 被告 |
| 19 | 不构成合理使用 | 审判长 | | -合法 | | 被告 |
| 20 | 应当承担相应的著作权侵权责任 | 审判长 | | -合法 | | 被告 |
| 21 | 涉案侵权行为 | 审判长 | | -合法 | | 被告 |
| 22 | 具有较高的知名度和商业价值 | 审判长 | | | +JIA | 原告（涉案欧锦赛足球赛事节目） |
| 23 | 具有侵权的故意 | 审判长 | | -合法 | | 被告 |
| 24 | 主观故意明显 | 审判长 | | -合法 | | 被告 |
| 25 | 在其制作的被诉侵权节目设有骗钱的贴片广告 | 审判长 | | -合法 | | 被告 |
| 26 | 在节目过程中有弹窗广告 | 审判长 | | -合法 | | 被告 |
| 27 | 侵权获利 | 审判长 | | -合法 | | 被告 |
| 28 | 且对被告的侵权行为进行了公证 | 审判长 | | +合法 | | 原告 |
| 29 | 为本案诉讼所必然支出的费用 | 审判长 | | +合法 | | 原告 |
| 30 | 尚属合理 | 审判长 | | +合法 | | 原告 |
| 31 | 予以全额支持 | 审判长 | | +合法 | | 原告 |
| 32 | 于本判决生效之日起 10 日内赔偿原告央视国际网络有限公司经济损失 200 万元 | 审判长 | | -合法 | | 被告 |
| 33 | 于本判决生效之日起 10 日内赔偿原告央视国际网络有限公司为制止侵权行为而支付的合理开支 15 万元 | 审判长 | | -合法 | | 被告 |
| 34 | 驳回原告央视国际网络有限公司的其他诉讼请求 | 审判长 | | -合法 | | 原告 |
| 35 | 加倍支付迟延履行期间的债务利息 | 审判长 | | -合法 | | 被告 |

表 7-19 表明，审判长在判决结果宣布中共表达态度 35 次，其中 27 次针对被告上海聚力传媒技术有限公司，7 次针对原告央视国际网络有限公司，1 次针对本院（这里指审判长及其他合议庭成员）。在态度类型方面，35 次态度表达中，有 34 次是判断，且全都是合法性判断，1 次是判断引发型鉴赏，针对原告（制作的欧锦赛足球赛事节目）。

审判长对被告的 27 次合法性判断全都是否定性的，表明审判长对被告相关行为的合法性持否定态度。

审判长对原告的 7 次态度表达包括 6 次合法性判断和 1 次判断引发型鉴赏，其中 6 次态度表达中 5 次是肯定的，1 次是否定的，表明审判长对原告相关行为的合法性总体上持肯定态度。审判长对原告的唯一一次否定态度是合法性判断"驳回原告央视国际网络有限公司的其他诉讼请求"，表明审判长虽然对原告相关行为整体上持肯定态度，但是对其相关诉讼请求并不支持，因此对其进行"驳回"。审判长对原告的唯一一次判断引发型鉴赏是针对其制作的涉案欧锦赛足球赛事节目，认为其"具有较高的知名度和商业价值"，该判断引发型鉴赏表面上是对涉案欧锦赛足球赛事节目进行鉴赏，但实际上表明对原告著作（业务）水平的肯定态度，这也从一个侧面表明被告的"侵权获利"巨大。

审判长对其（合议庭）审判行为也进行了评价，"依法适用普通程序公开开庭进行了审理"这一肯定合法性判断，表明审判长对其审判行为合法性的肯定态度。

### 7.7.3  行政审判判决结果中的态度

《行政诉讼法》第八十条规定：人民法院对公开审理和不公开审理的案件，一律公开宣告判决。当庭宣判的，应当在十日内发送判决书；定期宣判的，宣判后立即发给判决书。本节我们来看行政审判中审判长在宣布判决结果时的态度表达。例 7-22 选自江苏中厦集团有限公司与大庆市让胡路区住房和城乡建设局行政处罚二审庭审的判决结果宣布阶段。该案案情大致如下：江苏中厦集团有限公司所建住房因质量问题被大庆市让胡路区住房和城乡建设局做出行政处罚，江苏中厦集团有限公司不服该行政处罚，向大庆市让胡路区人民法院提起行政诉讼，诉请判处该行政处罚无效，大庆市让胡路区人民法院判决驳回其诉讼请求。江苏中厦集团有限公司不服该行政判决，向大庆市中级人民法院提起上诉。

例 7-22   审（男）：现在继续开庭，上诉人江苏中厦集团有限公司诉被上诉人大庆市让胡路区人民政府住房和城乡建设局行政处罚一案，经双方当事人当庭陈述、举证、质证和法庭辩论以及合议庭评议，现在进行当庭宣判。（书记员：请全体起立）本院经审理查明，涉案工程于 2013 年竣工，同年业主陆续入住。2015 年底，业主向被上诉人投诉涉案房屋**存在墙体、梁、楼板多处裂缝等质量问题【–JIA】**。**最多一户裂缝达 25 处【–JIA】**，**最宽裂缝近 1 毫米【–JIA】**，被上诉人就此多次组织业主与上诉人调解未果。2017 年 7 月 27 日，经大庆市佞金房地产开发有限公司委托，黑龙江省固特建筑工程质量技术咨询有限公司就涉案三户房屋分别出具了工程质量检测鉴定报告，编号分别为 20170715-1、20170715-2、20170715-3。据上述三份鉴定报告工程概况记载，涉案房屋建筑结构安全等级为二级，设计使用年限 50 年，电镀抗震设防类别为丙类，抗震设防烈度为六度。现场勘查与检测部分记载，涉案房屋**多处墙体、梁板、装修层表面存在裂缝现象【–JIA】**，**部分轴板、轴梁不满足规范要求【–JIA】**，**部分钢筋间距保护层厚度不满足规范要求【–JIA】**，**部分轴梁、钢筋保护层不满足规范要求【–JIA】**，**存在漏筋现象【–JIA】**。鉴定结论为，涉案房屋部分轴梁构件截面尺寸、楼板厚度超规范允许偏差范围，**不符合规范要求【–JIA】**；部分轴梁钢筋间距超规范允许添加范围，**不符合规范要求【–JIA】**；部分轴梁保护层厚度超规范允许添加范围，**不符合规范要求【–JIA】**；部分轴梁底纵向受力钢筋间距、保护层厚度超规范允许添加范围，**不符合规范要求【–JIA】**。除上述事实外，本院二审查明的其他事实与一审判决认定的相关事实一致。鉴于庭审中已对一审判决认定事实予以宣读，故在此当庭宣判环节不再赘述。针对上诉人的上诉请求，结合对一审判决和被诉行政行为的全面审查，本院对本庭确定的三个重点问题逐一进行评判。第一，关于涉案鉴定意见能否作为行政处罚决定的证据问题。本院认为，根据相关法律及司法解释规定，鉴定意见系行政诉讼证据的一种，不仅是人民法院认定事实的依据，也是行政机关进行行政处罚的重要证据。目前尚无法律和行政法规规定行政机关对行政相对人予以行政处罚，如需鉴定，只能由行政机关自行委托。且根据《中华人民共和国行政处罚法》第三十六条规定，行政机关除可以依法当场作出的行政处罚外，发现公民、法人或其他组织有依法应当给予行政处罚的行为的，必须全面、客观、公正地调查收集有关证据。必要时，依照法律法规的规定可以进行检查。也就是说，只要是与可能给予行政处罚有关的证据，都属于行政机关调查收集范畴，涉案鉴定意见也概莫能外。上诉人自行委托的大庆市国峰建筑工程技术咨询有限公司出具的鉴定意见，已明确涉案**工程存在质量问题【–JIA】**，曾因为施工阶段期短，施工荷载过早，钢板支撑刚度、模板支撑刚度不足或受扰动而产生**属非承载性裂缝【–JIA】**，而且该份鉴定报告已经听证会质证。通过本次庭审质证，涉案鉴定意见**真实【＋JIA】**、**合法【＋JIA】**，**与待证事实具有关联性【＋JIA】**，**符合《最高人民法院关于行政诉讼证据若干问题的规定》第十四条的相关规定【＋JIA】**，故被上诉人将上诉人及案外人委托的鉴定意见作为行政处罚决定的证据，**并不违反法律规定【判断：＋合法】**。上诉人虽然对此持有异议，但未提供有力证据予以证实，**其要求重新鉴定的主张亦缺乏法律依据【判断：–合法】**。特别是从已经本次庭审质证的图片证据来看，只要具有一般常识和基本分辨能力的普通人，即可看出该涉案房屋**存在质量问题【–JIA】**。对于鉴定意见，无非是对涉案房屋质量问题的成因以及可能造成的危害后果予以专业性判断而已。房屋竣工仅仅两年时间，**就出现如此的质量问题【–JIA】**，**确实让人触目惊心【情感：–满意】**。第二，关于被诉行政处罚决定是否合法，特别是被上诉人是否存在滥用职权行为的问题。本院认为，被上诉人大庆市让胡路区住房和城乡建设局对县级以上地方人民政府建设行政主管部门根据《建设工程质量管理条例》第四十三条规定，对本行政区域内的建设工程质量实施监督管理，**既系其法定职权【判断：＋合法】，又系其应履行的法定职责【判断：＋合法】**。其在对上诉人实施行政处罚的过程中，按照《行政处罚法》的相关规定，**履行了立案、调查、听证、集体讨论等相关程序【判断：＋合法】**，涉案鉴定意见均系行政处罚决定前收集，并依据《建设工程质量管理条例》第二十八条、第六十四条的规定作出涉案行政处罚决定。**适用法律正确【判断：＋合法】**，对上诉人**未按照标准技术规范施工，损害业主权益的违法行为【判断：－合法】**作出行政处罚决定，**符合相关法律法规的立法目的、原则和要求【判断：＋合法】，并不存在滥用职权情形【判断：＋合法】**。第三，关于被诉行政处罚决定是否存在明显不当的问题。本院认为，房屋建设质量直接关乎民生，关乎人民群众生命财产安全和公共安全，对于建设施工领域危害人民群众切身利益的违法行为，理应从重打击、严厉查处。本案中，涉案工程为商品房住宅，上诉人作为施工单位，**在施工过程中没有按照施工技术标准进行施工【判断：－合法】，导致涉案工程存在质量问题【判断：－合法】，但业主投诉后处理不积极、不及时【判断：－合法】，导致业主群体性上访【判断：－合法】**，且经被上诉人多次调解未果。被上诉人作为建设行政主管部门，在法律法规规定的范围和幅度内，对上诉人的违法行为按数额、幅度上限科以行政处罚，**符合相关法律法规的立法目的和精神【判断：＋合法】，不存在过罚不当情形【判断：＋合法】**。虽然上诉人与业主目前达成和解，但仅是部分业主，而且该行为既发生在处罚决定做出之后，**不能成为对其减轻处罚的事由**【判断：−合法】。综上，本院认为，被上诉人大庆市让胡路区住房和城乡建设局对上诉人作出的庆让建执法字（2017）第 001 号行政处罚决定**认定事实清楚**【＋JIA】、**证据确实充分**【＋JIA】、**适用法律法规正确**【＋JIA】、**符合法律程序**【＋JIA】、**符合法律法规规定**【＋JIA】，处罚的幅度、范围、行政酌处权及自由裁量权的行使**合理、合法**【＋JIA】。上诉人江苏中厦集团有限公司的**上诉理由不能成立**【判断：−合法】，本院**对其诸上诉主张均不予支持**【判断：−合法】。一审判决认定**事实清楚**【＋JIA】、**适用法律正确**【＋JIA】，**应予维持**【＋JIA】。依照《行政诉讼法》第八十九条之规定，判决如下：**驳回上诉**【判断：−合法】、**维持原判**【判断：＋合法】。二审案件受理费 50 元，由上诉人江苏中厦集团有限公司负担。本判决为终审判决。鉴于本案系当庭宣判，本院将在十日内向双方当事人送达判决书，请双方当事人阅读庭审笔录并签字确认，庭审到此结束，现在闭庭。

表 7-20 显示了例 7-22 中审判长在宣布判决结果时的态度表达。

**表 7-20　行政审判判决结果中审判长的态度**

| 序号 | 态度表达 | 评价者 | 情感 | 判断 | 鉴赏 | 评价对象 |
|---|---|---|---|---|---|---|
| 1 | 存在墙体、梁、楼板多处裂缝等质量问题 | 审判长 | | | −JIA | 上诉人（涉案房屋） |
| 2 | 最多一户裂缝达 25 处 | 审判长 | | | −JIA | 上诉人（涉案房屋） |
| 3 | 最宽裂缝近 1 毫米 | 审判长 | | | −JIA | 上诉人（涉案房屋） |
| 4 | 多处墙体、梁板、装修层表面存在裂缝现象 | 审判长 | | | −JIA | 上诉人（涉案房屋） |
| 5 | 部分轴板、轴梁不满足规范要求 | 审判长 | | | −JIA | 上诉人（涉案房屋） |
| 6 | 部分钢筋间距保护层厚度不满足规范要求 | 审判长 | | | −JIA | 上诉人（涉案房屋） |
| 7 | 部分轴梁、钢筋保护层不满足规范要求 | 审判长 | | | −JIA | 上诉人（涉案房屋） |
| 8 | 存在漏筋现象 | 审判长 | | | −JIA | 上诉人（涉案房屋） |
| 9 | 不符合规范要求 | 审判长 | | | −JIA | 上诉人（涉案房屋） |
| 10 | 不符合规范要求 | 审判长 | | | −JIA | 上诉人（涉案房屋） |
| 11 | 不符合规范要求 | 审判长 | | | −JIA | 上诉人（涉案房屋） |
| 12 | 不符合规范要求 | 审判长 | | | −JIA | 上诉人（涉案房屋） |

续表

| 序号 | 态度表达 | 评价者 | 情感 | 判断 | 鉴赏 | 评价对象 |
|---|---|---|---|---|---|---|
| 13 | 工程存在质量问题 | 审判长 | | | −JIA | 上诉人（涉案房屋） |
| 14 | 属非承载性裂缝 | 审判长 | | | −JIA | 上诉人（涉案房屋） |
| 15 | 真实 | 审判长 | | | ＋JIA | 固特公司（鉴定报告） |
| 16 | 合法 | 审判长 | | | ＋JIA | 固特公司（鉴定报告） |
| 17 | 与待证事实具有关联性 | 审判长 | | | ＋JIA | 固特公司（鉴定报告） |
| 18 | 符合《最高人民法院关于行政诉讼证据若干问题的规定》第十四条的相关规定 | 审判长 | | | ＋JIA | 固特公司（鉴定报告） |
| 19 | 并不违反法律规定 | 审判长 | | ＋合法 | | 被上诉人 |
| 20 | 其要求重新鉴定的主张亦缺乏法律依据 | 审判长 | | −合法 | | 上诉人 |
| 21 | 存在质量问题 | 审判长 | | | −JIA | 上诉人（涉案房屋） |
| 22 | 就出现如此的质量问题 | 审判长 | | | −JIA | 上诉人（涉案房屋） |
| 23 | 确实让人触目惊心 | 审判长 | −满意 | | | 上诉人 |
| 24 | 既系其法定职权 | 审判长 | | ＋合法 | | 被上诉人 |
| 25 | 又系其应履行的法定职责 | 审判长 | | ＋合法 | | 被上诉人 |
| 26 | 履行了立案、调查、听证、集体讨论等相关程序 | 审判长 | | ＋合法 | | 被上诉人 |
| 27 | 适用法律正确 | 审判长 | | ＋合法 | | 被上诉人 |
| 28 | 未按照标准技术规范施工，损害业主权益的违法行为 | 审判长 | | −合法 | | 上诉人 |
| 29 | 符合相关法律法规的立法目的、原则和要求 | 审判长 | | ＋合法 | | 被上诉人 |
| 30 | 并不存在滥用职权情形 | 审判长 | | ＋合法 | | 被上诉人 |
| 31 | 在施工过程中没有按照施工技术标准进行施工 | 审判长 | | −合法 | | 上诉人 |
| 32 | 导致涉案工程存在质量问题 | 审判长 | | −合法 | | 上诉人 |
| 33 | 但业主投诉后处理不积极、不及时 | 审判长 | | −合法 | | 上诉人 |
| 34 | 导致业主群体性上访 | 审判长 | | −合法 | | 上诉人 |
| 35 | 符合相关法律法规的立法目的和精神 | 审判长 | | ＋合法 | | 被上诉人 |
| 36 | 不存在过罚不当情形 | 审判长 | | ＋合法 | | 被上诉人 |
| 37 | 不能成为对其减轻处罚的事由 | 审判长 | | −合法 | | 上诉人 |
| 38 | 认定事实清楚 | 审判长 | | | ＋JIA | 被上诉人（处罚决定） |
| 39 | 证据确实充分 | 审判长 | | | ＋JIA | 被上诉人（处罚决定） |
| 40 | 适用法律法规正确 | 审判长 | | | ＋JIA | 被上诉人（处罚决定） |
| 41 | 符合法律程序 | 审判长 | | | ＋JIA | 被上诉人（处罚决定） |

续表

| 序号 | 态度表达 | 评价者 | 情感 | 判断 | 鉴赏 | 评价对象 |
|---|---|---|---|---|---|---|
| 42 | 符合法律法规规定 | 审判长 | | | ＋JIA | 被上诉人（处罚决定） |
| 43 | 处罚的幅度、范围、行政酌处权及自由裁量权的行使合理、合法 | 审判长 | | | ＋JIA | 被上诉人（处罚决定） |
| 44 | 上诉理由不能成立 | 审判长 | | －合法 | | 上诉人 |
| 45 | 对其诸上诉主张均不予支持 | 审判长 | | －合法 | | 上诉人 |
| 46 | 认定事实清楚 | 审判长 | | | ＋JIA | 一审法官（一审判决） |
| 47 | 适用法律正确 | 审判长 | | | ＋JIA | 一审法官（一审判决） |
| 48 | 应予维持 | 审判长 | | | ＋JIA | 一审法官（一审判决） |
| 49 | 驳回上诉 | 审判长 | | －合法 | | 上诉人 |
| 50 | 维持原判 | 审判长 | | ＋合法 | | 一审法官 |

注：固特公司指的是黑龙江省固特建筑工程质量技术咨询有限公司

表 7-20 表明，例 7-22 中的审判长在判决宣读中共表达态度 50 次，其中 27 次针对上诉人，15 次针对被上诉人，4 次针对一审法官，4 次针对固特公司（黑龙江省固特建筑工程质量技术咨询有限公司，负责对上诉人所建房屋施工工程质量进行检测鉴定的公司）。审判长对上诉人江苏中厦集团有限公司的 27 次态度表达包括 16 次判断引发型鉴赏，10 次判断，1 次情感。全部 27 次态度表达都是否定性的，表明审判长对上诉人的行为持否定态度。这也与最终的判决结果"驳回上诉、维持原判"相一致。16 次判断引发型鉴赏主要针对上诉人所建住房（涉案房屋），表明其"存在质量问题"。情感表达"确实让人触目惊心"明确地表明了审判长对该"涉案房屋"质量的强烈不满。10 次判断都是针对上诉人行为合法性的否定判断，目的是表明上诉人的上诉理由不能成立，因此要"驳回上诉"。

审判长对被上诉人大庆市让胡路区住房和城乡建设局的 15 次态度表达包括 9 次判断和 6 次判断引发型鉴赏。全部 15 次态度表达都是肯定性的，表明审判长对被上诉人的行为持肯定态度，这与其对上诉人的态度截然相反。9 次判断和 6 次判断引发型鉴赏都表明了对被上诉人的具体行政行为（该案中为其对上诉人做出的处罚决定）的合法性的肯定态度，目的是表明该处罚决定"符合相关法律"。

审判长对黑龙江省固特建筑工程质量技术咨询有限公司的 4 次态度表达均为肯定性判断引发型鉴赏，对一审法官的 4 次态度表达包括 3 次肯定性判断引发型鉴赏和 1 次肯定性合法判断，表明审判长对两者都持肯定态度。审判长对黑龙江省固特建筑工程质量技术咨询有限公司持肯定态度，是因为其所出具的涉案房屋工程质量检测鉴定报告"真实""合法""有关联性""符合相关规定"，上述鉴定意见作为行政处罚决定的证据，并不违反法律规定，法庭（审判长）对此予以认可。审判长针对一审判决的 3 次肯定性判断引发型鉴赏，表明其"认定事实清楚、适用法律正确、应予维持"，最终的判决结果也对其进行了肯定（"维持原判"）。

　　如前所述，法庭审判话语的态度表达具有层级性，由微观态度、任务态度和宏观态度构成。微观态度指具体、可识别的态度表达，它既是态度系统的基本构成单位，也是其语言实现载体。任务态度指一项话语任务所表明的态度，宏观态度指诉讼主体在法庭审判过程中的总态度。宏观态度由任务态度构成，任务态度由微观态度构成。宏观态度体现于任务态度和微观态度之中；宏观态度的表明有赖于任务态度和微观态度的表明。任务态度和微观态度具有战术意义，宏观态度具有战略意义。宏观态度的表明对诉讼目的的实现和法庭审判的结果有重要影响。法庭审判所有诉讼主体的微观态度、任务态度和宏观态度共同构成法庭审判话语的态度系统。

# 结　　语

本书以系统功能语言学评价理论为基础，采用语料库研究方法，对 300 场不同类型（100 场刑事、100 场民事、100 场行政）法庭审判中的不同诉讼主体（法官、公诉人、律师、原告、被告、证人）的不同态度表达（情感、判断、鉴赏）进行系统、全面的定量（数量、比例、分布）和定性（特征、功能、互动）研究。主要研究发现如下：①法庭审判各诉讼主体表明态度最主要的方式是判断，其次是情感，最后是鉴赏。②大多数态度表达具有否定意义，表明法庭审判总体上表达的是否定态度；三类审判中，民事审判所表达的态度否定程度最高，其次是行政审判，最后是刑事审判。③在刑事审判中，被告人表达态度的频率最高，否定性也最高，法官表达态度的频率最低。在民事审判中，被告表达态度的频率最高，原告的否定性最高，法官表达态度的频率最低。在行政审判中，原告表达态度的频率最高，且否定性也最高。④在刑事审判中，被告人所受评价频率最高，被告人和受害人所受评价的否定性均为最高。在民事审判中，原告所受评价频率最高，被告所受否定态度评价比例最高。在行政审判中，原告所受评价频率最高，被告所受否定态度评价比例最高。⑤在鉴赏子系统中，判断引发型鉴赏在数量上超过反应、构成和价值等三种非判断引发型鉴赏的总和。⑥在法庭辩论阶段，控辩双方主要通过合法性及能力判断，以及判断引发型鉴赏来表明态度。在刑事审判被告人的最后陈述中，悲伤和愿望等情感表达帮助被告人表明认罪、悔罪、改过自新的态度。在民事、行政审判的最后陈述中，合法性判断和愿望情感表达帮助各方表明立场和诉讼请求。在民事审判调解中，愿望、安全、满意等情感表达帮助审判长表明其促成调解的态度及对各方的希望。在判决结果的宣布中，合法性判断和判断引发型鉴赏帮助审判长表明判决对象罪与非罪、罪重与轻、侵权与非侵权、侵权重与轻等的态度。⑦法庭审判话语的态度表达具有层级性，由微观态度、任务态度和宏观态度构成。宏观态度体现于任务态度和微观态度之中；宏观态度的表明有赖于任务态度和微观态度的表明。任务态度和微观态度具有战术意义，宏观态度具有战略意义。宏观态度的表明对诉讼目的的实现和法庭审判的结果有重要影响。法庭审判所有诉讼主体的微观态度、任务态度和宏观态度共同构成法庭审判话语的态度系统。

　　本书构建的法庭审判话语态度系统分析框架，为对法庭审判话语的态度表达进行研究提供了有力的分析工具。该框架也可用于分析起诉书、答辩状、各类裁判文书等书面法律语篇。此外，本书研究成果可为法官和检察官的态度表达提供重要参考借鉴，对规范司法语言，提高审判质量，让人民群众"在每一个司法案件中都感受到公平正义"具有重要意义。最后，本书对律师、原告、被告、证人的法庭话语实践也具有一定的指导意义，可以指导他们更加合理、合法、有效地表达态度，从而提升司法文明。

# 参 考 文 献

曹飞. 2005a. "诉累"的法经济学分析. 西南政法大学学报, (6): 52-57.

曹飞. 2005b. 解读"诉累". 无锡商业职业技术学院学报, (1): 64-65.

苌文雅. 2021. 民事判决书的介入资源研究. 南京师范大学硕士学位论文.

车振冬. 2011. 刑事庭审话语中的态度意义. 山东大学硕士学位论文.

陈春华, 马龙凯. 2022. 新冠肺炎新闻评论中的态度资源与形容词型式——基于型式语法的研究. 外语教学, (3): 22-29.

陈梅, 文军. 2013. 评价理论态度系统视阈下的白居易诗歌英译研究. 外语教学, (4): 99-104.

陈明瑶. 2007. 新闻语篇态度资源的评价性分析及其翻译. 上海翻译, (1): 23-27.

程朝阳. 2007. 法庭调解语言的语用研究. 中国政法大学博士学位论文.

程朝阳. 2008a. 法庭调解话语与角色研究——一种语用分析的进路. 法律适用, (3): 48-52.

程朝阳. 2008b. 法庭调解话语与目的互动研究——一种语用分析的进路. 法律方法, 7: 55-75.

杜金榜, 罗红秀. 2013. 信息型法律语料库及其在法律语篇分析中的作用. 云梦学刊, (1): 135-140.

杜金榜. 2008. 庭审交际中法官对信息流动的控制. 广东外语外贸大学学报, (2): 36-40.

杜金榜. 2009. 从法庭问答的功能看庭审各方交际目标的实现. 现代外语, (4): 360-368, 436-437.

杜金榜. 2010. 法庭对话与法律事实建构研究. 广东外语外贸大学学报, (2): 84-90.

杜金榜. 2012. 从层级性信息的处理看法庭交互中态度指向的实现. 解放军外国语学院学报, (1): 7-12, 125.

冯德正, 亓玉杰. 2014. 态度意义的多模态建构——基于认知评价理论的分析模式. 现代外语, (5): 585-596, 729.

葛琴. 2015. 基于态度系统的汉英政治新闻语篇对比分析. 外国语言文学, (2): 86-91.

胡美馨, 黄银菊. 2014. 《中国日报》和《纽约时报》态度资源运用对比研究——以美军在利比亚军事行动报道为例. 外语研究, (4): 24-30.

胡壮麟, 朱永生, 张德禄, 等. 2005. 系统功能语言学概论. 北京: 北京大学出版社.

蒋婷. 2016. 态度系统视阈下仲裁员调解话语的人际意义分析. 现代外语, (2): 188-197, 291-292.

柯贤兵, 廖美珍. 2011. 法庭调解话语博弈交际研究. 外语学刊, (5): 70-75.

蓝小燕. 2011. 英语学术书评的评价策略分析——评价理论之态度视角. 山东外语教学, (2): 13-20.

李立, 赵洪芳. 2009. 法律语言实证研究. 北京: 群众出版社.

李诗芳. 2005. 中文民事判决书的情态意义分析. 现代外语, (3): 272-278, 329.

李诗芳. 2007. 法庭话语的人际意义研究. 长春: 东北师范大学博士学位论文.

李战子, 胡明霞. 2016. 基于语义重力说和评价理论的评价重力——以傅莹《中国是超级大国吗?》演讲为例. 外语研究, (4): 1-6, 112.

李战子. 2001. 功能语法中的人际意义框架的扩展. 外语研究, (1): 48-54, 80.

李战子. 2004a. 评价理论: 在话语分析中的应用和问题. 外语研究, (5): 1-6, 80.

李战子. 2004b. 评价与文化模式. 山东外语教学, (2): 3-8.

李战子. 2005. 从语气、情态到评价. 外语研究, (6): 14-19, 80.

李战子. 2022. 评价理论在国际传播语境中的应用与拓展. 外语研究, (2): 1-6, 112.

廖美珍. 2002a. 从问答行为看中国法庭审判现状. 语言文字应用, (4): 25-36.

廖美珍. 2002b. 问答: 法庭话语互动研究. 中国社会科学院研究生院博士学位论文.

廖美珍. 2003a. 法庭问答及其互动研究. 北京: 法律出版社.

廖美珍. 2003b. 法庭语言实证报告. 法律与生活, (12): 2-5.

廖美珍. 2004a. 国外法律语言研究综述. 当代语言学, (1): 66-76, 94.

廖美珍. 2004b. 答话研究——法庭答话的启示. 修辞学习, (5): 29-34.

廖美珍. 2004c. 目的原则与法庭互动话语合作问题研究. 外语学刊, (5): 43-52.

廖美珍. 2005. 法庭语言技巧. 北京: 法律出版社.

廖美珍. 2006a. 中国法庭互动话语 formulation 现象研究. 外语研究, (2): 1-8, 13, 80.

廖美珍. 2006b. 论法学的语言转向. 社会科学战线, (2): 200-204.

廖美珍. 2012. 法庭审判话语框架分析. 当代修辞学, (6): 83-91.

刘世铸, 韩金龙. 2004. 新闻话语的评价系统. 外语电化教学, (98): 17-21.

刘世铸. 2007. 评价的语言学特征. 山东外语教学, (3): 11-16.

刘世铸. 2010. 评价理论在中国的发展. 外语与外语教学, (5): 33-37.

刘兴兵. 2014. Martin 评价理论的国内文献综述. 英语研究, (2): 6-11.

罗桂花, 廖美珍. 2012. 法庭互动中的回声问研究. 现代外语, (4): 369-376, 437.

吕娜. 2019. 中文刑事判决书的态度系统分析. 南京师范大学硕士学位论文.

马佩佩. 2021. 中文行政判决书的态度系统研究. 南京师范大学硕士学位论文.

彭海青. 2007. 论刑事判决书的说理. 湘潭大学学报(哲学社会科学版), (5): 30-33.

施光. 2008. 法庭审判话语的批评性分析. 南京师范大学博士学位论文.

施光. 2010. 试析法庭审判话语的互文性. 当代中国话语研究, (3): 95-101.

施光. 2014. 中国法庭审判话语的批评性分析. 北京: 科学出版社.

施光. 2016. 法庭审判话语的态度系统研究. 现代外语, (1): 52-63, 146.

施光. 2017. 刑事判决书的态度系统研究. 外语与外语教学, (6): 81-88, 147-148.

孙铭悦, 张德禄. 2015. 评价系统组篇机制研究. 现代外语, (1): 26-36, 145.

孙铭悦, 张德禄. 2018. 评价策略分析框架探索——以英语社论语篇为例. 外语学刊, (2): 27-34.

王伟. 2014. 评价系统态度资源的接受研究. 西安外国语大学学报, (4): 61-64.

王振华, 马玉蕾. 2007. 评价理论: 魅力与困惑. 外语教学, (6): 19-23.

王振华, 瞿桃. 2020. 多模态语篇的评价研究: 过去、现在与未来. 外国语, (6): 42-51.

王振华, 吴启竞. 2020. 元话语和评价系统在人际意义研究上的互补. 当代修辞学, (3):

51-60.

王振华, 张庆彬. 2013. 基于语料库的中外大学校训意义研究——"评价系统"视角. 外语教学, (6): 7-12.

王振华. 2001. 评价系统及其运作——系统功能语言学的新发展. 外国语, (6): 13-20.

王振华. 2004a. "物质过程"的评价价值——以分析小说人物形象为例. 外国语, (5): 41-47.

王振华. 2004b. "硬新闻"的态度研究——"评价系统"应用研究之二. 外语教学, (5): 31-36.

王振华. 2010. 从态度系统考量奥巴马获 2009 年度诺贝尔和平奖引发的争议. 当代外语研究, (3): 7-11, 46, 61.

谢进杰. 2006. 被告人最后陈述制度构造原理. 甘肃政法学院学报, (2): 61-68.

徐静村. 2010. 减刑、假释制度改革若干问题研究. 法治研究, (2): 3-9.

徐玉臣. 2009. 科技语篇中的态度系统研究. 外语教学, (4): 37-44.

徐玉臣. 2013. 中国评价理论研究的回顾与展望. 外语教学, (3): 11-15.

剡璇, 徐玉臣. 2011. 科技语篇中的鉴赏系统及其评价机制. 外语教学理论与实践, (1): 60-67, 51.

杨汝福, 曲春玲. 2014. 态度系统视角下小说《手斧男孩》的评价意义研究. 山东外语教学, (5): 49-53.

杨汝福. 2006. 从态度系统看喜剧小品的评价意义. 外语教学, (6): 10-13.

姚人琳. 2016. 判决书中的态度词汇研究. 中国政法大学硕士学位论文.

于梅欣. 2018. 国内刑事庭审话语意义发生模式研究——系统功能语言学视角. 上海交通大学博士学位论文.

袁传有, 胡锦芬. 2011. 律师代理词中介入资源的顺应性分析. 语言教学与研究, (3): 87-94.

袁传有, 胡锦芬. 2012. 惩治犯罪: 公诉词语类的评价资源分析. 广东外语外贸大学学报, (3): 55-59.

袁传有, 廖泽霞. 2010. 律师辩护词中修辞疑问句的隐性说服力. 当代修辞学, (4): 24-30.

袁传有. 2008. 警察讯问语言的人际意义——评价理论之"介入系统"视角. 现代外语, (2): 141-149, 218-219.

张德禄, 刘世铸. 2006. 形式与意义的范畴化——兼评《评价语言——英语的评价系统》. 外语教学与研究, (6): 423-427, 479.

张德禄. 1998. 论话语基调的范围及体现. 外语教学与研究, (1): 10-16, 80.

张德禄. 2018. 论辩和评价在外语学生思辨能力培养中的作用. 中国外语, (2): 57-64.

张德禄. 2019. 评价理论介入系统中的语法模式研究. 外国语, (2): 2-10.

张进德. 2003. 刑事被告人最后陈述权探析. 人民检察, (8): 15-16.

张清. 2010. 辩护词的语言规范探析//杜金榜. 法律语言研究新进展. 北京: 对外经济贸易大学出版社: 162-167.

张清. 2021. 我国当代法律语言学研究综述. 天津外国语大学学报, (3): 40-52, 159.

Achugar, M. and Oteíza, T. 2009. "In whatever language people feel comfortable": Conflicting language ideologies in the US Southwest border. *Text & Talk*, 29(4): 371-391.

Adendorff, R., Klerk, D. V. and Genechten, V. D. 2009. The expression of affect in discussions about HIV/AIDS. *Text & Talk*, 29(2): 125-149.

Ainsworth, J. 2010. A lawyer's perspective: Ethical, technical, and practical considerations in the use of linguistic expert witnesses. *The International Journal of Speech, Language and the Law*, 16(2): 279-291.

Al-Ali, M. N. 2018. A genre-pragmatic analysis of Arabic academic book reviews (ArBRs). *Pragmatics*, 28(2): 159-183.

Aldridge, M. and Luchjenbroers, J. 2007. Linguistic manipulations in legal discourse: Framing questions and "smuggling" information. *The International Journal of Speech, Language and the Law*, 14(1): 85-107.

Andersson, M. 2022. "So many 'virologists' in this thread!": Impoliteness in Facebook discussions of the management of the pandemic of Covid-19 in Sweden-the tension between conformity and distinction. *Pragmatics*, 32(4): 489-517.

Beangstrom, T. and Adendorff, R. 2013. An APPRAISAL analysis of the language of real estate advertisements. *Southern African Linguistics and Applied Language Studies*, 31(3): 325-347.

Bennett, W. L. and Feldman, M. S. 1981. *Reconstructing Reality in the Courtroom: Justice and Judgment in American Culture.* New Brunswick: Rutgers University Press.

Breeze, R. 2016. Negotiating alignment in newspaper editorials: The role of concur-counter patterns. *Pragmatics*, 26(1): 1-19.

Caldwell, D. 2014. The interpersonal voice: Applying appraisal to the rap and sung voice. *Social Semiotics*, 24(1): 40-55.

Cao, D. 2007. *Translating Law.* Clevedon/Buffalo/Toronto: Multilingual Matters.

Chen, Y. M. 2017. Comparing the semiotic construction of attitudinal meanings in the multimodal manuscript, original published and adapted versions of Alice's Adventures in Wonderland. *Semiotica*, (215): 341-364.

Cheung, J. O. and Feng, D W. 2021. Attitudinal meaning and social struggle in heavy metal song lyrics: a corpus-based analysis. *Social Semiotics*, 31(2): 230-247.

Conley, J. M. and O'Barr, W. M. 1998. *Just Words.* Chicago: University of Chicago Press.

Cooper, B. 2007. Taboo terms in a sexual abuse criminal trial. *The International Journal of Speech, Language and the Law*, 14(1): 27-50.

Dai, X. 2020. The framing of judgement by counter: how appraisal analysis of six sentencing remarks provides an insight into judges' sentencing practices. *International Journal of Speech, Language & the Law*, 27(2): 209-231.

Eades, D. 2008. *Courtroom Talk and Neocolonial Control.* New York: Mouton de Gruyter.

Eades, D. 2010. *Sociolinguistics and the Legal Process.* Bristol: Multilingual Matters.

Eley, G. and Adendorff, R. 2011. The influence of the post-apartheid context on appraisal choices in Clem Sunter's transformational leadership discourse. *Text & Talk*, 31(1): 21-52.

Fairclough, N. 1992. *Discourse and Social Change.* Cambridge: Polity Press.

García, E. W. 2019. Toward a pragmatic account and taxonomy of valuative speech acts. *Pragmatics*, 29(1): 107-132.

Gibbons, J. 2003. *Forensic Linguistics: An Introduction to Language in the Justice System.* Malden: Blackwell Publishing.

Halliday, M. A. K. 1985. *An Introduction to Functional Grammar* (1st edn.). London: Edward Arnold.

Halliday, M. A. K. 1994. *An Introduction to Functional Grammar* (2nd edn.). London: Edward Arnold.

Halliday, M. A. K. and Matthiessen C. M. I. M . 2004. *An Introduction to Functional Grammar* (3rd edn.). London: Hodder Arnold.

Heffer, C. 2005. *The Language of Jury Trial: A Corpus-Aided Analysis of Legal-Lay Discourse.* Houndsmill: Palgrave Macmillan.

Henderson, G. 2015. *Creating Legal Worlds: Story and Style in a Culture of Argument.* Toronto: University of Toronto Press.

Hood, S. and Martin, J. R. 2005. Invoking attitude: The play of graduation in appraising discourse. In R. Hasan, C. Matthiessen and J. J. Webster(Eds.), *Continuing Discourse on Language: A Functional Perspective*(pp.739-764). London: Equinox.

Hua, Y. 2020. Chinese Corporate Microblogging on Overseas SNS. *Chinese Semiotic Studies*, 16(3): 345-371.

Johnstone, B. 2002. *Discourse Analysis*. Oxford: Blackwell.

Levi, J. N. and Walker, A. G. 1990. *Language in the Judicial Process.* New York: Plenum Press.

Lowndes, S. 2007. Barristers on trial: Comprehension and misapprehension in courtroom discourse. *The International Journal of Speech, Language and the Law*, 14(2): 305-308.

Luchjenbroers, J. 1997. "In your own words…": Questions and answers in a supreme court trial. *Journal of Pragmatics,* 27: 477-503.

Makki, M. and Zappavigna, M. 2022. Out-grouping and ambient affiliation in Donald Trump's tweets about Iran: Exploring the role of negative evaluation in enacting solidarity. *Pragmatics*, 32(1): 104-130.

Marshall, C., Adendorff, R. and de Klerk, V. 2009. The role of APPRAISAL in the NRF Rating System: An analysis of Judgement and Appreciation in peer reviewers' reports. *Southern African Linguistics and Applied Language Studies*, 27(4): 391-412.

Martin J. R. and Zappavigna, M. 2016. Exploring restorative justice: dialectics of theory and practice. *The International Journal of Speech Language and the Law*, 23(2): 215-242.

Martin, J. R. 2019. Once more with feeling: Negotiating evaluation. *Language, Context and Text*, 1(2): 234-259.

Martin, J. R. and White. P. R. R. 2008. *The Language of Evaluation: Appraisal in English.* Beijing: Foreign Language Teaching and Research Press.

Matoesian, G. M. 1993. *Reproducing Rape: Domination through Talk in the Courtroom.* Chicago: University of Chicago Press.

Moghaddam, M. M. 2019. Appraising and reappraising of compliments and the provision of responses: Automatic and non-automatic reactions. *Pragmatics*, 29(3): 410-435.

Nicholson, N. S. 2009. The law on language in the European Union: Policy development for interpreting/translation services in criminal proceedings. *The International Journal of Speech, Language and the Law*, 16(1): 59-90.

O'Barr, W. 1982. *Linguistic Evidence: Language, Power, and Strategy in the Courtroom*. San Diego: Academic Press.

Olsen, F., Lorz, A. and Stein, D. 2009. *Translation Issues in Language and Law*. Basingstoke/New York: Palgrave Macmillan.

Oteíza, T. 2009. Ideological solidarity in the historical discourse: Tension between monoglossic and heteroglossic orientations. *Revista Signos*, 42(70): 219-244.

Oteíza, T. and Pinuer, C. 2010. Temporality, strategic asset in official documents of Human Rights in Chile. *Estudios Filológicos*, (46): 81-99.

Oteíza. T. 2007. Linguistic Perceptions of Bilingual Speakers: An evaluation analysis. *Estudios Filológicos*, (42): 155-173.

Peng, X. 2017. Stroke systems in Chinese characters: A systemic functional perspective on simplified regular script. *Semiotica*, (218): 1-19.

Rosulek, L. F. 2009. The sociolinguistic creation of opposing representations of defendants and victims. *The International Journal of Speech, Language and the Law*, 16(1): 1-30.

Rosulek, L. F. 2015. *Dueling Discourses: The Construction of Reality in Closing Arguments*. Oxford: Oxford University Press.

Scherer, K. R., Schorr, A. and Johnstone, T. 2001. *Appraisal Processes in Emotion: Theory, Methods, Research*. New York: Oxford University Press.

Shi, G. 2012. An analysis of modality in Chinese courtroom discourse. *Journal of Multicultural Discourses*, 7(2): 161-178.

Shi, G. 2014. Intertextuality in Chinese courtroom discourse: A critical perspective. *Chinese Semiotic Studies,* 10(3): 427-450.

Shi, G. 2018. An analysis of attitude in Chinese courtroom discourse. *Poznan Studies in Contemporary Linguistics*, 54(1): 147-174.

Smith, J. and Adendorff, R. 2013. Newspapers as "community members": Editorial responses to the death of Eugèn Terre'Blanche. *Language Matters*, 44(1): 141-163.

Smith, J. and Adendorff, R. 2014a. The creation of an "imagined community" in readers' letters to the Daily Sun: An APPRAISAL investigation. *Text & Talk*, 34(5): 521-544.

Smith, J. and Adendorff, R. 2014b. Re-thinking Engagement: Dialogic strategies of alignment in letters to two South African newspapers. *Language Matters*, 45(2): 276-288.

Solan, L. M. 1998. Linguistic experts as semantic tour guides. *Forensic Linguistics*, 5(2): 87-106.

Thompson, J. K. 2002. "Powerful/powerless" language in court: A critical re-evaluation of the Duke Language and Law Programme. *Forensic Linguistics*, 9(2): 153-167.

Titus, J. J. 2010. Ascribing monstrosity: Judicial categorization of a juvenile sex offender. *The International Journal of Speech, Language and the Law*, 17(1): 1-23.

Trnavac, R. and Taboada, M. 2012. The contribution of nonveridical rhetorical relations to evaluation in discourse. *Language Sciences*, 34(3): 301-318.

Vertommen, B. 2013. The strategic value of pronominal choice: Exclusive and inclusive "we" in political panel debates. *Pragmatics*, 23(2): 361-383.

Wang, Z. H. and Zhang, Q. B. 2014. How disputes are reconciled in a Chinese courtroom setting:

From an appraisal perspective. *Semiotica,* 201(201): 281-298.

Wong, M. L-Y. 2022. Multimodality in Hong Kong government posters from the 1950s–1980s: An appraisal analysis and the discursive construction of legitimation. *Semiotica,* (246): 249-273.

Wu, T. 2020. Reasoning and Appraisal in Multimodal Argumentation. *Chinese Semiotic Studies,* 16(3): 419-438.

Zhang, L. P. 2006. *Lawyer Evaluation in the Chinese Courtroom: A Social-semiotic Perspective* (Unpublished doctoral dissertation). Guangdong University of Foreign Studies.

## 张××故意杀人案刑事庭审转写语料

### 法 庭 调 查

审（男）： 现在开始法庭调查。首先由合议庭组成人员×××择要宣读一
审刑事附带民事判决书主要内容。

法1（男）： 黑龙江省双鸭山市中级人民法院刑事附带民事判决书（2017）
黑 05 刑初 6 号，公诉机关黑龙江省双鸭山市人民检察院附带
民事诉讼原告人罗××，男，系被害人罗×的父亲，附带民事
诉讼原告人王××，女，系被害人罗×的母亲，附带民事诉讼
原告人冯××，男，系本案被害人。被告人张××，原名××，
男，1991 年 10 月 7 日出生，经审理查明，被告人张××，怀
疑被害人冯××与其赌博时作弊，骗其钱款。2016 年 6 月 12
日 16 时许，张××在××县××乡亮哥烧烤店找冯××索要赌
资未果，18 时许，张××驾驶黑 D81672 号大众牌小型轿车，
再次到烧烤店，与冯××发生争吵，并扬言其车有全险，说不
定撞死谁。并让××将停在烧烤店东侧的车挪走，随后张××
驾车从正对着烧烤店的南北道加速冲向坐在烧烤店门口的冯×
×。冯××见状起身躲进店内，张××驾车撞向烧烤店，致被
害人罗×死亡，冯××受伤。案发后被告人张××被×××送
往医院，途中，×××接到协警×××电话后将张××送回案
发现场，公安人员将张××抓获。另查明，附带民事诉讼原告
人罗××、王××应得到赔偿×××元。案发后，被告人家属
给付罗××、王××赔偿款×万元。附带民事诉讼原告人冯××

应得到赔偿款共计××元，上述事实由被害人冯××陈述，证人××证言，司法鉴定中心出具的车辆行驶车速鉴定、车辆安全性能检验鉴定，公安机关调取的110接警单、112接警单、住院病案、户籍证明、监控录像，公安机关制作的案件经过、现场勘查笔录及照片、提取痕迹、物证登记表、法医尸体检验报告书、法庭科学DNA鉴定书、电子数据取证检验报告书、检验报告，被告人张××的供述等证据证实。本院认为被告人张××驾驶机动车故意非法剥夺他人生命，致一人死亡，一人轻伤，其行为已构成故意杀人罪，公诉机关指控证明正确，辩护人所提具有自首情节的辩护意见。经查，被告人张××虽自动投案，但对认定其行为性质有决定意义的犯罪主观心态不能如实供述，不符合如实供述主要犯罪事实的规定，不能认定为自首，辩护意见不予采纳。被告人张××的犯罪行为对附带民事诉讼原告人造成的经济损失符合法律规定的部分予以支持。依据《中华人民共和国刑法》《中华人民共和国民法通则》《最高人民法院关于审理人身损害赔偿案件适用法律若干问题的解释》等有关规定，判决如下：①被告人张××犯故意杀人罪，判处死刑，剥夺政治权利终身。②被告人张××赔偿附带民事诉讼人罗××、王××各项损失××元，扣除已给付的××元，余款××元，于判决生效后10日内给付。③被告人张××赔偿附带民事诉讼人冯××各项损失××元。④驳回附带民事诉讼原告人罗××、王××、冯××其他诉讼请求。2017年6月23日。宣读完毕。

审（男）：　　　上诉人张××，刚才审判员宣读的一审判决书的主要内容，听清楚了？

上（男）：　　　听清楚了。

审（男）：　　　与你收到的一审判决书的主要内容是否一致？

上（男）：　　　一致。

审（男）：　　　附带民事上诉人罗××，刚才审判员宣读的一审判决书的主要内容，是否听清楚了？

民上（男）：　　听清楚了。

审（男）：　　　与你收到的一审判决书的主要内容是否一致？

民上（男）：　　　一样。

审（男）：　　　　附带民事上诉人王××，刚才审判员宣读的一审判决书的主要
内容，是否听清楚了？

民上（女）：　　　听清楚了。

审（男）：　　　　与你收到的一审判决书的主要内容是否一致？

民上（女）：　　　一致。

审（男）：　　　　附带民事原告人冯××代理人，刚才审判员宣读的一审判决书
的主要内容，是否听清楚了？

民上代（男）：听清楚了。

审（男）：　　　　与冯××收到的一审判决书的主要内容是否一致？

民上代（男）：一致。

审（男）：　　　　下面对本案刑事部分进行法庭调查。上诉人张××一审宣判后，
你向本院提出了上诉并递交了上诉状，现在你向法庭陈述你的
主要上诉理由。

上（男）：　　　　如实投案，主动返回现场，然后积极赔偿。

审（男）：　　　　就是你刚才当庭说了你的上诉理由，在你的上诉状里面，我们
看了你的上诉理由主要有两条：第一条就是说你认为你有自首
的情节。第二条是你说你的亲属积极代为赔偿被害人亲属的经
济损失，一审量刑过重，是不是这样的？

上（男）：　　　　对。

审（男）：　　　　张××辩护人对上诉人的上诉理由是否有补充？

上代（男）：　　　没有补充。

审（男）：　　　　根据上诉人张××提交的上诉状和刚才当庭陈述的上诉理由，
结合本案的具体情况，法庭确定庭审调查重点为：①张××的
行为是否构成自首。②一审判决对张××的量刑是否适当。上
诉人张××你对法庭调查确认的重点是否有疑义？

上代（男）：　　　无疑义。

审（男）：　　　　下面由辩护人、检察员围绕法庭确定的庭审调查重点对上诉人
张××进行发问、讯问。发问和讯问不准带有诱导性和提示性
的语言。发问和讯问要经法庭允许后再进行。首先由辩护人进
行发问。

上代（男）：　　　张××，作为你的辩护人，现在向你提出以下几个问题，希望

你实事求是地向法庭回答。第一个问题：你是因为什么和冯×
×发生矛盾而导致你要开车故意撞他？

上（男）：　　　他骗我钱财，然后，因为赌博骗取我钱财，所以我才开车想
撞他。

上代（男）：　　你在向他索要被骗的赌资的时候，你们俩之间是否发生争吵？

上（男）：　　　发生了。

上代（男）：　　你在撞到本案的被害人和冯××后，你是否委托其他人员向公
安机关报案？

上（男）：　　　委托了。

上代（男）：　　能说一下具体的人是谁吗？

上（男）：　　　我让身边的××打电话，完了，我就开车走了。

上代（男）：　　那么你在案发以后是否离开了案发现场？

上（男）：　　　离开了。

上代（男）：　　那为什么又回到了案发现场？你是怎么被抓获的？

上（男）：　　　我离开案发现场后，朋友给我打电话让我回到案发现场，我就
回去了，回到案发现场。

上代（男）：　　是×××劝你别跑，是这样吗？

上（男）：　　　对。

上代（男）：　　审判长，询问完毕。

审（男）：　　　检察员是否需要对张××讯问？

检（男）：　　　发问。

审（男）：　　　准许发问。

检（男）：　　　今天二审法庭依法公开审理你故意杀人一案，希望你能如实供
述和回答问题。同时，检察员也提醒你，犯罪嫌疑人虽不具备
自首情节，但如实供述犯罪情节的，可以从轻处罚。也就是说，
你今天的认罪态度，你是否认罪悔罪是二审法院对你量刑的重
要考证依据，希望你能珍惜今天庭审的机会，对自己的犯罪行
为、主观心态正确认识，如实回答。听清楚了吗？

上（男）：　　　听清楚了。

检（男）：　　　你能做到吗？

上（男）：　　　能。

检（男）：　　　下面检察员问你以下问题：第一个问题，你什么时间考取的驾

驶证？

| 上（男）： | 2016 年 6 月。 |
| --- | --- |
| 检（男）： | 你考取的时间？ |
| 上（男）： | 2015 年 6 月，9 月，6 月份。 |
| 检（男）： | 2015 年 6 月份？ |
| 上（男）： | 对。 |
| 检（男）： | 是在冯××驾校考取的是吗？ |
| 上（男）： | 对。 |
| 检（男）： | 在这之前，你开过汽车吗？ |
| 上（男）： | 开过。 |
| 检（男）： | 是否是 2013 年和 2014 年开过？借别人的车或别人给你开车？是吗？ |
| 上（男）： | 对。 |
| 检（男）： | 考完驾驶证之后你开了什么车？ |
| 上（男）： | 考完驾驶证之后，我开了自己买的车。 |
| 检（男）： | 你自己买的什么车？ |
| 上（男）： | 大众车，小型轿车。 |
| 检（男）： | 大众凌渡小型轿车？ |
| 上（男）： | 对。 |
| 检（男）： | 第二个问题：案发当天，也就是 2016 年 6 月 12 日，你因为什么找冯××？ |
| 上（男）： | 因为管他要钱找冯××。 |
| 检（男）： | 要什么钱？ |
| 上（男）： | 要赌资。 |
| 检（男）： | 前天晚上你们在一起？ |
| 上（男）： | 赌博。 |
| 检（男）： | 输的？ |
| 上（男）： | 对。 |
| 检（男）： | 你先后找他几次？ |
| 上（男）： | 3 次。 |
| 检（男）： | 他给没给你？ |
| 上（男）： | 没给。 |

检（男）：　　你对他说过什么话？

上（男）：　　我说我车有全险，撞你还能咋地！

检（男）：　　下面问你第三个问题：为什么要××挪他的车？

上（男）：　　想开车撞冯××。

检（男）：　　当时××的车停在烧烤店的东侧，是吗？

上（男）：　　对。

检（男）：　　第四个问题：你向烧烤店开车的时候，你感觉车速多快？

上（男）：　　我不知道多快。一脚油门踩下去，然后鉴定出来是69迈多。

检（男）：　　感觉很快是吗？

上（男）：　　对。

检（男）：　　你认可鉴定的意见是吗？

上（男）：　　认可。

检（男）：　　案发后，你都做了什么？

上（男）：　　案发后，离开了现场。

检（男）：　　然后你又回到了案发现场？

上（男）：　　对。

检（男）：　　是自愿的？主动的？

上（男）：　　对。

检（男）：　　你认罪悔罪吗？

上（男）：　　认罪、悔罪。

检（男）：　　好，审判长，讯问暂时到此。

法1（男）：　　上诉人×××，法庭问你几个问题。第一个问题：你开车撞击冯××的时候，冯××身边是否有人？

上（男）：　　没有人。

法1（男）：　　当时在烧烤店西侧门口是否有人？

上（男）：　　嗯，西侧，两米处有人。

法1（男）：　　这些人距离冯××位置大约有多远？

上（男）：　　两米来远。

法1（男）：　　那么你开车撞击冯××的时候，你认为车子能不能撞到其他人？

上（男）：　　不能。

法1（男）：　　当时烧烤店有没有人？你知不知道？

上（男）： 知道，没有人。

法1（男）： 你是怎么知道没有人的？

上（男）： 烧烤店门一半是开的，一半是关的。开的那一半，往里面瞅，没有人。

审（男）： 法庭接着讯问几个问题。你刚才说，你注意到冯××身边和烧烤店内没有人，这和你冲撞冯××有没有关系？

上（男）： 没有关系。

审（男）： 就是你冲撞冯××时是否考虑到了其他人的安全？

上（男）： 考虑到了。

审（男）： 你怎么考虑的呢？

上（男）： 我当时……冯××自己在门口，我让别人挪车，我加大油门撞过去。

审（男）： 你在从南北道驶向亮哥烧烤店途经东西巷水泥道的时候，你有没有对车辆采取措施？

上（男）： 当时车在路牙的时候，我想踩刹车，但是蒙了。

审（男）： 你在过东西巷水泥道的时候，有没有考虑到东西巷水泥道的来往车辆的安全？

上（男）： 考虑到了。

审（男）： 你采取什么措施了吗？

上（男）： 踩刹车。

审（男）： 在什么地方踩的刹车？

上（男）： 有车的地方，会车的时候。

审（男）： 你在侦查阶段和一审阶段是像你刚才陈述的案发事实那样供述的吗？

上（男）： 不是。

审（男）： 为什么在侦查阶段和一审阶段没有如实供述呢？

上（男）： 因为害怕。

审（男）： 那么你这些不同的供述，哪份供述是属实的呢？

上（男）： 这回供述属实。

审（男）： 上诉人张××，本法庭再问你一个问题，你要如实回答。你案发之前是否认识罗×？

上（男）： 不认识。

| 审（男）： | 见过吗？ |
|---|---|
| 上（男）： | 见过但是没有说过话。 |
| 审（男）： | 知道他是什么地方的人吗？ |
| 上（男）： | 知道。 |
| 审（男）： | 知道他离你们多远？ |
| 上（男）： | 挺远的。 |
| 审（男）： | 你叫不出他名字但面熟，是这样吗？ |
| 上（男）： | 对。 |
| 审（男）： | 你知道罗×的父母和你的父母认识不认识，知道吗？ |
| 上（男）： | 知道。 |
| 审（男）： | 他们认识吗？ |
| 上（男）： | 认识。 |
| 审（男）： | 你们之间住的有多远？ |
| 上（男）： | 挺远的。 |
| 审（男）： | 挺远是多远？ |
| 上（男）： | 几公里吧。 |
| 审（男）： | 你怎么知道你父母和罗×父母以前认识？ |
| 上（男）： | 我父母和他父母是同学。 |
| 审（男）： | 你的父母和罗×父母都是同学吗？ |
| 上（男）： | 我的母亲和他的母亲是同学。 |
| 审（男）： | 你当时撞冯××时候，你知道罗×在现场吗？ |
| 上（男）： | 不知道。 |
| 审（男）： | 你没看见他？ |
| 上（男）： | 没有看见他。 |
| 审（男）： | 你有故意撞他吗？ |
| 上（男）： | 没有。 |
| 审（男）： | 你说的是实话吗？ |
| 上（男）： | 说的是实话。 |
| 审（男）： | 你看到她的男朋友××在那里吗？ |
| 上（男）： | 没有。 |
| 审（男）： | 都没有看到？ |
| 上（男）： | 对。 |

| 审（男）： | 刚才控辩双方和合议庭成员就案件有关事实分别对上诉人张××进行了发问、讯问，现在由控辩双方进行举证质证。根据已达成一致意见，对一审中已经出示辨认质证的证据，控辩双方均无异议的可不再出示。本庭仅对控辩双方有疑义的证据，一审阶段没有出示的证据，二审庭审中新提交的证据以及控辩双方申请法庭认为有必要出示的证据进行举证质证。根据庭前会议达成的一致意见，下面证据不再出示…… |
|---|---|
| 审（男）： | 上诉人张××，是否有证据出示？ |
| 上（男）： | 没有。 |
| 审（男）： | 辩护人是否有证据出示？ |
| 上代（男）： | 有。 |
| 审（男）： | 准许出示。 |
| 上代（男）： | 下面出示一组数据。张××的驾驶证和机动车行驶证。上面记载张××取得机动车驾驶证的时间为 2015 年 9 月 23 日。本案中张××驾驶的大众牌小轿车，注册日期为 2015 年 12 月 7 日。该组证据能够证实张××具有驾驶资格，有能力控制机动车，本次犯罪对象不是针对不特定的人。 |
| 审（男）： | 该证据已经在庭前出示，检察员已经看过并确认。上诉人张××，刚才你查看辨认了这份证据，你对该份证据有无疑义？ |
| 上（男）： | 无疑义。 |
| 审（男）： | 检察员对该份证据有无疑义？ |
| 检（男）： | 没有疑义。 |
| 审（男）： | 请辩护人继续出示证据。 |
| 上代（男）： | 没有其他证据。辩护人申请传唤证人周××到庭以证实张××到案的经过。 |
| 审（男）： | 传唤证人周××到庭。 |
| 审（男）： | 证人姓名？ |
| 证（男）： | 周××。 |
| 审（男）： | 出生年月？ |
| 证（男）： | 1975 年 8 月 15 日。 |
| 审（男）： | 民族？ |
| 证（男）： | 汉族。 |

审（男）：　职业？

证（男）：　××农场第九管理区第六站站长。

审（男）：　你与本案有无利害关系？

证（男）：　没有利害关系。

审（男）：　你与张××什么关系？

证（男）：　我与张××认识。

审（男）：　是同事吗？

证（男）：　不算同事。

审（男）：　没有其他亲属关系？

证（男）：　没有。

审（男）：　证人周××，根据《中华人民共和国刑事诉讼法》第五十九条、第六十条的规定，凡是知道案件经过的人都有作证的义务，有意作伪证，或隐匿罪证，要负法律责任，你是否听清楚了？

证（男）：　听清楚了。


　　　　　（证人签保证书并宣读保证书。）


审（男）：　控辩双方可以向证人发问。发问内容应当与案件有关，不得采取诱导方式发问。不得威胁误导证人，不得损害证人人格尊严，不得泄露证人个人隐私。上诉人张××，你是否需要向证人发问？

上（男）：　不需要。

审（男）：　辩护人是否要向证人发问？

上代（男）：　需要。

审（男）：　请发问。

上代（男）：　周××，我是上诉人张××的辩护人，现在向你提出以下几个问题，希望你能实事求是向法庭回答。第一个问题，2016年6月12日16时许，在××县××乡亮哥烧烤店，你是否看见张××？

证（男）：　看见了。

上代（男）：　能讲一下具体情况吗？什么时间？张××状态是怎样的？

证（男）：　……当时张××，从表面上看身体状态很不好，当时就上我车了，我说要送他去××医院检查身体，当时身体状况非常不好××。完了之后，走到……，张××说"你开车送我上……"，我当时就把车停下了，我说"张××，你不能走，你要走事情就严重了××"。张××这个时候，另一个认识的叫赵××也劝他不能走，不能走就是不要跑的意思，完了之后，张××说"哥，你给我拉回去吧"。我就给他拉到分场医院。

审（男）： 听不清楚，慢点说。

证（男）： 没进行检查呢，交警队同志就过来了。就把他送回去了。过程呢就是这么个过程。

上代（男）： 没有其他问题了。

审（男）： 检察员是否需要对证人发问？

检（男）： 问两个问题。

审（男）： 请问。

检（男）： 第一个问题，张××走的时候，当时警察是否已经到现场？

证（男）： 警察在现场呢。我拉张××走的时候，有一个叫刘××的副所长阻挠我，说你不能把张××拉走，我说你放心吧，我拉过去看看去，那什么检查身体。我说人要跑了或者丢了，你拿我是问。我拉他检查身体。当时，张××身体状况不是太好。

检（男）： 当时在车上，你拉他走的时候，张××说要去哪里吗？

证（男）： 他说，二哥你拉我去……

检（男）： 后来，张××为什么又主动和你回到案发现场了？

证（男）： 因为我和他说"你不能跑，你要跑事情就严重了"，完了，我劝他的同时，别人也给他打电话，前后四五分钟吧，不到 5 分钟。完了，张××说"哥你把我拉回去吧"。

检（男）： 是他主动和你说的？

证（男）： 他主动和我说的。

检（男）： 审判长，讯问暂时为止。

法 2（男）： 证人周××，法庭问你个问题，你开车载张××离开现场之后，又返回现场，是他主动的，还是在你的约束控制下，你把他送回现场？

证（男）： 是张××主动让我拉回现场的。

审（男）： 证人周××，本法庭再问你一个问题，你刚才说了，在开车过

|  |  |
|---|---|
|  | 程中，他开始准备要跑，让你拉到……去，然后你说了他不能跑，后面接到电话别人劝他不要跑，然后他提出让你拉回来，是吧。 |
| 证（男）: | 对，是他主动提出来的。 |
| 审（男）: | 然后你把车开到了烧烤店门口，对吧。 |
| 证（男）: | 我把车开到了乡医院门口。 |
| 审（男）: | 然后你就走了？ |
| 证（男）: | 没走，没走。然后派出所民警给我打电话说交警队来了，完了，张××说…… |
| 审（男）: | 别讲那么快，慢点讲。 |
| 证（男）: | 他说交警队来了，你赶紧给我拉回去。 |
| 审（男）: | 你车停在那边的时候，上诉人是自己走下车的还是你控制他？ |
| 证（男）: | 张××自己下车的。 |
| 审（男）: | 当时有警察在周边控制他吗？ |
| 证（男）: | 我当时离事故现场车有个十五六米，他自己下车就奔事故车去了。 |
| 审（男）: | 他自己从你的车上下来，你没控制他？他自己走到交通事故处理车上去了？ |
| 证（男）: | 对对对。 |
| 审（男）: | 当时有警察在你车下面等着吗？ |
| 证（男）: | 警察在哪呢？警察在车旁边了。 |
| 审（男）: | 事故车旁边？ |
| 证（男）: | 对。 |
| 审（男）: | 警察没有采取措施控制他拉到他车上去？ |
| 证（男）: | 没有。 |
| 审（男）: | 刚才控辩双方对证人进行询问，有关问题回答清楚。请证人退庭。辩护人是否还有证据出示？ |
| 上代（男）: | 没有了。 |
| 审（男）: | 检察员是否有证据出示？ |
| 检（男）: | 有。 |
| 审（男）: | 可以出示。 |
| 检（女）: | 侦查机关出具的情况说明一份，同时请法庭传出具该说明的勘查人员××、××出庭，其二人能够对本案现场情况进行说明。 |

|  |  |
|---|---|
| | 请法庭准许。 |
| 审（男）： | 法庭准许。传唤勘查人员××、××到庭。（进行身份确认，作证仪式。）控辩双方可以向现场勘验人员发问。与刚才向证人提问的原则一致。首先请检察员向出庭人员发问。 |
| 检（男）： | 现在检察员就案发现场相关问题向你们进行提问。请如实回答。第一个问题，你们的主要工作是什么？主要职责？ |
| 勘1（男）： | 作为县级刑事技术机关，我们主要分为两个部分，一个是痕迹检验部，一个是法医专业。而痕迹检验又分为现场勘查和痕迹比对。 |
| 检（男）： | 你们两位的技术专业主要是什么？ |
| 勘1（男）： | 我们两位主要是现场勘查和痕迹检验。 |
| 检（男）： | 第二个问题，你们什么时间到达案发现场的？ |
| 勘2（男）： | 我们是2016年6月12日晚上7点。 |
| 检（男）： | 案发后，你们就到了？ |
| 勘2（男）： | 7点半左右。 |
| 检（男）： | 第三个问题，本案现场勘查，你们勘查的范围都是哪几个部分？概要说明。 |
| 勘1（男）： | 是张亮烧烤店，哦，不对，亮哥烧烤店，不好意思啊，说错了，室内和亮哥烧烤店南侧人行道部分。 |
| 检（男）： | 前面水泥路勘查了吗？ |
| 勘1（男）： | 在人行道马路牙部分我们进行了观察。 |
| 检（男）： | 第四个问题，你们在烧烤店门前马路地面也好，人行道也好，是否检测出汽车刹车痕迹？ |
| 勘1（男）： | 作为现场勘查人员，我们并没有发现刹车痕迹。 |
| 检（男）： | 进行了肉眼和常识性观察？ |
| 勘1（男）： | 对。 |
| 检（男）： | 好，审判长，讯问暂时到此。 |
| 审（男）： | 上诉人张××，是否需要对现场勘验人员发问？ |
| 上（男）： | 不需要。 |
| 审（男）： | 辩护人是否需要对勘验人员发问？ |
| 上代（男）： | 需要。 |
| 审（男）： | 可以发问。 |

| 上代（男）： | 作为张××辩护人，我想问现场勘验人员这样一个问题？你们在勘验时，是否对整个现场进行完整录像。 |
| --- | --- |
| 勘1（男）： | 在室内现场有录像。 |
| 上代（男）： | 在室内现场有录像。那么张××驾车开始，机动车起步那个位置，一直到撞击亮哥烧烤店这个过程，将近40余米的过程中，你们是否有录像？ |
| 勘1（男）： | 没有。 |
| 上代（男）： | 你刚才在回答检察员问话的时候，你讲你按照肉眼观察和常识性判断，现场没有刹车痕迹，你们所讲的肉眼判断和常识性判断的标准是什么？ |
| 勘1（男）： | 我是受过专业培训，我有证书，所以呢，我可以通过这么多年的工作经验和肉眼，通过不同角度来观察现场。通过我们勘查人员对现场勘查，没有发现刹车痕迹。 |
| 审（男）： | 刚才控辩双方已对勘验人员进行了询问，针对相关问题已经回答清楚。请退庭。请检察员出示说明。 |
| 检（女）： | 说明内容为在烧烤店内和水泥路至烧烤店店面处未见刹车痕迹。宣读完毕。 |
| 审（男）： | 上诉人张××有无疑义？ |
| 上（男）： | 无疑义。 |
| 审（男）： | 辩护人有无疑义？ |
| 上代（男）： | 无疑义。 |
| 审（男）： | 请检察员继续出示证据。 |
| 检（女）： | 检察员出示第二份证据。侦查机关出具的情况说明一份及照片六张，该份证据证实烧烤店门前道路情况。情况说明内容为：经测量，北侧大街到烧烤店门口为11.87米，水泥路宽11.2米，水泥路北侧大街为坡形结构，最高处为2.5厘米，该份证据出示完毕，请法庭质证。 |
| 审（男）： | 上诉人张××有无疑义？ |
| 上（男）： | 无疑义。 |
| 审（男）： | 辩护人有无疑义？ |
| 上代（男）： | 无疑义。 |
| 审（男）： | 检察员出示第三份证据。 |

| 检（女）： | 司法鉴定中心出具的情况说明一份，该证据证实张××驾驶的车辆四轮制动器均产生制动效能。情况说明内容为：黑龙江锦荣城司法鉴定中心鉴定黑 D81672 号大众牌小型轿车制动器……均产生制动效能。该份证据出示完毕，请法庭质证。 |
|---|---|
| 审（男）： | 上诉人张××有无疑义？ |
| 上（男）： | 无疑义。 |
| 审（男）： | 辩护人有无疑义？ |
| 上代（男）： | 无疑义。 |
| 审（男）： | 检察员继续出示证据。 |
| 检（女）： | 检察员出示第四份证据。司法鉴定中心出具的情况说明一份及照片六张。该证据证实司法鉴定意见中车辆行驶距离 3.26 米，系鉴定人于 2016 年 6 月 15 日到事故现场实际测量获取的数据，根据视频画面测算车辆行驶上述距离用时 0.17 秒，据司法鉴定意见认定张××驾车车速为 69.04 千米/时，该计算方式科学、客观。该份证据出示完毕，请法庭质证。 |
| 审（男）： | 上诉人张××有无疑义？ |
| 上（男）： | 无疑义。 |
| 审（男）： | 辩护人有无疑义？ |
| 上代（男）： | 无疑义。 |
| 审（男）： | 请检察员继续出示证据。 |
| 检（女）： | 检察员出示第五份证据。证人李×的证言，该证据证实张××驾车冲向烧烤店时车辆在路面上行驶，且车速很快。（择要读取笔录）该份证据出示完毕，请法庭质证。 |
| 审（男）： | 上诉人张××有无疑义？ |
| 上（男）： | 无疑义。 |
| 审（男）： | 辩护人有无疑义？ |
| 上代（男）： | 无疑义。 |
| 审（男）： | 请检察员继续出示证据。 |
| 检（女）： | 检察员出示第六份证据。侦查机关调取的监控视频。（播放视频内容）该份证据出示完毕，请法庭质证。 |
| 审（男）： | 上诉人张××有无疑义？ |
| 上（男）： | 无疑义。 |

审（男）：　　辩护人有无疑义？

上代（男）：　无疑义。

审（男）：　　请检察员继续出示证据。

检（女）：　　检察员出示第七份证据。侦查机关出具的情况说明一份，该证据证实物证鉴定中心检材的来源。（说明内容宣读）该份证据出示完毕，请法庭质证。

审（男）：　　上诉人张××有无疑义？

上（男）：　　无疑义。

审（男）：　　辩护人有无疑义？

上代（男）：　无疑义。

审（男）：　　请检察员继续出示证据。

检（女）：　　检察员出示第八份证据。被害人冯××的户籍证明，证实被害人身份。该份证据出示完毕，请法庭质证。

审（男）：　　上诉人张××有无疑义？

上（男）：　　无疑义。

审（男）：　　辩护人有无疑义？

上代（男）：　无疑义。

审（男）：　　请检察员继续出示证据。

检（男）：　　审判长，本案所有证据检察员已出示完毕。

审（男）：　　刚才检察员、辩护人、本法庭对上诉人进行了发问、讯问，针对上诉人的上诉理由，本庭围绕庭审重点，辩护人、检察员出示了相关证据，由证人和勘验人员出庭作证，控辩双方发表了质证意见，合议庭评议时予以考虑，依法确认。刑事诉讼部分法庭调查到此结束。

（附带民事诉讼部分省略。）

审（男）：　　下面询问各方对张××量刑的意见。袁××，你是张××母亲……，你对张××的量刑有什么建议和希望？

上代（女）：　因为张××一时冲动，给被害人家属带来了痛苦和伤害××，我作为母亲，没有教育好孩子，是我的责任。在张××服刑期间，我们夫妻二人去关心和帮助被害人，借此通过法院再次向被害人家属表示深深歉意。

审（男）：　　你对量刑有什么希望？

上代（女）：　法院给判无期，我们都认可。

审（男）：　　罗××、王××，你们对张××量刑有什么建议？

民上（男）：　可以量刑，我相信法律的判决。

审（男）：　　什么意见？

民上（男）：　可以量刑，但我相信法律判决。

审（男）：　　就是说你们达成了谅解。相信判决是什么？

民上（男）：　相信法律。

审（男）：　　啊？

民上（男）：　相信法律判决，相信法庭依法裁判。

审（男）：　　你们没有意见，是吗？王××，你们对张××量刑有什么建议？

民上（女）：　我同意量刑。

审（男）：　　同意法庭依法裁判？

民上（女）：　对，同意法庭依法裁判，法律是公正的，我相信法律。

审（男）：　　冯××诉讼代理人，你代表冯××，对张××量刑有什么建议？

民上代（男）：我同意量刑。希望法庭从轻处置张××。

审（男）：　　从轻处罚？是吗？

民上代（男）：对。

审（男）：　　罗××，我再问你一遍，你是否希望或者愿意法院对张××从轻处罚？

民上（男）：　我同意量刑，也同意法律判决。我相信法律判决是公正的。

审（男）：　　你愿不愿意法院对张××从轻处罚？因为你达成了谅解协议，你对量刑有什么意见？

民上（男）：　没有意见。我同意量刑。

审（男）：　　就是说法律依法判处你们没有意见？

民上（男）：　对。

审（男）：　　是你们真实意思表示？

民上（男）：　是。

审（男）：　　王××，是不是你真实意思表示？

民上（女）：　是。

审（男）：　　就是说法律依法判处你们都没有意见？

民上（女）：　　对。
民上（男）：　　对。

# 法 庭 辩 论

审（男）：　　　现在进行法庭辩论。法庭辩论阶段按照以下顺序进行，上诉人
　　　　　　　　自行辩护、辩护人辩护、检察员发表出庭意见、控辩双方进行
　　　　　　　　辩论。控辩双方围绕案件事实证据、定罪量刑、法律适用，尤
　　　　　　　　其是本庭归纳的庭审调查重点进行辩论，观点要明确，意见要
　　　　　　　　简明扼要，辩论中不得使用攻击性、侮辱性语言。上述人张××，
　　　　　　　　你可以自行辩护，也可以由你的辩护人为你辩护。你是否自行
　　　　　　　　辩护？
上（男）：　　　不用。
审（男）：　　　你委托你的辩护人辩护？
上（男）：　　　委托律师辩护。
审（男）：　　　下面由张××辩护人发表辩护意见。
上代（男）：　　审判长、审判员，受上诉人家属委托，并受黑龙江仁大律师事
　　　　　　　　务所指派，由我作为张××的二审辩护人出庭。我们的辩护观
　　　　　　　　点是：原审判刑张××死刑，量刑过重，张××具有积极投案、
　　　　　　　　认罪悔罪、积极赔偿，并取得被害人谅解的情节，建议法庭对
　　　　　　　　其适用无期徒刑比较合适。下面辩护人就此观点进行详细阐
　　　　　　　　述，供合议庭参考。辩护人在阐述第一个观点，原审判决量刑
　　　　　　　　过重之前，辩护人认为首先应该明确两个问题：第一，在故意
　　　　　　　　杀人案件中，是不是只要出现了死亡结果，都应该对被告人判
　　　　　　　　处死刑？这个答案显然是否定的。第二，在故意杀人案件中，
　　　　　　　　哪种情况、哪一类案件应该判处死刑？《中华人民共和国刑法》
　　　　　　　　第四十八条规定，死刑只适用于罪行极其严重的犯罪分子，同
　　　　　　　　时最高人民法院在审理故意杀人伤害及黑社会性质组织犯罪
　　　　　　　　案件中，贯彻宽严相济的规定，只规定犯罪情节特别恶劣、犯
　　　　　　　　罪后果特别严重、行为人危险性极大的应该判处死刑。根据该

标准，我们来看原审判决是否量刑过重。首先，我们从案件性质上看，本案不是严重影响社会治安、严重威胁人民安全的案件，通过法庭调查，本案起因是上诉人与冯××因为赌资发生矛盾，这种矛盾属于矛盾激化引发的案件，按照宽严相济政策，对于此类案件应该本着少杀慎杀的原则，慎用死刑，原审判决没有充分考虑本案性质，而对张××适用死刑，显然属于量刑过重。其次，从犯罪情节上看，张××动机不是因为仇视国家和社会，只是因为索要赌资未果而产生犯罪动机，其犯罪行为致一人死亡、一人轻伤，这个后果不能评价为犯罪后果特别严重，只能评价为犯罪结果严重，不属于特别严重，因此一审法院没有考虑本案犯罪情节，对张××判处死刑，显然属于量刑过重。再次，从上诉人的主观恶性来看，本案不是经过蓄意谋划、精心已久，通过卷宗材料和法庭调查再次显示，张××只是在索要赌资过程中与冯××发生激烈争吵，而产生犯意，属于临时起意的犯罪，这表明张××主观恶性小，对于这种主观恶性小的嫌疑人，不应该考虑死刑，所以一审判决量刑过重。再其次，从人身危险性上来看，也就是说，从再犯的可能性上看，张××无前科，此次犯罪属于初犯、偶犯，不是再犯、累犯，其本身是可以教育、挽救，因此原审判决没有充分考量上诉人张××人身危险性小这种情况，而对其判处死刑，属于量刑过重。综上所述，本案不属于犯罪行为特别恶劣、犯罪结果特别严重的刑事犯罪，张××也不属于主观恶性极深、人身危险性极大的犯罪分子，因此原审判决张××死刑属于量刑过重，因此请求二审法院予以改判。辩护人要向法庭强调说明的是，按照刑事审判第三庭的意见，对于这种人身危险性不大、犯罪情节不是特别恶劣、犯罪结果不是特别严重的犯罪，在量刑时不应该考虑死刑。我们想向法庭强调的是，如果不考虑张××自主投案，不考虑在一审期间已经赔偿 10 万元的情节，那么一审判决也仅仅能考虑死刑缓期执行。通过二审审理，上诉人家属积极代为赔偿，并取得了被害人的谅解，这是在情节上发生了变化，而且张××今天在法庭上能够如实地、全部地、完全地供述了犯罪，说明其有积极的认罪、悔罪态度，恳请法庭充分考虑这些情节，对被告人适用无期徒刑。辩护人认为，只有依法改判，才能做到罪刑相适应，只有依法改判，才能充分化解社会矛盾，减少社会对抗，只有依法改判，才能真正体现司法公正。辩护人恳请法庭对上诉人张××依法改判，我的第一轮辩护发言到此为止，谢谢合议庭。

审（男）：　下面请检察员发表出庭意见。

检（男）：　审判长、审判员，根据《中华人民共和国刑事诉讼法》第二百二十四条规定，我们受黑龙江省人民检察院的指派，代表本院出席法庭，依法履行职责。庭前，检察院细致审查了本案的全部卷宗材料，提审了上诉人张××，复勘了案发现场，复核本案相关证据，并对相关证据进行了补正补强，听取了被害人家属及上诉人家属的意见，在今天的二审法庭上，依法对上诉人进行了讯问，对二审环节补正补强的证据进行了举证，认真听取了上诉人的上诉理由，特别是上诉人委托的辩护人的辩护意见，检察员认为本案事实清楚、证据确实充分、一审程序合法、适用法律正确。方才检察员注意到上诉人辩护人提出的酌定情节理由，第一，说张××无前科，本检察员承认张××没有前科，但是他的不良嗜好，辩护人也说了，赌博，推牌九，一次就输掉一年的收入一万七八千，这是什么？第二，初犯、偶犯，应该是犯罪性质较轻、手段情节后果相对不严重，应当首要考虑的酌定情节。再一个，本检察员也充分听取了辩护人的意见，其认为张××的犯罪手段没有严重危害社会治安，影响人民群众人身安全，本检察员有不同认识。不良嗜好是赌博，老百姓说的君子爱财、取之有道，换句话说，游戏规则你得认可。三番五次去要钱，不给钱驾车撞人，烧烤店楼房一楼，6点钟正是人们下班之余、活动之时，你说威不威胁社会治安？对群众生命安全影不影响？而且这个手段，我看张××也是一时昏头，驾着车就冲进去，我就不知道一万七八千值钱，还是人的生命和自由值钱？第三，方才辩护人说后果不是特别严重，烧烤店一对情侣，受害人，一朵还未完全盛开的鲜花就这样凋落了，你说不严重？第四，辩护人说人身危险性不是极大。我也不能赞同。这是我对辩护人的观点，提出的意见。对张××的适用意见，本检察员认为，对上诉人张××的量刑，应当酌情从轻处罚，这是本检察员的意见。上诉人欲杀死冯××，驾车高速撞向正在烧烤店门前的冯××，其主观恶性、人身危险性之大，导致撞死无辜的罗×，撞伤冯××，损毁店内财产，犯罪后果严重，社会危害性大。鉴于上诉人主动投案，本检察员认可，特别是二审期间张××能够深刻认识本人所犯罪行，较为客观地供述犯罪事实，就是要杀冯××，驾车就往里面撞，这是二审期间上诉人张××对有关犯罪行为，特别是体现出主观罪过的客观认识，体现了认罪悔罪。能够反省所犯罪行给被害人特别是家属造成伤害，在二审法庭中认罪悔罪，上诉人张××父母能够代张××积极赔偿被害人罗×父母和被害人冯××的经济损失。上诉人张××在一定程度上，得到被害人罗×父母的谅解。破坏的关系得到一定程度的修复。张××犯罪造成的社会矛盾得到一定程度的化解。建议二审法院依据《刑事诉讼法》第二百二十五条之规定，对上诉人张××量刑充分考量，酌定从轻、依法作出判决。此外，本检察员要谈谈关于本案的思考与启示。本案从表面看，犯罪的直接诱因源自不良嗜好——赌博，但回顾张××滑向犯罪的心路历程，我们可以得出这样的结论，张××今天的际遇是家庭环境、社会影响和自我约束三者缺位导致的偶然中的必然。人生就像扣扣子，第一扣的重要性在于：第一扣扣错，下一步的扣子就可能发生错位。回顾张××的成长经历，即教育的缺失，过早地放弃学业，接触社会闲散人员，让张××失去了最重要的人生课堂。因为中学阶段是我们每个人三观养成最重要的阶段，我们接受教育不仅仅是为了升学就业，更重要的是为了在学习知识中端正、印证、纠正我们自己的人生轨迹。人生就像扣扣子，扣错扣子的可怕之处在于发现错位的时候，我们往往已经扣到了最后一颗，就像我们今天在法庭上解析张××的人生经历，或许张××有很多解释自己的原因，但在驾车冲向烧烤店之前，张××脑海中是否曾经想过因一己之怒而枉顾他人的生命的后果？可以说张××在愤怒的驱使下做出了违背法律的错误抉择，违背道德的错误选择，正是这样的选择让他自己身陷囹圄，让一个无辜生命枉死，更让两个家庭蒙上了无法消解的阴霾。人生就像扣扣子，不想扣错人生的扣子，我们需要在每一步都坚持对自己、对家人、对社会负责任的严谨态度，并约束自己的行为。张××身为××农场第九支队副队长，有着较为固定的收入，自己家里还有插秧机设备，内心所想不是如何发家致富，担负起新一代农村人的职责使命，而是沉迷于不良嗜好，继而因输成恨，撞车杀人，张××一次次放纵，与一次次改正自己的机会擦肩而过。人生就像扣扣子，不仅不能扣错人生的扣子，我们更需要一面正衣冠的镜子。就张××而言，镜子本身是家长的影响，但张××父母的不良习惯，对张××无条件的溺爱，张××犯错被罚，从二楼跳出逃跑后，不去管教约束，反而找教师论理，索要赔偿，这些看起来琐碎的小事却已经构成一面充满裂缝的镜子，已经无法帮助张××矫正自己行为，修正自己的人生方向，对在座的所有人员而言，张××案件就像一面镜子，为我们无辜受害者罗×哀悼，为被害人雪上加霜的际遇惋惜。感悟到它教会我们，作为法治社会的一员，我们需要培养内心的修养，以坚定的步伐追逐光明的道德，我们需要无须提醒地加强内心修养的自觉，我们需要为他人着想的善良，给予最本真的情感，我们需要约束为前提的自由。今天的法庭就是一面镜子，或许我们没有力量操纵时间，改变过去，但是我们今天的精神可以教育、可以启发在座的每一个人，可以影响每一个家庭的未来。这面镜子折射的是法律的尊严与庄重，是庭上每个人对法律的信仰，是电视机前每位观众对法律的公平正义的殷切期望。检察员出庭意见完毕。

审（男）：　　刚才各方围绕庭审重点充分发表了辩护意见和出庭意见，控辩双方是否还有新的意见？已经发表的意见就不要发表了。新的意见应该观点鲜明、论述简洁。上诉人张××，你是否有新的辩护意见？

上（男）：　　没有。

审（男）：　　辩护人是否有新的辩护意见？

上代（男）：　　我简单地说两句。刚才认真听取了检察员的意见，辩护人是不能同意检察员提到的张××有赌博的嗜好就不应该考虑前科累计。不良嗜好和刑法意义上的前科累计是属于不同的概念，前科累计是考察被告人主观恶性深浅的一个标准，是考察被告人是否愿意改造的一个标准，所以不良嗜好和前科累计不能同日而语。这是我讲的第一个问题。第二个问题，辩护人之所以向法庭强调，上诉人张××犯罪行为不属于特别严重，其理由是最高人民法院刑三厅关于宽严相济的政策明确规定，后果特别严重的指的是死亡两人以上的，所以辩护人说在死亡一人的情况下，只能评价为后果严重，所以辩护人恳请再次充分考虑上诉人张××的犯罪性质，对其依法进行改判。

审（男）：　检察员是否有新的意见？

检（男）：　第一轮意见已经说清。前科累计有所不妥，他这不是不良嗜好，我照顾点情面，不再答辩。

审（男）：　经过法庭辩论，控辩双方对法庭事实、证据、量刑情节、法律适用充分发表意见，双方观点已经明确，合议庭将在评议时予以充分考虑。辩论各方如还有意见可在庭后告知法庭。法庭辩论结束。根据《中华人民共和国刑事诉讼法》第一百九十三条，《最高人民法院关于〈适用中华人民共和国刑事诉讼法〉解释》第一百九十三条、第二百三十五条，被告人享有最后陈述的权利。上诉人张××起立。上诉人张××你依法享有最后陈述的权利，你对于本案有什么想法或者希望？可以发表。

上（男）：　尊敬的审判长、审判员，我首先向被害人家属真诚地道歉，由于我的行为给你们带来的巨大伤害和无尽的痛苦，我在这里对你们说一句"对不起"。今天我感到深深的自责，这是我在看守所里待了400多个日夜里面，我深感忏悔的心情。我后悔我的一时冲动犯下无法原谅的罪责，让被害人罗×失去了年轻的生命。我在看守所的400多个日夜里，都是在自责和后悔中度过的。每当想到被害人，想到被害人父母失去女儿▲

审（男）：　　　　　　　　　　　　　　　　　　　　　　▼说慢点，说清楚点。

上（男）：　我都会流下眼泪，我都会追悔莫及。我愿意尽我的家人最大的努力，对被害人父母予以赔偿。同时我也对不起我的妻子和年仅3岁的孩子，更对不起寝食难安的父母，在这里，我也对你们说一句，对不起。通过法院对我的审理过程，我清楚认识到自己的罪过，无论今天法庭给我什么样的判决，我都接受，因为这是我应得的惩罚。如果法庭能给我机会，我将认真改造，洗心革面，重新做人，终我一生回报社会，回报他人。谢谢审判长，谢谢法官。

审（男）： 张××，休庭后，将你的书面陈述意见提交给法庭。上诉人张××故意杀人附带民事诉讼原告人罗××、王××提起民事诉讼上诉一案，法庭对证据进行了调查，上诉人、辩护人、检察员、诉讼代理人对事实证据、定罪量刑、法律适用充分发表了意见。经过法庭调查、法庭辩论和上诉人张××最后陈述，本次庭审需要审理的全部事项已经完成。合议庭将在庭审完结后根据庭审查明事实，充分考虑各方意见，依法提议，并将由审判委员会讨论做出裁决，现在休庭。

（11:30 继续开庭。）

# 宣 布 判 决

审（男）： 黑龙江省高级人民法院继续开庭，上诉人张××故意杀人附带民事诉讼原告人罗××、王××提起民事诉讼上诉一案，附带民事诉讼部分双方已签署调解书，经合议庭评议，并报本院审判委员会决定，现在宣判：黑龙江省高级人民法院刑事判决书（2017）黑刑终242号，经审理查明，2016年6月11日晚，上诉人张××与被害人冯××一同赌博，张××因怀疑冯××赌博时作弊，于次日16时40分许来到××县××乡亮哥烧烤店前向冯××索要赌资未果，二人发生争吵，当日18时30分许，张××又来到亮哥烧烤店门前向冯××索要赌资，遭冯××拒绝，即产生驾驶车辆撞冯××之念。此时，冯××坐在烧烤店的店门东侧，张××让李×将停在烧烤店门前东侧的车辆挪走后，驾驶其黑 D81672 号轿车从正对着烧烤店的南北巷道路上冲向冯××，冯××见状躲进烧烤店内，张××驾车撞入烧烤店内，致被害人罗×死亡、冯××受伤。经鉴定，罗×生前头部与钝器物体相互作用即致颅骨粉碎性骨折，胸腹部与钝器物体相互作用使肝脏破裂，失血死亡。冯××损伤程度为轻伤一级，九级伤残，张××在被送往医院途中，经他人劝说返回现场，被公安人员抓获。上诉人张××亲属给付被害人亲属罗××、王××赔偿款 10 万元。上述事实由庭审举证质证证据证实：……本院认为上诉人张××为报复而驾驶车辆撞向冯××致使被害人罗×死亡、冯××轻伤，其行为构成故意杀人罪。张××在他人劝说下，返回案发现场，应认定为主动投案，但其在一审判决前，未能如实供述驾车撞击冯××的行为，其行为不符合自首的要件。张××辩护人所提张××构成自首的上诉理由和辩护意见不能成立，本院不予采纳。张××驾驶车辆故意杀人致一人死亡、一人轻伤，罪刑和后果特别严重，应依法惩处。综合考虑，此案由纠纷引发，张××主动投案，认罪悔罪，张××父母在侦查阶段代为赔偿被害人父母的经济损失，二审期间，其父母又与被害人父母、冯××代理人达成调解协议，并取得谅解，依法可以从轻处罚。检察员所提依法裁判的意见和张××及其辩护人所提一审判决量刑过重的意见、上诉理由和辩护意见，本院予以采纳。一审判决认定事实清楚，证据确实充分，定罪准确，审判程序合法。依据《中华人民共和国刑法》第二百三十二条、第五十七条和《中华人民共和国刑事诉讼法》第二百二十五条规定，判决如下：①撤销黑龙江省双鸭山市中级人民法院（2017）05 刑初 6 号附带民事判决的第一项，即张××犯故意杀人罪，判处死刑，剥夺政治权利终身。②张××犯故意杀人罪，判处无期徒刑，剥夺政治权利终身。本判决为终审判决。审判长×××，审判员×××、×××。2017 年 10 月 16 日。书记员××、书记员×××。上诉人张××故意杀人附带民事诉讼原告人罗××、王××提起民事诉讼上诉一案本庭审理活动全部结束，现在闭庭。上诉人张××退庭。

# 附录二

## 长春泰恒房屋开发有限公司与长春市规划和自然资源局

## 合同纠纷再审民事庭审转写语料

审（男）：　　　请坐。现在开庭。根据《中华人民共和国民事诉讼法》第一百三十四条第一款、第一百六十九条、第二百零七条的规定，最高人民法院第二巡回法庭今天公开开庭审理再审申请人长春泰恒房屋开发有限公司与被申请人长春市规划和自然资源局合同纠纷一案，现在核对当事人的身份。再审申请人长春泰恒房屋开发有限公司，说下你们的情况。

再代1（女）：　代理人马××，北京大成▲

审（男）：　　　　　　　　　　　　　　　▼先说一下你们当事人的情况。

再代1（女）：　再审申请人长春泰恒房屋开发有限公司。法定代表人胡××▲

审（男）：　　　　　　　　　　　　　　　▼
　　　　　　　　　住所地呢？

再代1（女）：　住所地长春市经济技术开发区珠海路2455号。代理人马××，北京大成（长春）律师事务所律师。代理权限一般代理，一般诉讼代理。

审（男）：　　　说一下具体的哪个权限。

再代1（女）：　一般诉讼代理。

审（男）：　　　嗯，一般诉讼也有啊。

再代1（女）：　接收诉讼文书，代为出庭参加诉讼。

审（男）：　　　另外一个代理人呢？

再代2（女）：　代理人余××，北京大成（长春）律师事务所律师，代理权限为一般诉讼代理，代为出庭，代为参与庭审，接收、签署相关法律文书。

审（男）： 好的，被申请人长春市规划和自然资源局，说一下你们的情况。

再被代1（男）： 委托单位名称，长春市规划和自然资源局。住所地长春市南环城路3066号。法定代表人许××，职务局长。我是代表人，我叫江××。职务是长春市规划和自然资源局法务处工作人员。代理人陈×，代理权限为一般诉讼代理，代理接收答辩状以及一些相关合同。

审（男）： 长春市规划和自然资源局在我们庭审期间是名称变更了是吧？

再被代1（男）： 对。

审（男）： 住所地也变更了啊？

再被代1（男）： 住所地没变更。

审（男）： 另外一个代理人呢？

再被代2（男）： 彭××，长春市规划和自然资源局宽城分局局长。

审（男）： 各方当事人对对方出庭人员有无异议？

再代1（女）： 没有。

再被代1（男）： 没有。

审（男）： 经本庭核对，出庭人员身份符合法律规定，各方当事人对出庭人员身份均无异议，准予参加本次庭审。再审申请人长春泰恒房屋开发有限公司与被申请人长春市规划和自然资源局。这样，为了我们庭审的流畅，长春泰恒房屋开发有限公司，我们以下就简称泰恒公司。长春市规划和自然资源局，以下我们就简称长春资源局。泰恒公司与长春资源局合同纠纷一案，泰恒公司不服吉林省高级人民法院（2018）吉民中264号民事判决向本院申请再审，本院于2019年5月30日作出（2019）最高法民申1425号民事裁定及审判。本案依法组织合议庭对本案进行审理。已经于开庭三日前向各方当事人发送案件受理文书以及开庭传票，各方是否收到？上诉人？

再代1（女）： 收到。

审（男）： 被上诉人？

再被代1（男）： 收到。

审（男）： 好。根据《民事诉讼法》第四十九条、第五十条、第五十一条的规定，各方当事人需依法行使诉讼权利，履行诉讼义务。下面告知当事人的诉讼权利和义务。各方当事人对于诉讼权利和义务，你们作为专业律师，这个案子也开庭多少次了，都明白吧？我就不念了，上诉人无异议吧？

再代1（女）：　没有。

审　（男）：　被上诉人？

再被代1（男）：没有。

审　（男）：　那么泰恒公司和长春资源局，是否知悉自己在诉讼中的权利和义务？上诉人？

再代1（女）：　清楚。

审　（男）：　被上诉人？

再被代1（男）：清楚。

审　（男）：　本案由最高人民法院第二巡回法庭主审法官钟××，是我本人担任审判长，与主审法官张××我右边的同志，丁××我左边的这位同志，共同组成合议庭，由法官助理赵×协助办理审判有关事务，由李×担任书记员。根据《民事诉讼法》第四十四条的规定，双方当事人对于合议庭组成人员及法官助理、书记员，有申请回避的权利。双方当事人是否申请回避，上诉人？

再代1（女）：　不申请。

审　（男）：　被申请人？

再被代1（男）：不申请。

审　（男）：　为了彰显司法程序公正，实现司法实体公正，依法履行法定职责，保证各方当事人充分行使诉讼权利，本合议庭特向各方当事人示明以下事项。这个示明事项，是我们第二巡回法庭的一个特色，示明事项主要说是什么呢？是排除案件干扰的一个因素。第一，本次开庭审判全程录音录像，录音录像资料，将永久保存，并可能作为法治宣传和课堂教学资料。请双方当事人及其他诉讼参与人遵守法庭纪律，恪守司法礼仪，遵守司法权威，履行法治宣传的义务。第二，本庭已经建立了法庭外部人员干预案件审理的记录、曝光和责任追究制度，诉讼双方如果有人通过法院外部人员向本庭打招呼、批条子、递材料、干预和过问案件处理的，本庭将会认为这是对于合议庭公正司法不信赖的行为，并将之行为记录在卷，及时向当事人公开且作为其承担不利后果的因素予以考虑。第三，本庭已建立法庭内部人员干预案件的记录和责任追究制度。诉讼双方如果有人通过法院内部人员过问和干预案件处理的，本庭也认为是对合议庭公正不信赖的行为，并将这种行为记录在卷，并同时向其他当事个人公开，并视情形追究请托者、被请托者的法律责任。第四，本庭要求各方当事人，必须遵循诉讼诚信的义务，保证所提交的证据和发表意见的客观真实性，否则本庭将依法追究其诉讼失信的法律责任。各方参与人、诉讼各方当事人及诉讼参与人是否都听清楚了？

再代 1（女）：　听清楚了。

审（男）：　　　被申请人？

再被代 1（男）：听清楚了。

## 法庭调查和法庭辩论

审（男）：　　　下面，开展法庭调查和法庭辩论阶段。根据《最高人民法院关于适用〈中华人民共和国民事诉讼法〉的解释》第二百三十条的规定，人民法院根据案件具体情况并征得当事人同意，可以将法庭调查和法庭辩论合并进行。因为这个案子已经经过了一审、二审，之前我们也听证了，事实并不是很复杂。我们合议庭主要理解为，这更主要的是一个法律适用问题。所以，我们就把法庭调查和法庭辩论这两个阶段合二为一。各方当事人是否有异议？申请人？

再代 1（女）：　没有异议。

审（男）：　　　被申请人？

再被代 1（男）：没有。

审（男）：　　　那么既然各方当事人均无异议，合议庭决定本次庭审法庭调查和法庭辩论合并进行。长春资源局是否收到再审申请人泰恒公司的再审申请书？是否提交书面答辩意见？

再被代1（男）：收到了，收到申请书了，但是答辩意见应该是我们律师来提交的，不知道具体交没交。

审（男）：下面请再审申请人泰恒公司当庭宣读一下再审申请书。你们就简单地说一下。

再代1（女）：从请求事项开始可以吗？

审（男）：可以。

再代1（女）：请求事项：第一，撤销长春市中级人民法院下发的（2017）吉民初227号民事判决书及吉林省高级人民法院下发的（2018）吉民中264号民事判决书。第二，将案件再审程序重新审理。第三，全部诉讼费用由被申请人承担。申请理由：申请人不服吉林省高级人民法院（2018）吉民中264号民事判决，依据《民事诉讼法》第二百条，申请再审。原审判决依申请人的主张，不符合《最高人民法院关于适用〈中华人民共和国合同法〉若干问题的解释（二）》第二十六条关于形式变更的规定，驳回申请人的诉讼请求是错误的，《最高人民法院关于适用〈中华人民共和国合同法〉若干问题的解释（二）》第二十六条规定▲

审（男）：　　　▼您这样吧律师，除了再审申请书的内容，还有跟它不一致的内容？

再代1（女）：没有。

审（男）：那要不我们就见申请书行吗？

再代1（女）：可以。

审（男）：因为我们之前都听证过了。

再代1（女）：嗯，可以。

审（男）：那就长春资源局，你们针对这个再审申请答辩吧。

再被代1（男）：好的。本案根本不存在适用情势变更原则的事实基础，不具备情势变更原则的条件，泰恒公司依据情势变更原则要求解除土地出让合同，目的在于转嫁投资风险，逃避违约责任，缺乏事实和法律依据。原审判决驳回其解除合同的诉讼请求完全正确。第一，本案合同赖以生存、赖以存在的客观情况并未发生重大变化，不存在情势变更的事实。一方面本案双方签订合同的目的，对泰恒公司而言，在于土地使用权，而关于土地及商户由泰恒公司自行拆迁的约定，仅是双方就土地出让后拆迁事宜的权利义务的约定，并不影响土地购买人取得土地使用权，不影响合同目的的实现，《长春市城市房屋拆迁管理条例》的实施完全不影响泰恒公司取得土地使用权，因此可以由谁拆迁，并非出让合同赖以存在的基础。本案合同赖以存在的基础并未发生重大变化。另一方面，《条例》实施后对于依法取得房屋拆迁许可证的项目仍可沿用原有规定办理，不依据出让合同规定，由泰恒公司自行负责拆迁事宜完全存在可行性，因此《条例》的实施并不会导致条款无法履行，不属于客观情况发生重大变化。第二，国家调整土地拆迁政策用以制度化、法律化，不属于当事人不能预见之事实。《关于进一步加强房地产用地和建设管理调控的通知》（国土资发（2010）151号）发布后，泰恒公司作为专业的房地产开发企业，对上述内容应当知晓，因此国家在此后专门出台行政法规对此制度法律化并非不可预测，泰恒公司对于土地拆迁政策调整倾向已有充分的认识。不期对土地可能遇到的拆迁整理问题便属于商业风险范畴，在此基础上泰恒公司自愿签订出让合同，并承担其中的土地拆迁整理义务，属于自愿承担商业风险的行为。第三，维持出让合同效力并不会导致失去公平，泰恒公司的合同目的也并没有落空，原审判决对此认定完全正确，贵院应予以支持。泰恒公司在签订土地出让合同后，怠于办理拆迁许可手续，导致其在《条例》实施后无法自行拆迁，应当自行承担不利后果。原审判决认定事实以及适用法律是完全正确的。《长春市城市房屋拆迁管理条例》第八条规定，申请领取房屋拆迁许可证的单位应当向市房屋拆迁管理部门提交下列材料：①建设项目批准文书；②建设用地规划许可证；③国有土地使用权批准文件；④拆迁计划和拆迁方案；⑤办理存款业务的金融机构出具的拆迁补偿安置资金证明。市房屋拆迁管理部门应当自收到申请之日起15日内，对申请事项进行审查。经审查，对符合条件的，核发房屋拆迁许可证；对不符合条件的，不予核发并书面通知申请人。根据上述的规定，只要材料齐全，泰恒公司在15个工作日就可以取得拆迁许可证。如果其积极履行合同义务，本案根本不会出现任何履行障碍，泰恒公司主张其无法在《条例》出台前申请拆迁许可证，没有任何事实及法律依据。上述的①②③项内容属于政府部门应当依当事人申请而颁发的审批文件，均需泰恒公司提出申请，而事实上泰恒公司在出让合同签署后，并未向有关部门提出申请，包括长春市国土局在内的政府部门没有义务主动办理。符合情势变更原则的适用条件，也应优先考虑变更合同，不应直接考虑的是解除合同。本案出让合同具备继续履行的基础，可以通过由长春规划和自然资源局协调政府部门代为拆迁，所发生的拆迁费用由泰恒公司负担的方式继续履行。由于泰恒公司存在重大过错，故由此可能增加的拆迁成本应由泰恒公司承担，泰恒公司直接要求解除合同并没有法律依据。第四，本案泰恒公司要求解除合同的理由是《条例》的出台导致合同无法继续履行，而《条例》早于 2011 年 1 月 21 日就已经实施，泰恒公司直至 2017 年才起诉要求解除合同。泰恒公司解除权的期限早已届满。本案出让合同并不违反法律法规，完全合法有效。第五，长春市规划和自然资源局（原长春市国土局）并无任何违约行为，合同签订前的过错与合同违约赔偿责任无关。第六，泰恒公司要求解除合同的事实，事由不成立，故其要求长春市规划自然资源局（原国土局）返还土地出让金，并付利息赔偿、契税损失等诉讼请求亦无法律依据。

审（男）：　　　　你们有没有书面的答辩状？

再被代 1（男）：书面的庭后。

审（男）：　　　　庭后是吧？行。到时候把书面答辩状以电子 word 版，刻个盘给我们，以及稍后的代理辩论意见一起。那么我们先看一下，关于二审法院与一审法院查明的事实。你们现在手头都有判决书吧？

再被代 1（男）：有。

审（男）：　　　　判决书对于原审法院查明的事实第 6 页到第 8 页，你们有没有疑义和补充的地方？泰恒公司说一下你们的意见吧。

再代 1（女）：　　从吉林省法院下发的（2018）吉民中 264 号判决书当中的第 6 页到第 8 页的本案的事实，没有疑义，但是需要补充的是，在当时申请人缴纳的土地出让金 2630 万元当中，包含土地拆迁成本 1894 万，在查明的事实当中没有给予确认。

审（男）：　　　你们就认为应该补充查明事实是吧？

再代 1（女）：对。

审（男）：　　　你们这个补充查明事实的话，有证据证明吗？

再代 1（女）：有证据证明。

审（男）：　　　是新证据吗？

再代 1（女）：不是，一审、二审一直都有证据。

审（男）：　　　都有证据是吧？

再代 1（女）：也确实是事实，我们也在证据当中提交，但是在法院查明事实
　　　　　　　当中没有对这个予以说明。

审（男）：　　　你说的这个事实与本案的审理有什么关联吗？

再代 1（女）：有关联，因为当时申请人缴纳的 2630 万元土地出让金中包含
　　　　　　　了地上物的拆迁成本 1894 万。如果按照当时的政策的话，按
　　　　　　　照合同约定，由申请人自行整理拆迁的话，交上去的 1894 万，
　　　　　　　被申请人应该返还给申请人。由申请人自行拿着这 1894 万来
　　　　　　　拆迁。但是至今，这 1894 万仍在被申请人处。那么合同在两
　　　　　　　个月之后，《国有土地征收管理办法》出台之后是应该由被申
　　　　　　　请人即政府部门拆迁的话，而且被申请人之前也没有返还，那
　　　　　　　么被申请人应该把 1894 万交给长春市宽城区政府，由宽城区
　　　　　　　政府作为政府部门来对本案所涉的地块进行拆迁。

审（男）：　　　你的意思就是说这个事实，应该补充查明，实际上包含了这
　　　　　　　1890 多万▲

再代 1（女）：　　　　　　　▼1894 万。

审（男）：　　　这 1894 万应该作为拆迁的成本？

再代 1（女）：对。

审（男）：　　　你们缴纳了这 2630 万，包含了这 1894 万？

再代 1（女）：对。

审（男）：　　　而且这个钱，应该由长春资源局交给宽城区政府，由他们来拆
　　　　　　　迁，是这个含义吧？

再代 1（女）：对。

审（男）：　　　这个和本案当中这个合同有什么关系呢？

再代 1（女）：这个是我所说的本案查明的事实当中，对这块进行一个确认的

问题。因为出台之后像被申请人的代理人所说，你合同可以变更，发生情势变更了，我们可以要求变更或者解除，那变更的话就是改变，改变合同的履行方式，那么就是由被申请人来负责拆迁。

审（男）：　你们不是请求解除合同吗？▲

再代1（女）：　　　　　　　　　　　　▼我解释一下为什么说这个问题。为什么我们是要求解除，而没有要求变更，其实最开始诉讼之前。我们是要求变更的，我们是要求宽城部门来拆迁这个土地的，因为，拆迁成本已经交给政府了，1894万。又有国家法律行政法规的出台，然后呢，拆迁的主体应该是政府。应该由政府来拆迁。我们也要求政府来拆迁，但是，已经长达7年之久，这块地也一直没有拆迁，所以我们才要求解除合同。因为情势发生变更，一直没有履行，所以我们只能要求解除。

审（男）：　对，你还没有回答我的问题呢？你这个事实，你解除合同按照《合同法》九十七条，法律后果是▲

再代1（女）：　　　　　　　　　　　　▼恢复原状▲

审（男）：　然后直价补偿，赔偿损失，那你里面的你把这个钱分成两块跟我们本案有关系吗？

再代1（女）：　没有，但我说的是一个事实的问题。

审（男）：　事实，我明白，对吧，因为你这个事实，我们从证据的角度来讲，这叫三信对吧？我们认定事实，跟本案的争议有一定的关联性，对吧？你这个事实再多，但跟你解除合同的法律后果和支持的请求没有任何关系。

再代 1（女）：　其实有一定的关系，正因为这个钱，是因为我们拆迁款已经交付。

审（男）：　你们请求呢，要请求补偿。对方说现在也不用解除合同了，可以变更了是吧？你就担心法律要判变更的话，要再出一遍拆迁成本，是吧？

再代1（女）：　因为我们拆迁成本已经出过了。

审（男）：　明白，这个被申请人长春资源局。你们对第6页至第8页的查明的事实有没有疑义和补充？

再被代1（男）：没有。

审（男）：　　　　也没有需要补充的？

再被代1（男）：没有。

审（男）：　　　　根据《最高人民法院关于适用〈中华人民共和国民事诉讼法〉的解释》，让我回过来，你们对刚才1894万的事实有没有疑义？

再被代2（男）：有疑义。是这样，因为出让合同约定的是毛地出让，就毛地出让就是只交土地，征拆的费用由申请人本人自行承担，毛地出让应该是这么一个原则。刚才这个律师说的1894万这个费用，是不是含在2630万的出让金里。这个需要进一步核实。因为出让合同并没有明确。这2630万的出让金含不含1894万的拆迁费，这个需要再进一步明确。另外，这个1894万是2630万之外额外交给区政府的，还是含在2630万里面的，这个需要明确。

审（男）：　　　　你们现在是需要核实呢，还是现在让对方▲

再被代2（男）：　　　　　　　　　　　　　▼审判长，出让合同上并没有，并没有明确说，说清他这1894万是不是还在出让价格里面，因为按我们正常这个毛地出让政策，所有的拆迁费用都是由竞得人另行承担。并不含在这2630万当中，应该是这么的。

审（男）：　　　　好的，现在这个问题啊，咱们也不再说了。竞得人刚刚他们自己已经说了，这个和泰恒公司说，你说我是毛地出让负责拆迁，那我这里面的拆迁的费用，实际上来讲的，2600多万应该包括了拆迁的这个1800多万这个意思是吧。

再代1（女）：这有个证据证是由咱们长春市国土资源局宽城分局，然后长江路开发局管委会包括长春市土地收储交易中心几家盖章的，关于这块土地的出让成本明细。

审（男）：　　　　一审都提交了是吧？

再代1（女）：提交了。

审（男）：　　　　行，提交了。

再代1（女）：很明确，成交是多少，完了拆迁成本是多少。

审（男）：　　　　已经质证过了是吧？

再代1（女）：都质证过了。

审（男）：　　　　那本庭我们就不再质证了。因为一审的你们诉讼行为对二审、对再审都有法律效用。根据双方当事人的诉讼请求和答辩意见，合议庭归纳本案的争议焦点如下：涉案国有建设用地权转让合同应否解除及解除后的责任承担。实际上内涵的是什么意思呢？如果说我们认定要解除责任承担，但是这里面，因为我们合议庭还没有进行研究，具体的这个后果我们只能是一次性的，我们都要求大家都把所有的事情都说一下。可能就包括了以下具体的三个小问题：一是应否解除，至于解除的理由，就是符不符合情势变更的要件。不符合这个情势变更，有没有其他的要件呢？那么第二个问题就是如果应解除，解除后的法律后果首先是恢复原状，怎么样恢复？那么第三个是，如果解除的话，那么契税应否返还？第二个问题其实是泰恒公司你们的请求，就是说，解除之后返还本金及支付利息。我们其实就可以再具体一点。如果说就是按照第一个，法院如果判决解除，那么解除之后，要不要返还本金？以及要不要支付利息？双方当事人对合议庭总结的争议焦点有无疑义和补充？

再被代 1（男）：　没有。

审（男）：　　　　被申请人？

再代 1（女）：　没有。

审（男）：　　　　那么我们这样，我们就按照这个争议焦点，即具体的三个小问题，你们就一起说吧。合同解除之后，符不符合情势变更的原则或者符不符合解除的要件；那么另外一个按照《合同法》第九十七条怎么样来适用；还有一个契税的问题，怎么样来处理。那么，泰恒公司你们说一下这个对争议焦点的意见吧。

再代 1（女）：　好。我们认为申请人与被申请人所签订的这个土地出让合同应予以解除，解除的理由是：第一，双方签订的合同符合《合同法解释 2》的情势变更的原则，《合同法解释 2》中规定的情势变更原则要符合几个条件。其中第一是合同成立以后，客观情况发生了当事人在签订合同时无法预见的、非不可抗力造成的，不属于商业风险的重大变化，继续履行合同对于一方当事人明显不公平或不能实现合同的目的，当事人请求人民法院变更或者解除合同的，人民法院应当根据公平原则，并结合案件的实际情况，确定是否变更或解除。情势变更原则其中适用的第一个原则，因有情势变更的事实，也就是合同赖以存在的客观情况确实发生了变化。第二是情势变更是为当事人所不能预见。第三，情势变更必须是不可归责于双方当事人。第四是情势变更发生于合同的成立之后，履行完毕之前。第五是情势变更，发生情势变更后，如继续履行合同效力，会对当事人显失公平，不能执行合同目的▲

审（男）：　　　　　　　　　　　　▼你说的这个内容是不是你这个再审申请书的▲

再代1（女）：　　　　　▼对，这个是前一部分的内容。呃，主要是说什么是情势变更原则，然后我再讲一下我们这个▲

审（男）：　　　　　　　　　　　　　　　▼你这个不需要再重复你那个申请书。

再代1（女）：那我就简单地说行吗？

审（男）：　行。

再代1（女）：因为这个申请书，我认为这个申请书上已经太详细了，那我就简单地概括地说一下吧，因为双方签订合同是在2010年的11月25日签订的，签订合同约定的是由申请人来自行对地上物进行拆迁和整理，但是在这个合同双方合同签订的两个月之后，国家就出台了《国有土地征收和管理办法》，而双方合同约定了，给申请人一年的拆迁时间，也就是给了申请人一年的拆迁整理的时间。那么在这一年的时间之内，还没有等到申请人取得这个拆迁许可证的时候，《国有土地征收和管理办法》就出台了，出台之后，申请人就无法取得拆迁许可证了，因为他已经不具备取得拆迁许可证的主体。因为当时申请人缴纳的土地出让金2630万，含有1894万的地上物的拆迁成本款，那么这个时候申请人就要求被申请人按照法律法规，对土地进行拆迁整理。但是时至今日，这块土地现在是地上物只有增加没有减少，一直都还是这个毛地的状态，等于这个申请人签订这个土地出让合同之后，一直没有取得本案享受的这个土地使用权。因为做这个房地产开发商的申请人使用土地最重要的使用方式，进行开发建设，但是时至7年之久这块土地一直没有被征收拆迁，一直都是毛地的这个情况。因此，申请人认为我们曾经在实施过程中要求变更这个合同，至今也没有变更的情况下，只能根据现在的客观情况，要求解除这个合同。要求解除合同之后，根据《合同法》第九十七条的规定，合同解除之后恢复原状。我们要求被申请人返还我们缴纳的全部的土地出让金，因为在这个合同履行过程中，实际上是被申请人作为代表国家专门出让土地的一个政府部门，对本案的这个合同签订以及履行到今天有着不可推卸的责任。因为在双方签订合同之前，国土资源部就已经下发文件要求全国范围内，不允许土地以毛地的方式再进行出让。据我了解，这块土地应该是长春市在 2010 年的时候，最后一块出让的毛地了。如果被申请人作为政府部门，完全按照国家政策来履行当时不以毛地的方式来出让这块土地，也不会导致今天这个合同一直无法继续履行下去。特别是在《国有土地征收和管理办法》出台之后，而且才是两个月的时间，并且我们缴纳了土地拆迁成本的情况下，如果这个作为政府部门，能积极地在当年或者以后的第二年都对这个土地进行拆迁的话，我们当年缴纳的土地拆迁成本完全是覆盖了的，就是评估之后的一个结果。但是时至今天 7 年了，如果被申请人的要求变更还是土地所有拆迁成本由我们来支付的话，这个对于申请人来说明显是不公平的。因为现在这个地上物的拆迁成本可能远远超过 1894 万。但是我们当时已经缴纳了 1894 万，如果被申请人在当年或者《国有土地征收和管理办法》出台的当年拆迁了的话，这个合同可能也就履行下去了。所以说我们认为被申请人在整个过程当中，第一，合同符合情势变更的原则。第二，被申请人在整个合同履行的过程当中有一定的过错，那么合同解除之后，我们缴纳的本金返还给我们。并且我们这个缴纳的土地出让金，由被申请人占用那么多年，因为他们的过错造成了这种情况，也应当给我们支付利息。而契税这个问题，是因为被申请人迟迟没有按照法律规定，土地出让金已经缴纳给了他们的时候，因为他们没有履行这个国家征收拆迁的义务，导致合同再履行下去对我们已经显失公平。我们要求解除的情况下，这个契税应该说是对我们造成的损失，应该给我们予以赔偿。

审（男）：　　　你们起诉的时候诉讼费按照什么样来计算的呢？

再代 1（女）：　我们诉讼费是按照 2630 万，按照本金再加上利息和契税。当

时让我们算出一个利息表▲

审（男）： ▼你们是按照贷款利息还是▲

再代 1（女）： ▼长期贷
款利率。

审（男）： 起诉是因为你们现在返还的财产里面已经支付的这个利息，因
为你们这个利息有没有明确是贷款利息，还是同期同类银行存
款利息？

再代 1（女）： 贷款利息，同期同类贷款利息。写的贷款利率很清楚，而且我
们当时向法院提交了这个要求利息的表格。

审（男）： 契税请你们再简单地说一下。如果是合同解除了之后，这个契
税政府部门会不会再返给你们呢？

再代 1（女）： 这个契税是我们缴纳的 131 万。如果这个合同解除了的话，实
际上是给我们造成了实际上的损失了，我们当时也问过这个，
因为是 2012 年交的，好像现在再往回返，是不可能返回来的。

审（男）： 因为在实践当中很多税是这样，你先交，交了之后，但是如果
说你这个合同实际上解除了，而税可能会返还。

再代 1（女）： 我们也问过。

审（男）： 有没有可能返？

再代 1（女）： 问过不能返，因为时间太长了。

审（男）： 长春资源局，你们对这个争议焦点，说一下你们的意见吧。也
是把以下的几个问题一起说吧。

再被代 1（男）： 首先呢，我们不同意解除合同。因为原合同所有的条款，包括
相关认证的事实并没有违反相关的法律法规。而且在当年签署
合同的时候，原告应当充分地知晓他所签的合同里边代表了什
么。还有就是说，自条款出台之前，已经有两个月，他应当在
这两个月的时间内去办理拆迁证，如果没有办理那是他自己的
事儿。至于在合同不能解除的情况下，我们局可以在拆迁的这
方面采取一些合作的形式，配合他们进行下一步的工作事宜。

再被代 2（男）： 这个我补充一下。因为毛地出让，应该是应竞得人的要求，才
采取毛地出让这种方式的，当时肯定是有这个背景。另外一个，
这个出让公告在报纸上和媒体上都公布了，出让公告是 20 天。
毛地出让这个公告发布以后，竞得人对公告内容应该是非常清

楚的。他知道这块地就是按毛地进行出让的，所以他应该是很清楚的。他应该在参加土地竞买之前，对这个出让公告，他应该是做了充分的研究的，对现场的实际情况，他们应该是有充分的考虑的。所以毛地出让这个是政府的行为，但是毛地出让，他们也来参与竞买，这是企业经过充分考虑的情况下的行为，跟政府出让方式是没有关系的。其实他们认为这个方式适合，他们才来进行这个竞买。刚刚我们这个江律师也说了，竞买以后办理拆迁许可证的时间是足够充分的。这期间的所有的手续竞得人都没有办理，所以说没有办理拆迁许可证这个责任，在竞买人自己。长春市现在的资源和规划局，原来的长春市国土资源局，没有任何的责任，我就补充这些。

审（男）：　　　那你们这个《关于进一步加强房地产用地和建设管理调控的通知》（国土资发（2010）151 号）2011 年 9 月 21 日就下发了，就不能再毛地出让了。你们当地一直到什么时候不让毛地出让？

再被代 2（男）：毛地出让，实际上国土资源局一直是很慎重的，没有特殊原因是不采取毛地出让的。刚才我也说了，这一块地的毛地出让一定是应竞得人的要求，才采取的方式，只是现在竞得人不承认这个。

审（男）：　　　目前这个毛地出让，这是最后一块地吗？刚才这个泰恒公司说。

再被代 2（男）：10 年以后应该还有。采取这个方式很复杂，包括有的是完全招拍挂出让的，还有一些是棚改计划，还有一些其他类型的土地出让，并不是说以后就完全没有了，也还是有的。

审（男）：　　　这个我问一句啊，你这个案子，是说这块地毛地出让，应竞买人的要求，应泰恒公司的要求▲

再被代 2（男）：　　　　　　　　　　　　▼因为这个，审判长，这个毛地出让，长春市政府是不提倡的。即使国家没出台政策，毛地出让也是不提倡的▲

审（男）：　　　　　　　　　　　▼你先回答我的问题，我的意思是说，这块地呀，涉案这块地毛地出让，是应泰恒公司的要求这样做的是吗？

再被代 2（男）：对对对，一定是这样，不然，不然长春市国土局是不会毛地出让的。一定是在这种背景下，长春市国土局才采取毛地出让的方式。

| 审（男）： | 那你这个，你刚才强调了是应泰恒公司的要求。我还有一个疑问，你这个不是招拍挂吗，是不是你招拍挂之前你就知道谁是就是毛地▲ |
|---|---|
| 再被代2（男）： | ▼对啊，出让公告明确就是毛地。 |
| 审（男）： | 那你在这个招拍挂之前就确定了，泰恒公司要竞拍的啊？ |
| 再被代2（男）： | 噢，不是。这个怎么说呢？泰恒公司前期有些他介入了，他经过一些调研。他参与这块地，他是觉得这块地他开发合适，他进行了前期工作。▲ |
| 审（男）： | ▼那安置这块地招拍挂的时候，除了泰恒公司进行，作为竞买人出现，还有其他来参加竞买的没有啊？ |
| 再被代2（男）： | 没有。 |
| 审（男）： | 这个泰恒公司，简单说一下当时招拍挂的情况，就你们这一家公司竞拍？ |
| 再代1（女）： | 不可能，不可能就一家公司，这不就直接能竞拍了吗？▲ |
| 再被代2（男）： | ▼挂牌不是竞拍▲ |
| 再代1（女）： | ▼挂牌也是一样的。 |
| 审（男）： | 听我们法庭组织。当时就你们这一家挂牌？ |
| 再代1（女）： | 据我了解不是这样的。 |
| 审（男）： | 简单说一下。 |
| 再代1（女）： | 不是，您得按这个法律，不允许的，也违法的，如果一家报名这也违法。 |
| 审（男）： | 长春资源局，我们也不代表合议庭说一个判断的意见啊。假如解除了，对方说"你要把我们这个交付的土地使用权出让金2630万返还给我，另外还要返还给我同期同类银行贷款利息"，这个你们说一下你们的意见吧。就是假如啊，就是假如啊，你们认为在这种情况之下，对方就是说，你们在出让的过程中你们有过错，可能要返还我这个本金以及利息，同期同类银行贷款利息。我刚才也向对方示明了，这个贷款这个利息，是贷款利息，还是存款利息呢？应不应该给呢？还是说你们认为，就是不应该给。还有一个就是我们刚才讲契税的问题。说一下你们的意见。 |

（被申请人在讨论，长时间停顿。）

再被代1（男）：就是如果说真是假如的话，就是长春市规划资源局有过错，真的解除了出让合同了，出让金返还是合情合理的。财务费用，银行利息这一块，是不是能够按同期贷款利率来支付，需要双方协商▲

审（男）：　　　　　　▼这个是这样。我打断你一下，咱们现在不是协商。就是对方提出来这样一个请求，你要对他进行这样一个抗辩。你要反驳，哪怕指出个例子，"我认为我们不应该给，我们没有过错"，那你提出来之后，为什么没有过错，你说出来以后让我们合议庭来判断。

再被代2（男）：正常就应该返还，如果真是解除了出让合同，只返还出让金本金，利息都不一定返还，契税按现在这个政策不可能给他退，税务部门不会。出让行为发生一次，缴纳一次契税。不可能契税给他退了，这个不可能。一定是退不回去的。

审（男）：那个你再说一下，就是对方认为你们在出让的情况下是有过错的。这个因素你说一下你们的意见。

再被代2（男）：我们不认为有过错。因为毛地出让他很清楚，当时这个地块就是这个情况，出让公告上非常明确。并且刚才我们说，就是挂牌出让由一家竞得人报名，这个出让就有效。拍卖是不一样的，拍卖是不能少于三家，挂牌一家就可以。并且这块地就是一家，他唯一一家，一家成交。

审（男）：另外一个代理人补充吗？

再被代1（男）：没有。

审（男）：泰恒公司，你们对刚才这个争议焦点还有没有补充？

再代1（女）：没有。

审（男）：想问一下这个泰恒公司，再请你们明确一下。这个长春资源局这边，有一个理由，就是你们是2010年11月签的这个合同是吧，2011年1月开始国家出台新的政策。只有两个月的时间，这两个月的时间，你们得抓紧工作呀，让工作结束得快一点，是完全可以办下来相关的这些拆迁手续的，这样你们就可以进行拆迁了。在这种意义上就是说你们过了两个月，这个国家政策才出台，不能成为你们这个相关情势变更的一个理由。长春资源局，你们大致是这个意见吗？

再被代 1（男）： 这是一个理由。

审（男）： 我的解释对吗？

再被代 1（男）： 还有一个就是▲

审（男）： ▼你先别理由了，咱们一个一个来。针对这个理由，泰恒公司你们再说得清楚一点。

再代 1（女）： 按照双方所签订的《国有土地出让合同》第十六条的规定，申请人给予的时间就是，土地建设项目应该是在 2011 年 11 月 25 日之前开工，在 2013 年 11 月 25 日竣工，这是开工和竣工日期。双方签订的合同是在 2010 年的 10 月，也就是说给了申请人一年的土地拆迁整理时间，而并没有约定申请人必须在两个月内申请下来拆迁许可证，完成拆迁的义务，是给了申请人一年的拆迁整理时间。而申请拆迁许可证，按照当时长春市的这个申请条件，所要具备的建设项目批准文件，包括建设用地规划许可证、国有土地使用权批准文件、拆迁安置计划和方案以及其他的条件。这个就是有一些需要政府出具的条件，比如说建设用地规划许可证，就是必须你得拿到建设用地规划许可证才能去申请拆迁▲

审（男）： ▼这个大致这个我们也都清楚。不用解释这个了。我想聊点就是什么呢，像你说的，项目中是给你们一年的这个拆迁时间。我想你也不能到了第 10 个月第 11 个月，才开始着手这个事儿吧。你那时候开始着手，你两个月一定拆不完是吧？人家是说你要是自己推进这个工作，就可以早点拿到这个拆迁许可证，就可以不受这个新的政策的影响了。我就是想知道订了合同之后这两个月，你们有没有积极地推动这个事情呢？

再代 1（女）： 像我说的。我们在积极地准备材料，因为这个申报的条件当中需要这个建设用地规划许可证。这个建设用地规划许可证不是说马上就能拿到的。你只有拿到建设规划许可证，才能具备申请拆迁主体拆迁许可的这个条件。我们也是一直在积极准备筹措这些文件。

审（男）： 这些情况你们在原审中都提到了吗？

再代 1（女）：　对，双方就这个问题已经争论过多次了。因为你给了我们一年的时间，并不是说规定我们在两个月之内一定要去取得许可证。

审（男）：　　　你这个也不能说到第 10 个月第 12 个月才做准备，这个也不合理是吧？对。你要给大家一个合理的解释。

再代 1（女）：　因为在这个签完合同之后，作为我们来讲，一直在积极地履行这个合同。

审（男）：　　　这个情况你们在原审都讲过了是吧？

再代 1（女）：　对。都讲过了。

审（男）：　　　这个长春市资源局这边，关于我刚才问的这个问题，你们在原审中一审、二审中涉及了吧？

再被代1（男）：涉及了。

审（男）：　　　你们也有说法是吧？

再被代1（男）：是这样。刚才律师说的，建设用地规划许可证，是执出让合同去办的，出让合同下了以后拿着合同就可以办理这个建设用地规划许可证，并且非常快，在原来的城市规划局几天就可以办理下来。

审（男）：　　　这个问题就说到这。那下一个问题，还是想让咱们这个泰恒公司明确一下你这个思路。你现在是想说这个合同有效，然后出现了情势变更，根据情势变更，要求解除合同，还是说，你认为这个合同在订立过程中，就表示就有瑕疵，效力本身就有问题呢？你是什么意见？

再代 1（女）：　我是认为双方签订合同的时候，对这个毛地是认可的，但是在签订合同之后，出现了这个情势变更的原则，在实际履行过程当中，我们要求变更，并没有得到对方的同意，我们根据《合同法解释 2》的要求是解除合同。

审（男）：　　　那你认为在这个合同履行过程中，对方有没有违约行为，你有没有要求？

再代 1（女）：　我们认为是在这个《国有土地征收管理办法》出台之后，根据法律、行政法规的规定，由政府来作为拆迁主体的时候，我们双方签订的合同，我们缴纳的这个土地出让金当中又包含了土地拆迁成本，那么这个时候，被申请人就应当履行作为政府的这块土地的拆迁义务。但是被申请人一直没有履行，导致了今天这个合同这个土地的现状，导致了合同的解除，我们才要求他返还本金的同时，给予我们同期贷款的利率，并且赔偿我们缴纳的税金。

审（男）：　　你这边这个税金是损失了一部分是吧？是对方违约导致的税金，是这意思吧？

再代 1（女）：这个税金我们现在退不了了，如果合同解除之后，给我们造成的损失应该由对方来给予支付赔偿。

审（男）：　　那你认为对方的违约行为就是认为他没有履行，在政策出台之后，没有去做拆迁这件事情，是吧？

再代 1（女）：这是其中之一。再有一个就是，刚才已经强调，从合同签订开始，被申请人代表国家出让土地，政府部门是有过错的，因为当时国家已经出台政策了，不允许毛地出让。

审（男）：　　所以我就要让你明确。出让这个事情本身就有过错的话，那是履行合同的过错还是签订合同的过错？他这个应该是因为是国土资源部当时出台的是国家的政策。让他承担责任也好，承担损失也好，给付这个赔偿也好，我们就是说，这个到底过错是履行合同过错还是签订合同过错？

再代 1（女）：他从签订合同开始就有过错。签订合同是有过错的，包括这个合同签订完之后，在履行过程当中，在国家政策出台之后，我们讲到了那个土地出让金包括成本，他应该履行拆迁的义务，他又没有履行，所以才导致当天这个合同的现状，从签订开始到履行过程当中都有过错。

审（男）：　　那个长春市资源局这边，对方认为你们这边有过错，应当承担这个赔偿责任包括两个方面。一个是利息，这个算是损失，还有一个就是契税方面这个损失。他们认为订立合同和合同订立之后的履行过程中，你们都有过错，你们有什么意见？

再被代 2（男）：我们认为这个合同从签署到履行，原长春市国土资源局没有错误。条例出台以后当事人应当向政府以及国土资源主管部门提起拆迁以及相关事宜，但是，在整个材料的整理过程中没有体现当事人曾经提起过，所以我觉得，整个合同里边，国土资源局没有过错。从合同解释来讲，也不应该负责利息和契税，完了。

审（男）：　　　再问一个小问题，现在这块地的现状怎么样？还是毛地？

再代1（女）：　嗯，他们更清楚。

审（男）：　　　嗯，您说吧。

再被代2（男）：没动，在出让合同签订以后拆迁，原来出让合同前是怎么样，现在还是怎么样，拆迁过程一点没有进展。

审（男）：　　　那边就是一个居民区是吧？

再被代2（男）：是，有房屋，其实拆迁就是由他们自行承担的。

审（男）：　　　我就问你这个现状没动？

再被代2（男）：还是原来的那个样子，泰恒公司是这样吗？

再代1（女）：　我们了解的可能是毛地，但是有没有比原来的增加，我们就不好说了，因为已经7年之久了，他是不是原来那个原有的地上物的现状我们不清楚。

审（男）：　　　再问两个问题。刚才这个长春资源局说你们这个<unint>实际上，在咱们国家的房地产开发过程当中，国有土地使用权的出让招拍挂，实践过程中是怎样的情况我们都明白，就是说当然有些东西未免就是形成了文件。刚才那个长春资源局说，应你们的要求毛地出让，因为当时11月份的时候国家通知已经出来了，你们又接受这个条件，你们从这个企业来讲的话，我们也不能说这个长春国土局就信口开河。你们当时是怎么样沟通的呢？

再代1（女）：　审判长，是这样，因为我是代理人，我不是实际的当事人，我不清楚。我只能根据现有的证据来发表我的意见。从法律角度方面的意见，因为如果被申请人代理人所说，我们对这块地已经很清楚，并且以前做过沟通，怎么样的情况下，我们拿到这块地，就像刚才这个审判员问我的，你这两个月就干什么了，那我拿到这块地，我肯定第一时间，赶紧拿到拆迁许可证，赶紧跟政府部门说，你赶紧把这1894万还给我，我好拆迁。我拿地的目的是什么，房地产开发目的是去开发建设。

审（男）：　　　我明白了。

再代1（女）：　对吧。

审（男）：　　　长春资源局，你们听我说，我们合议庭问的任何一个问题不是没有目的地瞎聊。你们刚才说的这个毛地出让，因为当时这个国家已经通知了，《国有土地征收补偿条例》已经向社会征求意见了，无论企业、政府都应该知道这个事实，你们说这个土地是应这个泰恒公司要求说毛地出让，你们当时有没有这个相应的会议纪要？或者有能够佐证这个事实的情形？

再被代 2（男）：这个事是这样的，我们来之前也了解到这个。因为我们是后面到这个地方去工作的，也包括这个区政府的一些领导，也不是当时的这个，当时并不是在这工作，我们也了解了一下。当时这块地出让非常着急，催着国土局尽快办手续，按毛地出让方式办，越快越好，有这么一个过程。

审（男）：　　　赶在这个国家政策出台之前？

再被代 2（男）：我问了区里原来工作的同志，他说这个企业在催这块地尽快挂，希望这块地尽快以毛地出让的方式挂出来。所以说才出现了毛地出让这个形式。现在我确实是没有什么证据，但是据我了解，确实有这么个事儿。

审（男）：　　　现在这个土地会有升值吧？

再被代 2（男）：升值很大，升值空间非常大。

审（男）：　　　拆迁成本也应该提高很多。

再被代 2（男）：拆迁成本提高了，但是那块房屋结构本身非常差。是在镇上，我估计这方面提高倒不一定，跟土地价值比，可能拆迁成本提高并不大。并且还有一点，我想说一下，出让合同签订以后，这块地的土地使用权相当于泰恒公司已经取得了。对这块地的管理，包括地上物的情况，泰恒公司应该加强管理。对这块地发生的一些情况，他们作为土地使用权人，应该掌握这边的情况。这么多年他们可能都没去，心思都没放在这上面，所以他们也不掌握这个情况。

审（男）：　　　这个泰恒，咱们不作为本案，是作为背景事实，如果这块地现在，从目前房地产开发的时间上来讲，政府一般往往要净地出让。这个土地收储也需要来实现净地这个条件。一般委托一个拆迁公司，或者一些公司来拆迁。拆迁完之后再挂牌出让，有时候拆迁人直接就能挂牌了。现在如果说这个土地拆迁成本算进去的话，再加上土地增值的因素，如果你们要再开发的话，跟你们当初拿这块地的时候相比，会盈利，还是会亏本呢？

再代 1（女）：这个说实话呢，审判长，这个我也不清楚。因为虽然我是作为房地产开发公司的律师，但是确实不是搞这个房地产开发专业的。现在，我们最不清楚的就是这个地上物的拆迁成本。按照我们的想法就是在 2010 年、2011 年的时候，交了 1894 万，因为是评估后的。我的意思是▲

审（男）：　　　　　　　　　　　　　▼听我说，这个事实你主张，从目前现有的合同依据，你说合同约定你交给政府的，你负责拆迁，怎么说呢？那你如果说要政府这个钱就是拆迁成本，你拆迁完了，我再把这 1800 多万返还给你。是不是应该这样来约定？那你这里面有约定吗？你作为一个土地使用权出让人，刚才政府说了，你这个土地使用权已经登记到你名下，你负责的义务有多少？再有一个，从这个纠纷解决的角度来讲，你这个起诉，你这个从综合来衡量，你这个土地继续干下去。有没有和政府积极协商，变更合同由第三方来拆迁。你一直把这个事情委托到法院来，法院只能根据我们现有的事来处理。行吧，你还有什么补充，简单说一下。

再代 1（女）：我们还是坚持我们的主张。因为我们在现实过程当中变更这个合同确实存在很大的障碍，否则的话我们也不会要求解除。变更的最大的一个障碍就是，地上物的拆迁成本到底由谁来出？这一定是一个矛盾，因为我们已经交过了。如果是按当时这个差价的话，我们一定不会再交这个成本。但是时隔 7 年之后，你再去拆迁的话，地上物的成本是很高的。这再让我们企业来承担这个事，第一，我们也承担不起；第二，这不应该由我们来承担。变更这个合同是双方的一个矛盾点，解决不了，所以我们要求解除，这也是一个事实。

审（男）：　　长春资源局还有没有最后补充？

再被代1（男）：没有。

审（男）：　　那么当事人最后陈述。主要就是归纳一下诉讼意见，就案件的处理向法庭提出最后的请求。最后陈述，应当简明扼要，言简意赅。泰恒公司说一下最后陈述。

再代 1（女）：恳请法庭支持我们的请求，解除合同，然后要求被申请人返还土地出让金、承担利息以及赔偿契税款项。

审（男）：　　长春资源局最后陈述。

再被代 1（男）：坚持刚才的答辩意见。

# 法 庭 调 解

审（男）：　　　　根据《民事诉讼法》第九十三条的规定，原则上，我们应该组织双方当事人进行调解工作。因为目前你们双方当事人都是一般代理，都没有特别调解的权限，那么庭后，要是双方当事人愿意调解，给法官助理再打电话。我们适当地可以组织双方当事人进行调解工作。实际上，像这类案件的话，我们也不能说谁有过错，一上来就跟大家说，最主要的是一个法律适用问题。我们从整个的事实来讲，从国土资源局来讲，你们讲的这个事实，拆迁证泰恒公司拿不到，这个地拆迁不了，这个地又在泰恒公司名下，你们也处理不了。对于双方来讲的话，对于地方的经济发展，对于企业的发展，可能都不利。如果双方都能够协商一下，如果这块地确确实实有升值的空间。下一个就是对方来讲，目前的诉讼请求也不是漫天要价，就是返还一个土地出让金、同期同类银行贷款利息，还有个契税。如果对于政府来讲的话，解除合同，把土地使用权返还给你们，你们重新委托第三方再拆迁，再重新招拍挂，说不定还有更大的利润空间。说不定在这种情况下，泰恒公司也有可能再继续参与，再重新拿地，都有可能，都不能排除。这可能是对双方当事人都有利的一个选择，所以你们如果有调解的意愿的话，再和法官助理沟通。我们也可以组织双方当事人进行调解。那么今天的庭审就到这里，双方当事人庭后可以看庭审笔录，如果有补漏或者差错，可以申请补证，然后签名，另外 5 天之内，把你们的代理词给我们刻一个光盘，提供一个 word 版本。现在宣布休庭。

# 附录三

## 迪奥尔公司商标申请驳回复审行政纠纷庭审转写语料

书（女）： 现在宣布法庭纪律。根据《中华人民共和国行政诉讼法》和《中华人民共和国人民法院法庭规则》的规定，诉讼参加人应当遵守法庭规则，不得喧哗、吵闹，发言、陈述和辩论须经审判长许可。旁听人员必须遵守下列纪律：第一，不得对庭审活动进行录音、录像、拍照或使用移动通信工具等传播庭审活动。第二，不得随意走动和进入审判区。第三，不得发言提问。第四，不得鼓掌、喧哗、哄闹和实施其他妨碍审判活动的行为。第五，进入法庭必须关闭移动通信工具，不得拨打或接听电话。媒体记者经许可进行录音、录像、拍照，应当在指定的时间及区域进行。不得影响或干扰庭审活动。对于违反法庭规则的人，审判长可以口头警告、训诫；也可以没收录音、录像和摄影器材，责令退出法庭；或经院长批准予以罚款、拘留。对哄闹、冲击法庭，侮辱、诽谤、威胁、殴打审判人员等严重扰乱法庭秩序的人，依法追究刑事责任。情节较轻的，予以罚款、拘留。全体起立。请审判长、审判员入庭。

审（女）： 请坐下。

书（女）： 报告审判长，再审申请人克里斯蒂昂迪奥尔香料公司与被申请人国家工商行政管理总局商标评审委员会商标申请驳回复审行政纠纷一案，法庭准备工作就绪，可以开庭。

审（女）： 现在开庭。再审申请人克里斯蒂昂迪奥尔香料公司，以下简称迪奥尔公司，与被申请人国家工商行政管理总局商标评审委员会，以下简称商标评审委员会，商标申请驳回复审行政纠纷一案，不服北京市高级人民法院（2017）京行终 744 号行政判决，向本院申请再审。本院依据《行政诉讼法》第九十二条第二款等规定，于 2017 年 12 月 29 日作出（2017）最高法行申 7969 号行政裁定提审本案。本案提审后的案号为（2018）最高法行再 26 号。依据《行政诉讼法》及相关司法解释对再审案件的有关程序规定，本院今天对本案进行公开开庭审理。请问双方当事人是否已经收到我院送达的案件受理通知书、应诉通知书及举证通知？双方当事人对各自的诉讼权利和义务是否已经清楚？

再代 1（女）：申请人收到，清楚。

再被代 1（女）：被申请人收到，清楚。

审（女）：现在核对当事人身份。请委托代理人陈述迪奥尔公司的基本情况，并且说明委托代理人的姓名、身份和代理权限。

再代 1（女）：再审申请人克里斯蒂昂迪奥尔香料公司，住所地是法国巴黎奥什大街 33 号，法定代表人是路德维克巴勒，职务是该公司知识产权和打击仿冒经理。今天没有到庭。委托代理人有两位，一位是我本人，北京市永新智财律师事务所律师李××，另外一位是坐在我右手边这位北京市永新智财律师事务所律师庞×，代理权限为特别代理，完毕。

审（女）：被申请人商标评审委员会，请陈述你方基本情况以及法定代表人的姓名、职务、是否到庭，并说明委托代理人姓名、身份和代理权限。

再被代 1（女）：被申请人是国家工商行政管理总局商标评审委员会，地址是北京市西城区茶马南街 1 号，负责人赵刚，职务是商标评审委员会主任。委托代理人卓×即我本人，职务是商标评审委员会审查员，我右手边这一位是孙××，职务是商标评审委员会审查员，权限为一般代理。

审（女）：双方当事人对对方当事人出庭人员的身份是否有异议？

再代 1（女）：没有异议。

再被代 1（女）：没有异议。

审（女）：经审查，双方当事人及其委托代理人的身份符合法律规定，可以参加今天的诉讼活动。现在宣布合议庭组成人员。本案由本院审判员陶××即我本人担任审判长，与审判员王×、审判员

佟×组成合议庭进行审理。法官助理由张×担任，包树担任法
庭记录。根据《行政诉讼法》的规定，审判人员、书记员等，
如果与今天审理的案件有利害关系，可能影响案件的公正审
理，当事人有权申请上述人员回避。请问再审申请人是否申请
回避？

再代 1（女）：　申请人不申请回避。

审（女）：　　被申请人是否申请回避？

再被代 1（女）：不申请回避。

## 法 庭 调 查

审（女）：　　现在进行法庭调查。本庭在此需要说明的是，为保证本次庭审
高效、顺利进行，法庭已于 2017 年 12 月 13 日组织双方当事
人交换证据，并对证据进行了质证，初步归纳了本案的争议焦
点问题，并已请双方当事人围绕争议焦点问题进行相应的准
备。请问双方当事人对本案事实是否还有其他需要说明或者补
充的意见？

再代 1（女）：　申请人没有补充意见。

再被代 1（女）：被申请人没有补充意见。

审（女）：　　下面先由再审申请人简要陈述申请再审的请求、事实及理由，
并由被申请人进行答辩。由于庭审时间相对有限，请双方当事
人将陈述的时间尽量控制在十分钟左右。如果与已经提交的书
面意见的内容相同，请简要陈述要点。首先，请再审申请人简
要陈述申请再审的请求、事实及理由。

再代 1（女）：　我们先简单地说一下本案的基本案情，申请人是 2014 年申请
将国际注册第 1221382 号指定颜色的立体商标在中国获得领土
延伸保护，申请商标指定使用的商品是第三类香水等商品。中
国商标局认为申请商标缺乏显著性，于 2015 年 7 月 13 日作出
驳回通知书。申请人对商标局的这个驳回决定不服，依法向本
案的被申请人国家工商行政管理总局商标评审委员会提出了

商标驳回复审申请。被申请人做出了商评字〔2016〕第 13584
号被诉行政决定，认定申请商标是一个由瓶子构成的图形商
标，缺乏显著性，进而驳回了申请商标在全部指定商品上的注
册申请。申请人依法提起了行政诉讼，但两审法院均维持了被
申请人的行政决定，因此我们在本次的再审申请中主要提出了
四点再审请求。第一，撤销北京市高级人民法院（2017）京行
终 744 号二审判决书。第二，撤销北京知识产权法院（2016）
京 73 行初 3047 号一审判决书。第三，撤销国家工商行政管理
总局商标评审委员会商评字〔2016〕第 13584 号关于国际注册
第 1221382 号商标驳回复审决定书。第四，判决国家工商行政
管理总局商标评审委员会重新作出复审决定。再审申请人所依
据的再审理由简要概括为以下两点：首先，被申请人商标评审
委员会作出的被诉决定在程序上存在违法问题，应当予以撤
销。本案的申请商标是从世界知识产权组织国际局指定到中国
申请领土延伸保护的三维立体商标，指定颜色为金色。被申请
人漏审了申请人在行政阶段提交的立体商标三面视图等重要
的证据和理由，将申请人的三维立体商标作为普通平面图形商
标进行审查。从平面图形的视角判断申请商标的显著性等本案
的实质性问题，其依据的错误事实导致了他做出错误的被诉行
政决定，因此，我们认为该行政决定应当予以撤销。其次，本
案申请商标是为迪奥尔公司的真我香水量身定制并设计的，该
设计独特，具有固有的显著性。而且，经过长期广泛的宣传推
广，申请商标的显著性得到了进一步的提高。申请商标与申请
人之间已经能够建立起稳定的、一一对应的关系，这足以起到
识别商品来源的作用，不属于《中华人民共和国商标法》第
十一条第一款第（三）项所规定的不予注册的情形。因此，
应当受到《商标法》的保护，其领土延伸申请也应当予以核
准。完毕。

审（女）： 好，下面请被申请人简要答辩。

再被代 1（女）：根据再审申请的理由，我方的简要答辩如下：第一，被诉决定
不存在任何程序违法问题。因为根据商标档案展示，虽然上面
显示是普通商标（根据《商标法》第三条的规定，那么《商标

法》对商标是分为商品商标、服务商标以及集体商标和证明商标，所以在我们内部的系统中，所有的立体标志，甚至包括声音商标，在档案上都会显示为普通商标），但是我们的系统内部其实对立体商标是有标注的，这个可以庭后再提交纸质材料，供法庭参考。所以审查员是注意到它是一个立体商标的。商标评审委员会关于立体商标的这个审理，在驳回复审这个商标称谓上没有做统一的规定。有时候我们会说是第几号图形商标；有时候会在图形后面加上括号性的说明，比如说立体图形或者是三维标志；有时候直接就说立体商标驳回复审裁定书。那么仅从我们的裁定上，我觉得再审申请人据此推定我们存在程序违法，是不正确的。另外关于申请人补充提交的这个三维视图，我方在行政阶段，就是作为被诉决定作出的依据，已经都提交给法院，中间也不存在漏提交的情况，审查员都是看到了的。所以我们在裁文中虽然没有特别指明这个商标的性质，但是按照立体商标一般的这种审查的实践，以及审查的标准，我觉得没有办法得出被申请人存在程序违法情形。第二，我们认为商品的包装或者容器的这种立体图形，作为商标天生是缺乏显著性的。我觉得这一点在其他国家的实践中，也是这样认定的。然后，关于通过使用获得显著性。审查员审查了再审申请人在行政阶段提交的证据。其实我们先从商标的本身来看，商标瓶其实是带有字样的，也就是说它并不是一个纯粹的立体图形，它中间是附有文字的，而且它所有提交的使用证据都辅以文字说明，比方说 Jadore 香水、迪奥尔真我香水。我们认为这些证据不能证明仅仅是立体标志的这种使用，从而使消费者将其识别为商标，因此也没有通过使用获得显著性。基于以上两点，我们请求法庭维持被诉决定，驳回再审申请人的申请请求，完毕。

审（女）：      综合双方当事人的申请再审理由、答辩意见，以及本案证据和事实，合议庭认为本案包括以下两个争议焦点问题：第一，争议焦点是被诉决定是否违反法定程序。该争议焦点包括如下两个具体问题：第一个具体问题是被诉的决定依据的事实基础是否存在错误，第二个具体问题是被诉决定是否遗漏了当事人的复审理由。第二，争议焦点是申请商标是否具备显著性。该争议焦点也包括如下两个具体问题：第一个具体问题是申请商标是否具备显著性，第二个具体问题是申请商标是否通过使用获得了显著性。以上是法庭归纳的本案两个方面的争议焦点，以及所涉的四个具体问题。请问：双方当事人是否同意？有无补充？

再代 1（女）：　申请人同意，没有补充。

再被代 1（女）：被申请人同意，没有补充。

审（女）：　　现在，围绕本案争议焦点进行法庭调查，请双方当事人结合有关证据进行陈述。需要说明的是，由于庭审时间相对有限，因此法庭请双方当事人将对每个具体的问题的陈述意见的时间尽量控制在五分钟左右。在当事人的第一位代理人陈述完毕后，另一位代理人如有补充意见，请举手示意，经法庭允许后补充发言。首先，对第一方面争议焦点进行调查，即被诉决定是否违反法定程序涉及两个具体问题。下面法庭针对这两个具体问题依次进行调查。现在进行第一个具体问题的调查，即被诉决定做出的事实基础是否存在错误。首先请再审申请人陈述意见。

再代 1（女）：　我们想展示一下 PPT。

审（女）：　　可以的。

再代 1（女）：　首先关于商标评审委员会程序违法的问题，我们认为是被申请人在行政程序中出现了漏审证据、事实认定错误的问题。我们从这张 PPT 可以看出，根据《商标法》第八条的规定，任何能够将自然人、法人或者其他组织的商品与他人的商品区别开的标志，包括文字、图形、字母、数字、三维标志、颜色组合和声音等，以及上述要素的组合均可以作为商标申请注册。从这条规定我们可以看出，三维立体标志和图形均是可以作为注册为商标的客体。二者是并列关系，不是包含与被包含的关系，不能混为一谈。而关于本案申请商标的具体情况，大家可以看一下这张 PPT。本案的申请商标是指定在第三类香水等商品上的三维立体商标，指定颜色为金色。这个幻灯片中包含了再审申请人在复审阶段向被申请人提交的三面视图，能够证明这个商标是一个指定颜色为金色的三维立体商标。而被申请人在复审中，漏审了本案的申请人所指出的这个立体商标类型，将其错误地认为是普通平面商标进行审理，因此已经构成事实认定的错误。具体来说是申请人在行政程序中，主要通过 2015 年 8 月 31 日提交商标评审委员会的驳回复审申请书，以及 2015 年 11 月 30 日第一次向再审被申请人商标评审委员会提交的驳回复审补充理由书中，多次强调申请商标为指定颜色的三维立体商标，而且在第一次补充的证据中，我们也以补充证据 1 的形式，用整整四页正式提交了本案申请商标的三面视图，并附上了该商标的使用说明。而我们至少可以从以下两个方面看出，被申请人在本案中存在漏审和事实认定错误。首先，被申请人在其被诉决定中对申请商标的三维立体的本质属性没有做出任何评述，而是错误地认定申请商标是一个由瓶子构成的图形。这句话可以具体看被诉决定中的第一页。而且，再审被申请人即使是在再审程序中，也多次在陈述意见里写道，"本案的申请商标是一个由瓶子构成的图形商标"。另外，被审申请人在诉讼阶段提交的证据 1，也就是申请商标在中国商标局的商标档案，这个商标档案也是商标评审委员会审查本案申请商标的重要依据。而在这个商标档案中，错误地将本案的申请商标归类为普通商标。被申请人在行政阶段对这个错误没有做出任何修正，甚至漏审了这个重要事实，进而做出了错误的被诉决定。另外，刚才商标评审委员会提到，他们在内部程序中是将立体商标以及声音等各种类型的商标统一归为普通商标，而普通商标并不是《商标法》中所明确规定的一个商标类型。《商标法》中规定的商标类型包括刚才我们所提到的本案的立体商标以及图形商标，本案被申请人在他正式的被诉决定中将其规定为图形商标，而不是普通商标，可以看出再审被申请人确实是错误地将本案的申请商标的类型认定为是平面的图形商标，而不是立体商标，因此存在事实认定的错误。

审（女）：　　　那位代理人有没有意见发表？

再代 2（男）：根据那个商标局和商标评审委员会，他审查档案的时候，那个商标档案内部的商标档案，我们是不可以看到的。但是他们内部的中国商标网有一个叫商标档案，在这个商标档案上，有一栏叫商标类型，商标类型说的是一般的商标或者商品商标或者服务商标，还是集体商标和正品商标。另外一个呢，它有一个类型叫商标形式，商标形式其实就是普通商标、文字商标，或者说立体商标、颜色商标、生意商标，它是有标注的。我们认为，根据说我们所掌握的公开的信息来说，把那个商标标注为普通商标，就是没有把它作为立体商标来进行考虑的。所以我们认为他们就是漏审。

审（女）：　　　好，请被申请人陈述意见。

再被代 1（女）：首先针对国际注册商标的流程做一个简短的介绍。国际注册商标首先需在基础国获准注册。由当地的代理机构向国际局提交领土延伸保护申请，并且指定中国为领土延伸保护国。商标局将该申请移交至中国商标局，移交日就是我们商标档案上所体现的国际通知日期。同时国际局会将这个日期在外网上进行公示，方便当事人及代理人进行查看。因为根据《巴黎公约》第六条的规定，商标的申请和注册条件由各成员国国内法规决定。《中华人民共和国商标法实施条例》第四十三条明确规定了指定中国的领土延伸申请，申请人要求将三维标志、颜色组合、声音标志作为商标保护或者要求保护的，自该商标在国际局国际登记、国际注册部登记之日起 3 个月内，应当通过国内的商标代理机构向商标局提交相关的证明材料。结合到本案，申请人在国际通知日 2014 年 11 月 6 日起 3 个月，并没有向商标局提交相关的证明文件，用于证明本案的诉争商标是三维立体商标。在此情况下，商标局将诉争商标描述为图形商标进行审查，并无不当。

审（女）：　　　您还有意见吗？

再被代 1（女）：没有了。

审（女）：　　　另一位代理人？

再被代 2（女）：我再提交一点补充意见。首先我们提交的这个商标档案，我们上面也说了，就是说内部使用，对外无效，这个其实主要是供参考。对商标类型的这种标注，因为商标类型现在出现很多，那么我们这种自动化系统，它输入的也是做一个比较简单的描述。根据《商标法》第三条，它大体上就是有这么几种商标形式，所以我们把它规定为普通商标，我觉得在这种商标档案上标注立体商标，不是我们本案一定要考虑的问题。我刚才已经提到了，我们这个内部审查系统中，其实对于商标类型，即普通商标、立体商标，我们是有清楚的信息标识的，审查员不可能看不到。再有一点，我可以给大家提供两个商标号，15485959，还有国际注册第 1065763。这两个号，一个是国内的立体商标，一个是国际的立体商标。那么在这两个案件中，我们的这个商标如果在外网查，可能看到商标类型都是普通。然后在做出这个驳回复审决定的时候，也都是称它为图形商标，我们认为图形就包括了二维图形和三维图形，也就是平面的和立体的。这一点在《辞海》中，对立体图的这一词条的解释也是说得很明确的，立体图其实就是一种透视图，它也是图形的一种，那么我们称它为图形并没有问题。而且我想请大家注意一下关于高院的判决，高院判决第 8 页第 6 行，明确地说道，本案申请商标是由圆锥形香水瓶图案构成的图形商标。那么相信到了最高人民法院庭审的时候，其实再审申请人已经多次重复他们是立体商标了，但我觉得这是一个中文的使用习惯问题，所以仅由这个使用习惯推定我们程序违法，我们认为是不能接受的，完毕。

审（女）：　　好。再审申请人这边，那边还有回应吗？请简短地表达。

再代 1（女）：对于第一大点的第一个小点我们没有补充，我们具体在第二个小点上补充。

审（女）：　　我们其他合议庭成员有提问吗？那我们现在进行第一个方面第二个具体问题的调查。即被诉决定是否遗漏了当事人的复审理由，我们还是按照刚才的顺序，首先请再审申请人陈述意见。

再代 1（女）：根据《商标法实施条例》第五十二条，商标评审委员会审理不服商标局驳回商标注册申请决定的复审案件，应当针对商标局的驳回决定和申请人申请复审的事实、理由、请求以及评审时的事实状态进行审理。而本案的再审被申请人，刚才我们已经提到，通过他的正式的官方的被诉决定，可以看出，他将我们的这个申请商标的商标类型认定为是普通的平面商标，因此可以认为他们在审理此案中，具有漏审本案再审申请人在复审阶段提交的理由和证据的情形，因此已经造成漏审证据和事实认定错误的程序违法问题。另外关于再审被申请人在诉讼程序中反复提到的申请人没有向商标局及时提交立体商标的三维视图违反了《商标法》第四十三条规定的这个问题，我们想进一步解释一下。根据《商标法实施条例》第十三条第三款的规定，以三维标志申请商标注册的，应当在申请书中予以声明，说明商标的使用方式，并提交能够确定三维形状的图形，提交的商标图样应当至少包含三面视图。但本案比较特殊的一点是，本案的申请商标是国际注册商标，而不是像国内商标那样可以直接向中国的商标局提交申请商标的申请材料。而申请人基于其原属国法国的国内商标注册，通过原属国的商标局向世界知识产权组织国际局提出了本案的国际注册商标申请，并通过国际局向包括中国在内的多个国家同时指定申请领土延伸保护。关于国际注册商标的申请流程，我们可以看一下这张 PPT。根据国际局的要求，三维立体商标在申请国际注册时，只需要向国际局提交这个商标的正面视图，而不是说像中国商标局，《商标法实施条例》中所规定的至少应当提交三面视图。而本案的再审申请人按照国际局的要求，确实已经提交了本案申请商标的正面视图。至于在国际局的官方网站上公示的这个商标档案，我们可以看一下这张 PPT。这个商标档案中也会写明该商标的类型是三维商标，并且会对这个商标的具体细节进行简要的描述。本案的这个三维立体商标，就是一个瓶身装饰为金色的指定颜色的三维立体商标。这个在国际局官方网站上公开的商标档案中均可以非常清楚地体现出来。国际局的官方网站是包括本案被申请人商标评审委员会，以及中国商标局在内的，社会上的任何公众个人或者是公司单位，都可以随时进行查询。而本案的被申请人在他的评审阶段中，没有按照刚才所说的《商标法实施条例》第五十二条的规定，根据本案评审时的事实状态，也就是本案的申请商标是一个通过国际局网站能够展现出来的立体商标进行评审。另外我们可以看到在申请阶段，国际局是直接将申请人的申请材料转交给中国的商标局，也就是指定国的商标局。在现在的实践中，商标局一般收到国际局转发的申请材料后，不会直接向国外的申请人发出受理通知书，尤其是针对本案的这种立体商标，是不会专门出具一个立体商标的补证通知来要求立体商标的申请人补充提交《商标法》所规定的立体商标的三面视图的。因此，商标局在审理这种类似立体商标的案件中，会直接将他们自己的驳回通知书发给国际局，而不是商标申请人本身以及商标申请的国外代理机构。国际局在收到商标局的驳回通知书以后，会向申请人以及他的国外商标代理机构转发中国商标局的驳回决定。申请人只有在这个时候才能知道他的商标申请被中国商标局驳回了。我们可以看到这张 PPT，国际局向申请人所转发的商标，就是全部的驳回文件，仅有三份，而这三份全都是外文。第一份是国际局发文的这个封面页。在封面页上显示出，商标申请人可以向中国商标评审委员会提起商标驳回复审申请的时间期限。第二个文件是中国商标局的驳回决定，这个驳回决定基本上全是法文或者英文的，而且上面只有一个商标号而没有具体的图样，以及商标类型，还有关于颜色、具体描述等其他的特点。因此商标评审委员会在审理这个驳回复审案件的时候，应当是根据这个商标号，去国际局官方网站上去查询商标的具体状态和信息，包括这个立体商标的商标类型等这些具体信息来进行审理。而在本案的驳回决定中，提到了本案申请商标被驳回的理由是《商标法》第十一条第一款第（三）项提到的关于缺乏显著性的这个理由，仅此一条，而没有任何关于它缺少了三面视图等这些形式上的要件的需求。国际局向申请人转发的第三份文件，就是中国相关的法律法规。在中国驳回的通知书后面所附的法规，主要是包括《商标法》，还有《行政复议法》《行政诉讼法》这些相关的法条的摘要。在收到国际局发来的这三份驳回材料后，本案的申请人及时地向中国商标评审委员会提交了驳回复审申请。这也是本案的法国申请人与中国商标评审机构所进行的第一次直接接触。刚才我们也提到，他在商标局审查阶段，是没有任何途径和渠道与中国的商标局进行接触、补充材料等形式上的要件的。因此在商标评审阶段，申请人及时向商标评审委员会提交了驳回复审申请。在复审申请中也多次强调本案的申请商标是三维立体商标，而且还补充了三维立体商标的三面视图，已经符合了《商标法》以及《商标法实施条例》相关的规定。关于这个问题，我们基本上先阐述到这里。

审（女）：　　好，另一位代理人简要补充。

再代 2（男）：　　刚才我听那个被申请人代理人意见，就是因为我们在本案中没有在《商标法实施条例》第四十三条规定的 3 个月之内，提交立体商标的三维视图，所以他们没有把这个商标作为立体商标进行审查。第一，我们认为这个做法是不对的。《商标法实施条例》第四十三条，它规范的是商标驳回行为，规范的是商标局的行为，而不是商标评审委员会的行为。商标评审委员会能不能主动适用《商标法实施条例》第四十三条，是存疑的。第二，本案的商标是一个国际注册商标。为什么有国际注册商标呢？只是为了方便世界各国申请人申请注册商标，主要规定的是商标注册申请的程序问题。这是一个国际条约，是参加协定书和议定书的国家都必须遵守的。所以说这个国际条约规定是程序问题。而关于申请专利商标提不提供三面视图的问题，我们认为是一个程序问题，应该主要受我们国际条约的规范和约束，而不应该受我国《商标法实施条例》第四十三条的约束。

审（女）：　　请被申请人陈述意见，

再被代 1（女）：　　现在我方针对两位代理人的意见提出我们的意见。首先，我要做一个更正，刚才再审申请人的第二位代理人说，我们因为没有向商标局提交视图，所以我们把它作为平面商标来审。我刚才并没有说这个话，我一直在反复地强调，从商标局的裁定中，你看不出任何，也没有办法推定我们是把它作为二维的或者平面的商标来审的，先更正第一点。关于具体的理由，大家还是可以看那个被诉决定的首页，我认为第二行我们已经说了易被识别为指定商品的常用容器，容器是什么呢？容器当然是立体的，如果你要是这样推断，我们也可以同样做这样的一个解释。然后第二点，刚才我说了，我们的内部系统中对于这个商标是立体标志，其实是有标注的，我再次强调一下，商标局的审查员和商标评审委员会的审查员都是清清楚楚地看到了的。而且商标局的那个驳回，一般针对立体商标的这种驳回，他基本上都是不会特别指明这个商标的性质，因为没有必要。我们知道很多立体商标因为天生欠缺显著性，其实都是通过使用证据来后天获得显著性的，才能够被获准注册。但是在商标局阶段，一般申请人不会提到使用这种角色，所以商标局的这个驳回也会相应地比较简洁直接，就是说它缺乏显著性。然后第三点我要谈一下，就是《巴黎公约》第六条第一款规定得很明确，即商标申请和注册的这种条件由各成员国的国内法来确定，那么这里就涉及一个国内法和国际法、国际条约的衔接问题。既然条约已经规定得很明确了，这是各国国内法的事，充分地说明了商标权在各国是独立的，那么它是有地域性的，无论是在授权还是在保护上，都是各自独立的。所以商标局其实在这一版《商标法实施条例》修订之前，在《马德里商标国际注册实施办法》中，早就规定了，当事人应该在他的领土延伸保护的商标国，在国际注册部登记之日起 3 个月内，向中国的行政机关提交一些特别需要的材料。那么我们认为，首先行政机关执行的是我国的国内法。再一个和行政机关相比，权利人也同样有途径，并且更有利害关系去看到国际局网站上的信息。因此在国际注册部上的这种登记日期，如果你说你不知道，我们认为这个是站不住脚的。所以在这一点上，一旦你当时提交了国际注册的这种延伸申请，那么你就应该关注国际局网站什么时候给你发公告。发公告的同时，他也会通知各成员国的商标局，那么这个时候你就应该主动地去委托、指定延伸国的代理人，然后要求代理人向商标局来补充提交相关的材料。在这里不知道出现了什么情况，是申请人自己没看到，没有及时委托，还是委托人没有及时提交？总之我们认为根据中国的法律，中国的行政机关在这个问题上，是没有问题的，是不存在任何失误的，完毕。

审（女）：　　　　另一位代理人还有补充吗？对此有回应吗？

再被代2（女）：法官，我们想说一点，就是现在国际局指定中国的一个实践问题。刚才按照《商标法实施条例》第四十三条规定，自国际局注册登记部登记之日起 3 个月内，要向中国商标局提交这些三面视图等材料，但是根据国际局的实践，我们可以看到，比如说以本案为例，本案的国际注册日，也就是国际局注册部登记的日期是 2014 年 8 月 8 日。而国际局通知中国商标局申请领土延伸保护的日期是哪天呢？是 2014 年 11 月 6 日。也就是说，距离 3 个月的时限仅差两天。而在实践中，仍然有大量的这个国际注册，它指定的中国通知日期超过三个月，甚至达半年之久。在中国商标局还没有收到国际局通知的时候，商标局没有关于一个商标的任何信息和材料记录的时候，商标申请人如果向商标局去提交，商标局是很难受理的。因此根据国际局的这个注册时限，《商标法》第四十三条的规定，不应当作为本案申请人存在程序问题的一个因素，完毕。

审（女）： 这事情还有回应吗？

再被代 1（女）：我们认为《商标法》第四十三条所说的国际注册部登记之日起，也是我们常说的 notification date，这个日期应该是 2014 年的 11 月 6 日，完毕。

审（女）： 其他合议庭成员？

法 1（男）： 我问一下商标评审委员会，刚才谈到了，就是在从国际局向商标局转申请材料的时候，如果迪奥尔公司提交了一个平面的，就是一个是正面视图，那么目前在程序上在商标局这个环节有没有说让他补交三面视图这样一个程序？

再被代 1（女）：在商标局环节没有补证要求，因为从最开始的《马德里商标国际注册实施办法》，那么现在已经被纳入到《商标法实施条例》了，已经很明确地说由当事人主动来提交。我觉得在这一点上，就是国际局的信息发过来之后，因为对商标类型其实是有很明确的信息的。那么商标局的审查员，是完全能够知道这一点的。这个时候像刚才再审申请人说的，商标局不会给境外的当事人发收据，也不会发补证，那么这里边其实存在着国际送达问题。因为国际局不可能在商标局和国际局之间这样来回地，给你充当一个中转站的角色来中转信息。而对于直接向境外当事人送达，我觉得法院在这点上应该深有体会，我们这种涉外送达是多么难，所以我们的《商标法》才有了第四十三条这样的规定，完毕。

法1（男）：　　那么也就是说，即便它是你们系统里面的商标，那么它缺材料的话，也不会说要求它去补证？

再被代1（女）：对，是这样的，不会的。所有的集体商标和证明商标需要的材料更多，我们也不会发补证。

法1（男）：　　好，我知道。还有一个问题想问迪奥尔公司，刚才你方在陈述中，提出说你们在复审阶段反复地强调本案申请商标是一个指定金色的三维商标，而且补证了三面视图。那么能不能向法庭说一下，你们是如何反复强调是指定颜色三维商标的？

再代1（女）：我们在商标评审阶段，一共向商标评审委员会提交过三次理由和证据。第一次是2015年8月31日，正式的驳回复审申请书中，其中第10页第2段第1句明确指出，本案申请商标是申请人迪奥尔香水旗下一个著名品牌Jadore的三维立体商标。同时在第11页中也详细描述了该三维立体商标的设计细节和显著部分。另外在这份驳回复审申请书的第13页第1句，申请人也明确指出本案申请商标即是申请人自行设计并专门使用在其香水上的三维立体商标。而在2015年11月30日，也就是法定的补充理由的这个时限内，我们也向商标评审委员会第一次补充了复审理由。其中第1页标题1中直接指出申请商标为指定颜色的三维立体商标，第3页也详细描述了申请商标的设计要素和使用说明，并展示了这个立体商标的三面视图，就是刚才我们在这个PPT中所展示的这样的三面视图。另外，在这次补充证据、理由中，我们也以补充证据1的形式正式地用整整4页提交了申请商标的三面视图，并且附上了申请商标的使用说明。

法1（男）：　　商标评审委员会有没有什么意见和需要陈述的问题？

再被代1（女）：首先我想提醒合议庭注意一点，再审申请人在提交驳回复审的申请材料的时候，那么对于申请商标，其实描述的就是图形，甚至也并没有加立体图形，就是一个图形商标，而且就像刚才再审申请人反复强调了他们在第几页第几页。也就是说，除非你现在假定我们的审查员连任何案卷都不看，我们才能不知道它是一个三维标志。所以这再次印证了我所说的，就是我们审查员完全清楚地知晓它是一个三维标志，但是我们在论述的时候，没有特别指明它的性质。完毕。

审（女）： 好，我们对第一方面的两个争议焦点已经调查完毕。下面对第二方面的争议焦点进行调查，即申请商标是否具备显著性。同样涉及两个具体问题。首先，法庭进行对第一个具体问题的调查，即申请商标是否具有显著性，先请再审申请人进行陈述。

再代 1（女）： 申请人认为，申请商标是迪奥尔公司为真我香水量身定制的、设计独特的、具有固有显著性的立体三维立体商标。申请人认为，所谓商标的显著性，是指构成商标的要素和组合从总体上具有明显的特色，能够与他人相同或类似商品上的商标予以区分，继而产生识别商品来源的作用。因此，本案的申请商标，从它的独特设计以及整体的视觉效果上看，已经完全具备了《商标法》所规定的显著性的要求，应当作为商标予以注册和保护。关于固有显著性问题，我们想从以下五点进行论述。首先，申请商标真我香水瓶设计独特，具有固有显著性，是真我品牌的形象标志。大家可以看一下我们的 PPT，或者是我手中的这个申请商标的实物。这个申请商标是由法国的艺术家为真我香水量身定制的真我香水瓶。它分为三个部分，顶部是由透明的珍珠形状构成的，中间的颈部是由粗到细再逐渐加粗的一个形状构成的，并且由金色的金属丝线均匀缠绕在瓶颈上，而下部是由透明的水滴状的玻璃瓶身构成的。这个瓶颈的设计灵感主要产生于马赛族的颈环。而这个瓶身则是由历史悠久的意大利的穆拉诺岛的玻璃工匠手工吹制而成的。所以它整体上这个流畅的线条，以及金色的瓶身，给大家的一个视觉印象就是宛如一捧灿烂的鎏金流到你的手中，具有非常高的美学价值、非常强的辨识性。这已经符合《商标法》所规定的显著性的要求，因此我们认为它已经构成《商标法》可以注册的要件。另外关于真我香水的设计灵感，也就是它玻璃吹制、浴火流金的设计理念，我们也想通过一个视频来直观地展现给法院。（视频播放）我们相信刚才视频的最后几秒，当这个真我香水瓶出现在大家面前时，大家一定会直接地联想到这个真我香水的来源，也就是本案的申请人迪奥尔公司。这也就是我们刚才所提到的这个标识，它之所以能够作为商标予以注册和保护所应当具有的显著性特质。第二点是关于固有显著性。申请人认为真我香水瓶的设计是风格独特的，而不是香水市场上所常见的或者普通的产品包装，因此与其他品牌的香水造型上也有很大的差异，它已经成为真我香水的一个个性符号，完全能够作为商标，起到识别商品来源的作用。从这个 PPT 上我们可以看到，不管是在平面媒体，还是市场的柜台上，均可以看到大量的香水的造型出现，且各款香水也有各自的造型。而本案的真我香水，它的瓶身设计非常独特，与其他的香水瓶完全可以区别开来，因此可以起到识别商品来源的作用。另外，关于固有显著性的第三点，我们想提醒法院注意的是，本案的申请商标真我香水瓶，这个造型早在 2009 年就已经被再审申请人在中国直接申请商标注册，商品类别也是第三类香水等商品，商标注册号是 7505828 号商标。这个商标在 2011 年已经获得中国商标局的核准注册。而这个商标与本案申请商标在外观上基本上是完全相同的，而且指定的商品也是完全相同的，商标类型也都是指定颜色的三维立体商标。但是这个商标已经被中国商标局核准注册，可见这个商标的显著性已经被中国商标局所认可。而本案的申请商标与这个商标几乎完全相同，因此它的固有显著性应当也是可以看到、可以证明的。第四点是我们通过国家图书馆的报纸检索，可以看到大量的第三方媒体已经对真我香水瓶的设计进行了普遍的认可，认为这个香水瓶的设计非常独特。在相关公众中能够起到识别商品来源的作用，使大家眼前一亮。这个香水瓶的造型设计无疑已经成为真我香水的一个识别标志，能够产生将其与申请人之间建立起直接联系的一个作用。最后一点是，我们发现现在商标局核准注册的大量的立体商标，其中也有一些显著性略微低于本案申请商标的商标已经获得注册，均是立体商标，其中包括注册在第 33 类啤酒等商品上的一些酒瓶形状的立体商标。关于固有显著性的讲述到这儿。

审（女）：　　　还有补充吗？

再代 2（男）：第一，根据那个备注裁定它那个描述说申请商标是一个由瓶子构成的图形，易被识别为指定商品的常用容器。我们这注意到有"常用容器"这四个字，既然有常用容器，它肯定还有非常用容器，而我们所主张的是本案所涉的立体上面，是一个非常用容器。虽然本案的被申请人主张本案是个常用容器，但是他也没有进行任何的举证。所以我认为，他认为我们是常用容器，这个不能成立。第二就是本案申请商标，除了是图形，还有颜色也是商标的构成要素之一。本案被申请人显然没有考虑颜色和图形结合在一起所形成的一种显著性。在咱们最高人民法院曾经审定过一个涉及颜色和普通文字结合的商标，好像叫BUSBUY，那个商标就是颜色，也是商标注册申请师所必须考虑的因素之一，完毕。

审（女）：　　　　好，请被申请人发表意见。

再被代1（女）：针对刚才两位代理人的那个意见，我方的回应是这样的。关于设计独特这一点，我们认为不是有创意、有设计的东西就能够成为商标。因为如果按照这个逻辑的话，可能所有有著作权的一些绘画作品，甚至一些艺术品，它都可以申请作为商标了。但事实上我们知道，《商标法》对于其他缺乏显著性的情形，我们有时候会说这个标志过于复杂，所以它缺乏显著性。那么很多绘画都是非常复杂的，都是有创意来源的，甚至有非常好的创意来源，也非常富有美感，但不见得它就能够作为商标。另外，商标的识别主体是谁呢？是消费者。如果说从消费者的角度看，这个是不是一个商标，那么我觉得就可能和一般的商业实践是有关系的了。而包装或者这种容器的形状，其实它天然就欠缺一种显著性，这是因为在成百上千年中，我们如果说到玻璃制品可能就是近几百年中，所有的生产者是将玻璃瓶作为一种调味品，或者作为一种香水等化妆品的容器来使用。这样的一个生产实践和销售实践，其实是给相关消费者培养了一种根深蒂固的认知习惯，就是说我看到这个瓶子的时候，不管这个瓶子设计得多么有美感，我知道它就是一个容器。它和商标没有关系，很少有人能直接靠容器就识别出它是一个商标，消费者没有这样的一个识别习惯。刚才代理人播放的爱奇艺上的这个创意说明视频，最后我们知道它是说了一句广告词，也就是说这里仍然是辅之以文字说明的。现在我们换一个没有任何显著性的普通的醋瓶子，比方说紫林老陈醋，如果徐帆说一下这是紫林老陈醋，你也会觉得这就是紫林老陈醋，她确实说明来源了，但这并不是在商标意义上使用它。另外关于第二点，关于对方代理人提到的第 7505828 号这个立体标志。首先如果大家到外网上去查，也会发现它的商标类型也是普通。所以这是佐证了我刚才说的这种商标类型其实都是这样标的。再一点就是对于这个商标获准注册，我确实也感到很奇怪。我不晓得当时商标局有没有审查使用证据这种东西。但是不管怎么说，对于商标的这种注册审查，或者说我们现在在审理的驳回复审案件，它其实具有很强的个案性，我个人对于这个商标的注册感到很奇怪，然后我也持保留意见。第三点就是说，再审申请人的代理人指出有一些显著性更低的图形商标、立体图形商标已经获准注册了，那么这还是基于一个个案审查原则，而且我觉得我们这种商标申请，它不是说比谁更低。一些更低的获准注册了，然后你就要获准注册，那么你有没有考虑过那种显著性略低的，它获准注册，它这种授权是不是正确的。所以这就是个案性的价值之所在。关于第四点，第二位代理人特别强调说，我们的这个裁定文书的措辞是说它是常用容器，我觉得这种常用容器其实可能就是一个抠字眼的问题。其实我们想说的就是，它是一种容器，而容器和包装是天生缺乏显著性的。另外关于颜色问题，实际上刚才我一直都没有指出这一点，就是再审申请人给出的这个国际注册商标，它下面是有一个维也纳分类的图形码的。维也纳分类除了图形的分类，其实它还有颜色的分类，也就是说它第二段的这个 290102 就是第二组图形编码，它其实已经是说这个指定颜色是黄色和金色，而不仅仅是瓶颈处的金色，这个就是做一个事实上的更正吧。然后另外关于颜色问题，我们觉得颜色商标其实是，只有在相同近似比对的时候，其实它会产生一个很大的影响。但是对于立体商标的审查过程，实际上我们常做商标的人都知道，不指定颜色的商标，它的保护范围往往比指定颜色的商标要更广。因为不指定颜色意味着你可以使用任何的颜色组合；但是你一旦指定了颜色，你就只能在实践中必须按照这个颜色来使用，否则你就是属于不规范使用商标，这个行为要被纠正的。所以我们认为，我们在这里没有提及颜色，是因为它对本案的事实认定其实不会产生影响，完毕。

审（女）： 还有补充吗？

再被代2（女）：没有。

审（女）： 您还有回应？

再代2（男）： 关于被申请人刚才提到的，就是说关于这个立体商标的审查标准问题。我们听她的意思是说，没有提供商标使用证据的，基本上一律是予以驳回。这个点我们有不同的意见。首先，我们也知道商标构成要素，以前就是文字和图形，然后是增加了立体商标，后面再增加了声音商标。这些商标都是一些特殊表现的商标。为什么增加这个呢？这是社会发展、科技进步所决定的。所以我们对商标主管机关，对科技的发展、社会的进步，应该是紧跟潮流进行审查的；而不是相当于完全不提供使用证据，对这点我们不能同意。完毕。

审（女）： 还有回应吗？

再被代1（女）：有一小点，就是刚才我特别强调说包装和容器的形状天然缺乏显著性，但是并不就意味着我所说的所有立体商标都天然缺乏显著性。另外就是这些包装或容器设计得有特色、有美感的其实非常多，我们认为这是出于一种纯粹的装饰性目的。也就是说这种设计得比较美的，使它指定的使用商品及内容物其实增加了一种实用性价值。完毕。

审（女）： 合议庭成员，有问题吗？好，那我们进行对第二个具体问题的调查，即申请商标是否通过使用获得了显著性。请再审申请人先发表意见。

再代1（女）： 我们认为经过近 20 年的广泛推广和使用，本案的申请商标的知名度和显著性得到进一步提高，它与申请人已经形成了稳定的一一对应关系，具有识别商品来源的作用，满足了《商标法》关于显著性和可注册性的要求。大家可以看一下 PPT。真我香水瓶是 1999 年设计并进入中国，用于真我香水及其各款和各子系列的产品。真我香水系列各款和各子系列产品均是统一地使用本案申请商标这个造型设计。这种长期稳定的推广和使用，使消费者看到申请商标时会立即与再审申请人迪奥尔公司联系起来，起到识别商品来源的作用。刚才再审被申请人反复提到，真我香水在做宣传和推广过程中，始终突出真我的这个品牌名称，但是我们相信在市场上的普通消费者看到这款瓶身的设计的时候，不一定知道它的品牌名是真我，但是会直接联想到产品来源是迪奥尔公司。因此本案文字对瓶身的显著性特点所产生的影响并不是主要的；而是瓶身本身独特的设计，使相关公众能够直接将其与本案的申请人迪奥尔公司联系起来。另外最晚到 2001 年，我们已经可以通过国家图书馆检索出来的大量文献看到，真我香水已经被中国媒体广泛报道。其中还包括大量的在中国非常有影响力的媒体。另外，2001 年真我香水也获得了香水界的奥斯卡奖，也就是 FIFI 大奖。可见这款产品刚推出不到两年就已经在香水界获得如此高的荣誉，可以说它瓶身的固有显著性是起到了一定的作用的。另外通过短短两年的推广和宣传，它的显著性和知名度也得到迅速提升，可以起到识别商品来源的作用。在我们的国家图书馆检索报告中也可以看到，最晚到 2004 年，《北京日报》已经报道了赛特举办了迪奥尔产品的推广活动，在这次推广活动中，真我等五种香水产品，被消费者所追捧。可见从 2004 年至今已经超过 10 年的时间，真我香水在中国市场上已经通过推广和销售，知名度已经显著提高。在 2008 年，真我香水在中国市场的销售份额已经夺得第一名，而且在此后的近 10 年间，真我香水在中国市场的销售量也始终名列前茅。在 2011 年至 2016 年，真我香水也连续获得《时尚芭莎》等多家国内媒体评选的美妆大奖。而且真我香水在此期间也连续多年获得女士香水所有渠道价值排名第一。下面我们继续阐述一下它在销售推广等方面的具体证据。首先是真我香水在中国的销售情况。我们可以看到，真我香水通过迪奥尔公司的门店销售，在中国数十个城市进行了广泛而深入的推广和销售。图中是北京、上海、西安等各大城市真我香水的一个宣传广告。它们大多出现在非常知名的购物中心，以及机场等这些人流非常密集的销售场所。刚才提到的 2008 年真我香水在中国市场上的份额已经夺得第一名，而且连续 10 年销售名列前茅。2011 年到 2016 年中期，真我香水也获得了美妆研究这个市场调查机构所评价的女士香水所有渠道排名中总体价值第一名。我们在复审阶段和二审阶段、诉讼阶段，也提交了大量的真我香水在中国销售的协议以及发票。另外，真我香水在中国的广告宣传推广也是非常广泛的。真我香水在中国的广告发布形式主要包括报刊、媒体、户外广告、电视以及互联网等各种渠道。广告覆盖的范围包括北京、上海、成都、深圳、沈阳等数十个城市。根据我们在二审期间提交的国家图书馆检索报告也可以看出，以 Jadore 或者迪奥尔真我为检索词，在国家图书馆官方数据库检索出来的报纸文献一共有 517 篇，期刊文献有 90 篇。这些只是迪奥尔公司在中国媒体宣传的一部分。而且自 2012 年到 2015 年，我们在诉讼阶段也提交了大量的真我香水在中国获得美妆大奖等重要美容香水领域的重大奖项的证据。另外我们还想指出的是，关于刚才再审被申请人所提到的香水的包装很难具有固有显著性的这个问题，我们想进一步解释一下。根据《商标法》第十二条，仅由商品自身的性质产生的形状，为获得技术效果而需要有的商品形状，或者使商品具有实质性价值的形状，不得注册。这个是《商标法》对立体商标所加的一个特别规定。而这个特别规定，我们认为是不适用于本案的申请商标的，因为本案申请商标指定的商品是香水等液体，并不是由商品自身性质所产生的形状。另外，香水等化妆品的技术效果也应当是散发香氛、护肤等。而申请商标并非为实施这些技术效果所必需的商品形状。同时，我们认为香水等商品的实质性价值在于它天然的原料配方，以及它散发清新香气的功能和效果。而真我香水的特点正如刚才这个广告中所展示出来的理念一样，它是采用天然的原料，并且具有护肤的效果，正是这些真我香水本身所具有的这些实质性效果，使得它屡次获得香水界的大奖，并且获得消费者的认可。而本案的真我香水瓶，它虽然具有一定的美学价值，但是它远未达到使商品具有实质性价值的程度。因此，我们认为本案的这个申请商标没有落入《商标法》第十二条的这个限制性规定。而且通过常年的推广和使用，它的显著性已

　　　　　　　　经得到日益的提高，已经能够起到识别商品来源的作用，可以
　　　　　　　　作为商标予以保护。

审（女）：　　还有补充吗？

再代 2（男）：我补充一点，就是关于本案这个申请商标，其实我们也注意到，
　　　　　　　　申请人的很多广告都是以本案申请商标，也就是这个三维标志
　　　　　　　　作为创意中心来进行设计的。包括我们刚才所看到的那个视
　　　　　　　　频，也就是说在实践中，申请人既有意图又有行为地把这个瓶
　　　　　　　　子的三维标志作为区别商品来源的标志来进行使用的。

审（女）：　　请被申请人发表意见。

再被代 1（女）：我们的意见是这样的：通过使用获得显著性，这种使用，尤其
　　　　　　　　是本案中的这种商标使用，只是一种必要条件，而不是充分条
　　　　　　　　件。不是说你使用久了，你就能够获得显著性。那么有一些包
　　　　　　　　装可能更久远，但是它也不会过来申请这种商标，关键是看你
　　　　　　　　怎样使用。刚才申请人展示的所有证据，要么是带有文字，就
　　　　　　　　是真我这种文字，或者是包括那个代言人，所以其实你的所有
　　　　　　　　这些使用证据，你怎么能够证明你是单纯的三维标志起到的识
　　　　　　　　别作用，而不是你的文字起到的识别作用呢？说到这一点，我
　　　　　　　　们其实想介绍一下，就是中国和欧盟，这两个商标申请量比较
　　　　　　　　大的国家和地区，他对立体商标这个审查实践，都经历了一个
　　　　　　　　从一开始立体商标含有文字的过程。虽然我们觉得这个也就是
　　　　　　　　一个一般的容器，但是我们一开始想着它有文字，那么它不就
　　　　　　　　是能够说明来源吗？所以欧盟大概在 2009 年的时候，他们过来
　　　　　　　　专门探讨立体商标的时候，就特意介绍，如果有文字我们会准。
　　　　　　　　那么后来就是学界以及包括实务界又都在提出，那么你这里边
　　　　　　　　起到识别作用的究竟是文字还是这个三维标志本身？所以后来
　　　　　　　　他们也修正了他们的审查实践，最后说如果你这个瓶子虽然设
　　　　　　　　计可能和其他有一些细节上的不同，在某些细部上具有独特性；
　　　　　　　　但是你不能单独地起到区分商品来源的作用，而是要靠上面的
　　　　　　　　文字，对于这种他们现在也是不会授权的。我们国家的这种立
　　　　　　　　体商标审查实践，至少在商标评审委员会这里，也是经历了这
　　　　　　　　样的一个逐渐深入认识的过程。关于第二点，就是说独特并富
　　　　　　　　有美感的这种设计。我们认为，因为香水是一种时尚用品，那

么瓶子设计得越独特越美，它其实是可以促进香水的销量的。也可以说是增加了香水的使用价值，我们通常称它是一种美学功能性。那么因喜爱富有美感的这种瓶子而购买，或者作为购买的一个考量因素，就说明它本身并不是识别商品来源的一个标志。那么这我想请合议庭注意一下，申请人在驳回复审申请理由的第 12 页的第 4 行，他特别提到，对于资深的香水迷来说，收藏包装设计别出心裁的香水瓶更成为一大乐趣。在这里是一种什么情况呢？就是他不完全是因为香水而购买，而是这个独特的富有美感的瓶子设计、外包装设计，增加了它指定使用商品的实用性，最终导致了他的购买，我们认为这不是一种商标的使用方式。再有一点就是，我们考虑一个商标是不是具有显著性，认定它是不是有显著性的时候，还要考虑到它的使用或者它的授权，会不会造成阻碍竞争这样的一个后果。如果本案的这种申请商标获准注册了，那别人能不能在类似的第三类的商品上也使用一种轮廓类似的容器？我们知道这种大肚长脖、圆形的一个瓶子，其实是一个非常基础的瓶形。那么它的美感呢？可能就体现在它的这种弧度的设计上。还有就是比方说九头身和七头身是不一样的，但是一般消费者怎么能从这中间发现这么细微的差别呢？而且他是从审美意义上来考量这个东西，而不是从商标识别意义上来考量。我们知道很多企业都是先申请外观设计，一旦外观设计的有效期届满，然后再寻求商标上的保护，其实是想获得对设计的永久性保护。我们觉得所有的智力成果，甚至像著作权、发明专利这样的，它都是有保护期限的。本案的这种类似艺术品设计的一个香水瓶，已经给了它外观十年的保护期，我们觉得从智力成果创作的角度来看，它的保护已经耗尽了。这个时候，如果你想转而获得一种商标的保护，你就必须证明你的这个标志是作为商标在使用。现在问题又回到之前这一点，它所有的使用证据都是结合文字，真我 Jadore？所以我们认为它并没有作为商标来使用这个单纯的三维瓶形，更别提这个三维瓶形的底部也带有 Jadore 的字样。而且就是说长达数百年地将玻璃瓶作为容器，而不是作为商标使用的商业实践，培养的消费者的认知习惯是非常牢固的。我们同样都是这种第三类商品的一个相关消费者，或者是香水的潜在消费者，如果说现在整个香水柜台不给你任何文字，而是琳琅满目地摆满了各种富有美感设计的、上百个瓶子，然后让你分辨哪个瓶子和哪个瓶子是一家的，或者哪个瓶子是来源于哪家的，我觉得如果不结合文字的话，这就可能很难做到。我作为一个对商标非常敏感的人，我觉得我也很难做到这一点。另外从保护上说，是不是真的有必要对这样的一个三维标志，一定要给他一个商标的保护？我们知道刚才迪奥尔香水的这样使用，我也承认它使用得很多，但是我否认它是作为商标来使用的，而且消费者也不会将它作为商标来识别。但是如果真我香水的知名度足够高的话，其实商品的特有包装是足以保护它的。那有没有必要再给他创设一种新的垄断性的权利？完毕。

再被代 2（女）：因为我本人也是有购买和使用香水的，我作为相关消费者，在选购的过程当中，会出于自己的喜好，对香水瓶极具设计感、有收藏价值的香水优先考虑。那在这种情况下，其实是不太会在意香水的品牌、味道，甚至说它的一些功能，只是纯粹地出于对美学和艺术品的一种欣赏进行选购。这种情况下，香水瓶的设计感会更好地带动指定商品的实质性价值，但是并非体现了其商标的功能。完毕。

审（女）：      好。请问合议庭成员？

法 2（女）：    我们刚才注意到，双方一直在对立体商标显著性的判断标准问题都发表了各自的意见，所以现在合议庭想听一下商标评审委员会，你们是否可以用简明扼要的语言，简要地归纳一下你们目前的审查实践当中，对于立体商标显著性的判断标准，或者说你们认为的比较重要的考量因素。如果可能的话，代理人可否向我们法庭举例说明您个人比较认可的、具有显著性的立体商标已经授权的实例好吗？

再被代 1（女）：先说最后一点，就是对于我个人来讲印象比较深的。首先，我经手的立体商标案件，不是特别多，现在可能也没有留下特别深印象的。因为早期的审查都是含有文字一并审的。那么这个我可能回去还会再收集一下，然后庭后给您做一个提交。然后关于商标评审委员会目前对于立体商标的这样一个审查，我们

认为，第三类商品实际上它属于一种日常用消费品。也就是说
我们每一个人在日常生活中都要用到它，都是它的潜在消费者，
这个肯定是要有一个合议意见的。那么大家注意到不管是商品
本身形状，还是这种商品包装或容器的形状，合议组最开始会
有一个潜意识的认识：这个形状是不是一个常见的形状？如果
说它仅仅是在特别细节的部位，体现了一种比较强的设计感，
但我们觉得整体的轮廓看起来让我们非常眼熟，这种我们一般
都不会认为它是有显著性的。而且我们这个时候肯定会考虑到
它对于妨碍竞争的一种影响。主要是这两点。

# 法　庭　辩　论

审（女）：　　　刚才双方当事人详细陈述了对本案两个方面的争议焦点，以及
所涉四个具体问题的意见，法庭已经听清并已记录在案。法庭
调查阶段结束，现在进入法庭辩论阶段，请双方简要发表辩论
意见。本庭已经认定的事实和双方无争议的事实不再进行辩
论。在刚才的法庭调查阶段，已经充分发表的意见，在辩论阶
段不再重复。请各方务必将发言时间控制在五分钟以内，好，
请再审申请人先发表。

再代 1（女）：　如刚才在法庭调查中我们所阐述的，被申请人在行政阶段存在
程序违法问题，漏审了本案的重要事实和证据，做出了错误的
被诉决定。本案所涉及的申请商标真我香水瓶作为指定颜色的
三维立体商标，设计风格鲜明，独树一帜，本身具有固有显著
性，并非在指定商品上的通用或常见的设计。经过在中国近 20
年的持续广泛的宣传推广，已获得了极高的知名度和品牌认知
度，从而进一步强化了其作为商标进行申请的显著性特征。普
通消费者在看到申请商标时，会自然想到申请人迪奥尔公司，
申请商标早已经和申请人之间建立起了稳定的一一对应关系。
因此，我们认为，申请商标不属于《商标法》第十一条第一款
第（三）项所规定的缺乏显著性的情形，其领土延伸申请应当

予以核准。

审（女）：　　　　有补充吗，另一位？

再代2（男）：　　我补充两点。第一点关于申请商标是否因使用而产生了显著
性，刚才我已经强调过一遍，但是那个被申请人也许强调说，
他不能判定商标使用证据的时候，大家是把文字作为识别部
分，还是把图形作为识别部分，那同样你也不能否认我这个图
形是起了一个识别的作用。而且我们的广告创意设计，就是以
这个瓶子为中心的。我们认为我们是既具有使用的意图，又具
有使用的行为，认为它可以起到识别不同商品来源的作用。第
二点，关于立体商标国际审查标准的问题，我们注意到立体商
标的显著性是世界各国都需要进行审查的。而且本案是一个国
际注册商标，指定的国家也不仅仅包括中国，还包括其余的总
共是 45 个国家。这些国家我们也都查询了一下，结果就是在
绝大多数国家都是获准注册的。甚至是在一审的审查阶段因为
缺乏显著性而被驳回的，至少有四个国家——丹麦、澳大利亚、
印度和瑞士，还有韩国这些国家，在初步的申请阶段，开始是
被驳回的，驳回的理由就是缺乏显著性。但是经过后续的法律
程序，最后是被核准注册的。这个事实在国际局网站上是清清
楚楚、明明白白记载的。完毕。

审（女）：　　　　好。被申请人。

再被代1（女）：我方的意见刚才已经发表得比较充分了，我现在也补充两点。
一个是，我检索了一下，现在有效的一个外观设计的数据。我
们发现有好几个外观设计的瓶子和本案的这个瓶子非常像，可
能就是在细节上不一样，但是在轮廓上就是高度近似。那么他
的文献号主要是 CN302893579S。

审（女）：　　　　请问申请人是谁？

再被代1（女）：申请人都不是本案的再审申请人，都是国内的案外人。那么第
二件是 CN304503344S，第三件是 CN303529244S，第四件是
CN302834148S。有的时候我们就想，这种外观设计，如果是因
为它设计上有独特性，就可以赋予其商标权的话，我们觉得以
后的这种侵权保护，可能保护起来会非常难，就是没有办法认
定。另外关于第二点，就是第二位代理人补充的这个意见，我

想回应一下。刚才我说过《巴黎公约》第六条是说了，申请商标的这个条件其实由各国的国内法来决定的，那么它在其他国家获准注册，并不一定在我国就符合我国的这种《商标法》的注册条件。另外我也注意到，本案的申请商标在德国，在奥地利被行政依职权驳回之后，再审申请人都是做了一个放弃的决定，没有继续往下走。还有据我看到的，昨天晚上查的国际局的网站，其实瑞士对于再审申请的商标是终局驳回的。那么就是说其他国家法律有驳回，有审定，那我觉得我们不需要考虑他们的做法，只要看它是不是符合我们国家的国内法的规定。完毕。

审（女）：　　还有补充吗？好。鉴于双方当事人对本案的各自观点已经阐述清楚，法庭辩论结束，现在进入最后陈述阶段。请双方简要归纳对本案的主要观点，请在五分钟之内发表意见。再审申请人。

再代1（女）：　再审申请人认为，识别商品来源是一个标志之所以成为商标所应当具备的最基本的特征和功能，这也是商标存在的价值和意义所在。只要一个标识能够使相关公众联想到所附商品或服务源自一个企业而不是其他企业，也就是能够起到识别商品来源的作用，这个标识就应当能够被认定为是商标，并应当受到《商标法》的保护。这种措施也是在维护该标识的创意设计者、商业贡献者以及广大消费者的合法权益，鼓励创新，促进市场公平有序地发展。申请商标受到《商标法》保护后，不但不会对香水市场造成垄断，反倒会更好地对消费者的权益予以保障，避免消费者被仿冒或山寨的产品所误导；帮助香水市场上诚实守信的其他市场竞争者净化市场；鼓励其通过自主创新开拓发展自己的品牌，为国内外投资者提供更加良性、健康的市场发展环境。最后，我们请求最高人民法院支持再审申请人的再审请求，核准本案申请商标的领土延伸保护，完毕。

审（女）：　　被申请人。

再被代1（女）：我方的最终意见是这一件申请商标的驳回复审，我们是在事实认定正确的基础上，对它进行了判断。既不存在事实基础认定错误，也不存在漏审等程序性违法性问题。另外关于固有显著性，我们认为这种容器是天然缺乏显著性的，如果认为它有固有显著性，那么所有类似我刚才提到的四件外观专利，都可以直接来申请商标，甚至不需要提交任何使用证据。关于取得使用显著性，我们认为，迪奥尔公司在长期的使用过程中，不是以商标的形式来使用三维标志本身，所以我们不认可通过使用获得显著性。综上，我们请求法庭维持被诉决定，驳回再审申请人的请求，完毕。

审（女）：　　　双方当事人对本案的最后陈述意见已向合议庭明确表达，最后陈述阶段结束。合议庭将在休庭后对本案进行评议，请双方当事人及全体人员在 11:20 回到本法庭。现在休庭。（休庭）

# 宣 布 判 决

审（女）：　　　现在继续开庭。再审申请人迪奥尔公司与被申请人商标评审委员会商标申请驳回复审行政纠纷一案，经本庭依法公开审理，调查了本案的有关事实，审查了全案证据，听取了双方当事人的陈述和辩论，经合议庭评议后，已形成评议结果，本庭现在宣布合议庭的主要意见。具体文字表述以裁判文书为准。本院再审期间，迪奥尔公司为支持其再审主张，向本院补充提交了两份证据。本院结合商标评审委员会的质证意见，分别做如下认证。证据一为申请商标的国际注册信息及中方中文译文。证据来源为世界知识产权组织官方网站，主要内容为：国际注册号为 G1221382 号，商标及申请商标的原属国为法国，基础注册日期为 2014 年 4 月 16 日，国际注册所有人为迪奥尔公司，指定商标类型为三维立体商标。该注册信息中同时附有申请商标的一面视图。证据二为商标状态信息，证据来源为商标评审委员会。其中，将商标类型记载为普通，商标评审委员会认可上述证据的真实性、合法性，但认为不足以证明申请商标已经通过使用获得了显著性。对于迪奥尔公司提交的上述证据,本院审查认定如下：证据一和证据二为商标注册信息打印件，或可通过公开渠道获取和核实，或来源于商标评审委员会，且其真

实性与合法性均得到商标评审委员会的认可。因此，本院对其
真实性、合法性予以确认。同时，上述证据反映的申请商标信
息与本案具有关联性，所以本院对此予以采信。结合现有证据，
本院补充查明如下事实：申请商标的原属国为法国，核准注册
时间为 2014 年 4 月 16 日，国际注册日期为 2014 年 8 月 8 日。
国际注册所有人为迪奥尔公司，国际注册指定的商标类型为三
维立体商标，商标具体形态被描述为：如同精致拉长的数字八，
上部是一个小的圆球，底部为椭圆形状，瓶身装饰为金色。申
请商标指定使用在第三类的香水、浓香水等商品上。申请商标
经国际注册后，根据《商标国际注册马德里协定》（以下简称
《马德里协定》）、《商标国际注册马德里协定有关议定书》
（以下简称《议定书》）的相关规定，迪奥尔公司通过世界知
识产权组织国际局（以下简称国际局），向澳大利亚、丹麦、
芬兰、英国、中国等国家提出领土延伸保护申请。2015 年 7 月
13 日商标局向国际局发出申请商标的驳回通知。以申请商标缺
乏显著性为由，驳回全部指定商品在中国的领土延伸保护申
请。2015 年 8 月 30 日，因不服商标局上述驳回通知，迪奥尔
公司向商标评审委员会提出复审申请。在迪奥尔公司于 2015
年 11 月 30 日提交的补充理由中，有如下文字记载：申请商标
为指定颜色的三维立体商标，申请人迪奥尔公司依法补交该立
体商标的三面视图。申请商标是迪奥尔公司自行创作设计并使
用在其著名品牌 Jadore 及真我香水的三维立体商标。根据《商
标法》的相关规定，三维立体商标需提交至少三面视图，说明
使用方法。由于申请商标为国际注册，未能在申请书中向中国
商标局进行说明，而其后又未收到官方的补证通知，因此迪奥
尔公司一直未获得补证机会。迪奥尔公司在该理由书中同时贴
附了申请商标的三面视图。另查明，第 7505828 号图形商标的
注册人为迪奥尔公司，指定使用在国际分类第三类的肥皂、洗
发液、香精油、香料、化妆品等商品上。该商标已于 2011 年 8
月 7 日为商标局核准注册。本院再审认为，根据迪奥尔公司的
再审申请理由和商标评审委员会的答辩意见，结合相关证据和
事实。本案再审阶段的争议焦点集中在两个方面：①第 13584

号决定是否违反法定程序？②申请商标是否具备显著特征？对此，本院逐一分析如下。第一是第 13584 号决定是否违反法定程序。关于第 13584 号决定依据的事实基础，迪奥尔公司主张根据商标申请的国际注册信息，申请商标为三维立体商标，而非商标局档案信息中记载的普通商标。因此，第 13584 号决定作出的事实依据明显有误。本院认为，首先，根据商标状态信息，第 13584 号决定中关于国际注册第 1221382 号图形商标的文字记载，以及商标评审委员会的答辩意见，商标局驳回通知及第 13584 号决定，均将申请商标作为图形商标进行审查。其次，根据双方无争议的事实，申请商标国际注册信息中明确记载，申请商标指定的商标类型为三维立体商标，商标评审委员会对上述事实予以认可。在无相反证据的情况下，申请商标国际注册信息中关于商标具体类型的记载，应当视为迪奥尔公司关于申请商标为三维标志的声明形式，也可合理推定在商标申请指定中国进行领土延伸保护的过程中，国际局向商标局转送的申请信息与之相符，商标局应知晓上述信息。据此，商标局驳回通知及第 13584 号决定认定的商标类型与迪奥尔公司请求保护的商标类型明显不符。决定依据的事实基础有误，本院对此予以纠正。关于第 13584 号决定是否违反法定程序，迪奥尔公司认为，商标评审委员会遗漏迪奥尔公司相关主张，并以普通商标为基础做出决定的行为违反法定程序。本院认为，迪奥尔公司已经在评审程序中明确了申请商标的具体类型为三维立体商标，并通过补充三面视图的方式提出了补证要求。对此，商标评审委员会并未在第 13584 号决定中予以如实记载，也未针对迪奥尔公司提出的上述主张，对商标局驳回决定依据的相关事实是否有误予以核实；而仍将申请商标作为图形商标进行审查，并进行驳回迪奥尔公司复审申请的做法，不仅违反法定程序，而且可能损及行政相对人的合法利益，本院予以纠正。作为商标局的复审机关，在迪奥尔公司已经明确提出复审理由并已提供了相关证据的情况下，商标评审委员会应当依据申请商标的真实状态，纠正商标局对申请商标类型作出的错误认定。在此基础上，商标评审委员会应当根据复审程序的规定，以三维立体商标为基础，重新对申请商标是否具备显著性等问题予以审查。商标评审委员会在答辩意见中还提出，由于迪奥尔公司未在规定期限内向商标局提交三面视图等材料，故商标局将申请商标作为图形商标审查的做法并无不当。本院认为，《马德里协定》及其议定书制定的主要目的是通过建立国际合作机制，确立、完善商标国际注册程序，减少和简化注册手续，便利申请人以最低成本在所需国家获得商标保护。结合本案事实，迪奥尔公司已经根据《马德里协定》及其议定书的规定完成了申请商标的国际注册程序，依据《商标法实施条例》第十三条规定的声明与说明责任，应当属于申请手续基本齐备的情形。在申请材料仅欠缺《商标法实施条例》规定的部分视图等形式要件的情况下，商标行政机关应当本着积极履行国际公约义务的精神，给予申请人合理的补证机会，给予平等、充分保障迪奥尔公司在内的国际注册申请人以合法利益。本案中，商标局并未如实记载迪奥尔公司在国际注册程序中对商标类型作出的声明，且在未给予迪奥尔公司合理补证的机会，并欠缺当事人请求与事实依据的情况下，将商标申请类型变更为普通商标，并做出不利于迪奥尔公司的审查结论。商标评审委员会对此也未予纠正的做法，均缺乏事实与法律依据，且可能损害行政相对人合理的期待利益，本院对此予以纠正。对商标评审委员会与此有关的抗辩主张，本院不予支持。综上，商标局针对商标申请作出的驳回决定依据的事实基础明显有误，在迪奥尔公司明确将此作为复审理由的情况下，商标评审委员会对此未予审查的做法，违反《商标法实施条例》第五十二条的规定，有违行政程序正当性原则。一审、二审法院对第 13584 号决定予以维持的做法不当，本院一并予以纠正。第二是申请商标是否具备显著性，根据本院前述认定，商标评审委员会应当基于迪奥尔公司在复审程序中提出的与商标类型有关的复审理由，纠正商标局的不当认定。并根据三维商标、三维标志是否具备显著特征的评判标准，对申请商标指定中国的领土延伸保护申请是否应予准许的问题重新进行审查。本院认为，商标局、商标评审委员会在重新审查认定中应重点考量如下因素。一是申请商标的显著性与经过使用取得的显著性，特别是申请商标进入中国市场的时间，再按证据能够证明的实际使用与宣传推广的情况，以及申请商标因此而产生识别商品来源功能的可能性。二是审查标准一致性原则。本院注意到与本案申请商标外观相同的第 75058528 号商标已经获得商标局核准注册。商标评审及司法审查程序虽然要考量个案的因素和情况，但审查的基本依据均为《商标法》及其相关法律规定。不能以个案审查为由，忽视执法标准的统一性问题。综上所述，商标评审委员会第 13584 号决定，一审、二审判决认定事实和适用法律均有错误，应予撤销。依照《行政诉讼法》第七十条、第八十九条第一款第（二）项，《最高人民法院关于适用〈中华人民共和国行政诉讼法〉的解释》第一百一十九条第一款、第一百二十条、第一百二十二条的规定，判决如下，全体起立。第一，撤销北京市高级人民法院（2017）京行终 744 号行政判决；第二，撤销北京知识产权法院（2016）京 73 行初 3047 号行政判决。第三，撤销国家工商行证管理总局商标评审委员会商评字〔2016〕第 13584 号关于国际注册第 1221382 号图形商标驳回复审决定。第四，判决国家工商行政管理总局商标评审委员会对国际注册第 1221382 号商标重新作出复审决定。本判决为终审判决。今天的庭审到此结束，现在请双方当事人核对庭审笔录，当事人认为对自己的陈述记录有遗漏或者有差错的，有权申请补证。核对无误后，签阅笔录。闭庭。